周易我读

马江龙　常卫红◇著

首都师范大学出版社

CAPITAL NORMAL UNIVERSITY PRESS

图书在版编目（CIP）数据

周易我读 / 马江龙, 常卫红著. -- 北京 : 首都师范大学出版社, 2013.4

ISBN 978-7-5656-1503-0

Ⅰ.①周… Ⅱ.①马… ②常… Ⅲ.①《周易》– 研究 Ⅳ.①B221.5

中国版本图书馆 CIP 数据核字 (2013) 第 082033 号

ZHOUYI WODU

周易我读

马江龙　常卫红　著

责任编辑　刘志勇

首都师范大学出版社出版发行

地　址　北京西三环北路 105 号

邮　编　100048

电　话　010-68418523（总编室）　68982468（发行部）

网　址　www.cnupn.com.cn

E-mail　master@cnupn.com.cn

印　厂　三河市博文印刷厂

全国新华书店发行

版　次　2013 年 5 月第 1 版

印　次　2013 年 9 月第 2 次印刷

开　本　787mm × 1092mm　1/16

印　张　32

字　数　450 千

定　价　88.00 元

序

宇宙浩渺，大道衍衍……

苍茫与浩瀚之间，蕴藏着无穷奥秘……

《易经》，则天机直泄……

在人类历史的长河中，它仿若神来之笔，以亘古常新的姿态成为中华文化的源头。

老子学《易》，留下了道家思想；孔子学《易》，丰富了儒家精神；其他如卜筮易、医易，更是和《易经》有着密不可分的关系。

它又好像与日月同辉，照亮了一代又一代华夏文人的心灵，历代文人都对《易经》青睐有加，《四库全书》中收集的有关《易经》的论著可谓汗牛充栋。

北宋苏轼甚至耗费半生的时间，撰写并完善《东坡易传》，认为这才是自己足以传世的珍品。

的确，《易经》是群经之首、大道之源，是中华文化的源头。不懂《易经》，不可能真正懂中华文化。

正如恩格斯所说："历史从哪里开始，思想进程也应当从哪里开始。"

一个不记得来路的民族，必定是没有出路的民族。

而返本还源，返本开新，则是人类进步的捷径！

因此，学习中华文化，也必然要从《易经》这个源头开始！

在一遍遍研读《易经》的过程中，我们体会到了"如切如磋、如琢如磨"的欣喜。

设想一下，当你撩起文字的面纱，当你顺着指向月亮的手指，刹那间看到明月当空的心情！那种感觉，如当头棒喝，令人警醒；又如往事在目，连连回味……

《易经》，绝不仅仅是占卜吉凶的书，它为天地立心，讲述着天地规律和法则；它为生民立命，指导着修身、齐家、治国、平天下的人道准则。

它文象互应，既直观又能衍生无量含义；它卦爻相映，将微观的洞察和宏观的把握完美地结合在一起。

任何一门学问，都是某种思维模式的产物，掌握了这种思维模式，也就能很容易地掌握这门学问了……

本书重点讲解的，就是《易经》令人出神入化的思维模式……

改善思维架构，提升生命层次！

你会发现，料事如神竟然这么简单。

中华文化，原来如此妙不可言、美不胜收……

目 录

I

系辞下传 /75

说卦传 /123

序卦传/139

杂卦传/153

上经/159

下经/313

为什么要学习《易经》?

一、何谓《易经》

(一)《易经》、《周易》与易学

《易经》有三个版本:《连山易》、《归藏易》、《周易》,分别形成于夏、商、周三代,其中《连山易》最早,《周易》最晚。

《连山易》、《归藏易》已经失传,现存于世的只有《周易》。

所以,《易经》包括《周易》。

然而,《周易》又包括《经》和《传》两部分,统称为《易经》和《易传》。这就是小《易经》的概念了。

易学就是关于《易经》的学问,这个概念范围就更宽广了。

太极八卦图

（二）《易经》本义

易：容易、简单；

经：经验、规律。

《易经》就是让人们做事情更容易、更简单的规律之和的著作。

这个解释合理吗？

……

二、究竟是什么让99.9%的人认为《易经》真的很难呢？

《易经》是群经之首、大道之源，本来是最简单、最直接、最容易的，所以中华先祖才把它命名为《易经》——容易之经——没有哪部经比它更容易的了。

我经常开玩笑说："就连《西游记》都比《易经》难，如果不懂《易经》，连《西游记》都很难真正看懂。"

这里首先要确认的是：我们中华老祖宗是最诚实的，最讲信义的，老祖宗是绝不会欺骗我们的，而且那时候也没有版税，所以也没有炒作的必要。

可事实是，我游学数十年，走遍了长城内外、大江南北，各类英雄豪杰、专家学者见多了，而且涉及了佛、道、医、儒、武、西等各行各业。

这些人谈起来都是海阔天空、行云流水、滔滔不绝、上知天文、下知地理……

而一旦提起《易经》，每个豪杰都连连摇手、默不作声、黯然神伤，直称："太难了，太难了，非吾能力所及……"

《易经》，令无数英雄竞折腰……

看到他们，就看到了我以前的样子，呵呵……

问题来了！

既然我们说《易经》为容易之经，没有比它更容易的经了，那又为什么连那么多的大师也搞不懂它，视它为天书呢？

《易经》是不是天书，我们以后会谈，现在我们先来看，问题出在哪里？

多数人认为自己看不懂，是因为：

自己智商不够……

自己文言文不过关……

自己理解力有偏差……

自己不是这块料……

等等，等等，不一而足！

其实，我可以很客观地说：

以上问题都是问题，但都不是根本问题！

为什么？

都没有抓住问题的本源！

实质上，任何一门学问，都是某种思维模式的产物。

掌握了这种思维模式，也就能很容易地掌握这门学问了。

（请注意，这句话价值万金！）

学习《易经》自然也不例外！

解决问题，更是如此！

本书重点讲解的，就是《易经》出神入化的思维模式。

三、为什么要学习《易经》

（一）不懂《易经》，不可能真正懂中华文化

1.《易经》是群经之始、大道之源，是中华文化的根本和指南。

学习中华历史，尤其是学国学，《易经》是一定不能绕过去的……

《易经》，儒家尊之为"六经之首"（六经指《易经》，《诗经》，《尚书》，《礼记》，《春秋》，《乐经》）。

道家尊之为"三玄之冠"（三玄指《易经》，《老子》，《庄子》）。

不懂《易经》，就不可能真正懂中华文化，也枉作了一回中国人！说这话，你可能不爱听，有这么严重吗？那我来问你，中国的中是什么意思？

何谓中华？为什么说，得中原者得天下？中医到底怎么讲？中庸就是老好人吗？

这些都是每个中国人都耳熟能详的词语，但真要讲清楚，你会发现，就像

茶壶里煮饺子，有口倒（道）不出……

有次，我在某高校讲《中华大智慧》，有个可爱的男生说："这些能当饭吃？"

我说："这些不能当饭吃，却能让你吃更好的饭，能让你更有尊严地吃饭！"

中华文化，就这么神奇和美妙！那么，究竟什么是中华文化呢？她的神奇和美妙在哪儿呢？

2.我们先来看，什么是中，什么是华？

世界公认，中华民族是勤劳的、善良的。善良表现在哪里呢？

邻里之间有纠纷，我们往往不会走诉讼的道路，更不会轻易动武力。

那怎么解决呢？

找一个中间人来调停！这个中间人呢，不一定最有钱，也不一定最有权，但一定德高望重。

德高望重体现在哪儿呢？

公平、公正、客观！能一手托两家，一碗水端平，能把大事化小，小事化了，能让双方都满意。

这里，化是关键。此一字，对中华文化影响颇深！

中华文化的最大威力，就在此一"化"字！文化、造化、顽固不化、消化不良，都包含这一个字！

怎样化？

中才能化！中，就是客观、公平、公正、不偏不倚！

当化到十全十美，各方都满意的时候，就是华（华=化+十）。

这个过程就是，中——化——华，即中华！

中，就是客观！客观的人，才值得尊敬！

偏激的人，无论人品多好，都会让人敬而远之的！这样的人，去谈生意，怎么可能轻易签下订单呢？事业怎么可能会做大呢？

关于问题的三个层次：

第一是解决，第二是化解，第三是升华。一个层次比一个层次高。

3. 中，还有一个重要的意思：

就是美轮美奂，尽善尽美，就是《大学》里的"止于至善"！

例证：

君子和小人！

您认为什么是君子，什么是小人？是不是人品好的就是君子，人品不好的就是小人呢？

这里需要善意地提醒一下：上品人谈人性，下品人谈人品！

动不动就谈人品好坏的，本身层次就高不到哪儿！

4. 到底什么是君子呢？

《中庸》第二章曰："君子中庸，小人反中庸。君子之中庸也，君子而时中；小人之反中庸也，小人而无忌惮也。"

什么意思呢？

君子就是两个字：时中！时时刻刻都恰到好处！

现在河南人说行不行，还是用"中不中"。"中"就"行"，"不中"就"不行"。中国、中原、中医、中庸，都是这个意思！

5. 什么是小人呢？

三个字：无忌惮！

发展为成语就是肆无忌惮！就是什么都敢说、什么都敢做、什么都敢吃，不论时间、地点、场合……

故知：君子、小人与人品没有绝对的关系！一个人，不喝酒的时候，可能是君子；而酒后，就可能是彻头彻尾的小人了。

时中，就是君子！

君子才能化，才能华，才能华丽、华贵、繁华似锦。可见，中是必不可少的！

6. 中，还有一个意思，就是布局、策划，就是草木皆兵！

比如，办公室根据《易经》布局调整，每一个物品都摆放得恰到好处，每一种颜色都使用得美不胜收，每一……都让人赏心悦目……

结果呢，每个人进到这个办公室，都觉得特别舒服，非常惬意，久久不愿离开，但又说不出原因来，只好说：可能是气场好吧！

其实，就是运用"中"的原理，布局调整出来的，从而达到草木皆兵、不战而屈人之兵的至高境界。

谈生意，签协议，在这种"中"的境界和环境中，不就轻而易举地成功了吗？这种止于至善的结果，就是华，就是繁华似锦、华丽华贵。

这就是以《易经》为主导的中华大智慧！

对中华文化越深入了解，你就越会从灵魂深处相信她、仰慕她，你就越会被我们中华先祖所折服，你就会很庆幸自己还是个中国人，你就不会盲目崇拜外国文化和宗教……

至此，你才可能是真正意义上的中国人……

（二）《易经》是开发智慧的宝藏

1.《易经》是潜能开发、全（右）脑开发最好的教科书。

《周易·系辞传》："精义入神，以致用也。"

经世致用，经典是拿来用的，不是用来装点门面的！所谓用，就是解决实际问题。

而解决问题需要智慧，经典都是开智慧的法宝，《易经》又是宝中之宝，是无上宝藏。

《易经》的义理和象数就像人的左右脑——义理（文字）左脑，象数（图形、数字）右脑。

右脑开发、全脑开发、潜能开发，最好的教材就是《周易》。

因为，《周易》有图（六十四卦象）有文字，是世界上最早的"图书"，表述的是宇宙大道之理，可以通天达地知人事。

这个原理，后面会详细讲解！

多年前，我写的《易脑潜能开发教材》，就是用《周易》的义理和象数来开发全（右）脑、开启潜能用的。实践的结果，连我自己都震撼！

全（右）脑等潜能的开发，其意义并不在于快速阅读、快速记忆等，也就是说，是不以获取更多知识为目的的。

那是为了什么呢？

庄子曰："独与天地精神相往来。"人类本身就具有与天地宇宙相往来的本能，只是很少有人懂得如何去做而已……

但得本，不愁末！

而《易经》，恰好是通天宝塔……

2.懂《易经》、用《易经》的，都是大智慧者。

且看：

《易》有四圣——伏羲、周文王、周公、孔子。

"《易》以道阴阳。"——战国·庄子

"善为易者不占。"——战国·荀子

"古之圣人，不居朝廷，则必在卜医之中。"——汉·贾谊

"观之（《周易》）者，可以经纬天地，探测鬼神，匡济邦家，推辟咎悔。"——唐·刑铸

"不知易，不足以言太医。"——唐·孙思邈（医圣）

"不研易，不足以为将相。"——唐·虞世南

"（范仲淹）泛通六经，而长于易。"——《宋史·范仲淹传》

"各朝学者，无不读《易》者，无不悉医者。医者，易也。医则调身，易则调神。"——曾国藩

"要研究中国文化，需从《周易》探究，《周易》是中国文化的源泉。"——南怀瑾

学易之人，刚开始未必都是有大智慧者，但通过一段时间的研《易》、用《易》，都会智慧大增、能力大长！同时，《易经》还是认识自己、了解他人最好的工具！修身齐家治国平天下，《易经》必不可少！

3.《易经》为什么能开发智慧？

真正的智慧是什么？看象——透过现象看本质！简称看象！

孙悟空为什么能一眼看出到底是美少女还是白骨精？因为他有火眼金睛！

火眼金睛从哪里来？八卦炉里炼出来的！八卦就是《易经》的卦象！

《易经》是什么？

"《易》者，象也。"（《周易·系辞下》）

象包括物象、事象和意象，而"文象互应"正是中国文化的神韵所在，也是《易经》不同于其他经典的重要所在，更是《易经》开发智慧的秘密所在！

《易经》里的文字是解释卦象的，是为卦象服务的。但"书不尽言，言不尽意。"（《周易·系辞上》）

文字和语言，是对人类文化最有限的表达！所以只从文字入手，主要开发的是左脑，是很难掌握《易经》的。

那怎么办呢？

"圣人设卦观象"，"立象以尽意。"（《周易·系辞上》）

"八卦以象告。"（《周易·系辞下》）

主张"得意忘象"的王弼说："尽意莫若象，尽象莫若言。言生于象，故可寻言以观象；象生于意，故可寻象以观意。意以象尽，象以言著。"（《周易略例·明象》）

所以学易的秘诀，也是全（右）脑开发的秘诀，就是要掌握悬象示义，才能通经致用。

要"神通并妙用，运水及搬柴"，触类旁通，穿透事物表象，直达核心，"近取诸身，远取诸物"，"运用之妙，存乎一心"。

这不仅是一种感悟，更是一种实证。不着丝毫痕迹，如波中月光，似镜里花影，玲珑澄澈，触目即真。

佛家禅宗，为什么能在神州大地盛行其道呢？根本原因就是易文化重意象、尚感悟、善反省内求的结果！

禅宗强调事事应机，应机说法，法无定法，虽有规矩，不碍自由，从具体物象、事象顿悟真如本体。

象数易学的悬象示义，象生数，象中藏道，以象测藏，与禅宗相映成趣，却又更胜一筹。

象，作为形而上之道与形而下之道的中介，用象数来表达义理。即目所见，直指象外之意，这是全（右）脑开发的关键，也是训练灵性和悟性的至上一招。

再加上易学全面的思维方式，更是锦上添花，如虎添翼。只有全面地去分析问题，才能够综合得出较为准确的结论。下面我们来看在分析某一卦的时候，如何从多个角度看问题：

（1）分析本卦：一种事物过去的情况。

（2）分析变卦：现在的情况。

（3）分析对卦：未来的情况。

（4）分析反卦：站在反面看这种事情的情况。

（5）分析交卦：站在对方的角度、对方也站在我们的角度的情况。

（6）分析象形之象：站在整体的角度，大象的角度看。

（7）分析八卦之象：分析方位之象、分析爻位之象。

（8）分析爻：正（是否在该处的位置）、承（是否有人帮助）、乘（是否有人在捣乱）、比（和周边的关系如何）、应（和自己相应的人的关系如何）、中（是否处于"中"的位置）、据（是否处于有利的位置）

（9）分析连互：把问题展开进行细化分析。

（10）分析像卦之象：抓住事情的主要矛盾和共性。

一件事情，我们能从十个角度去分析，然后综合分析情况，得出的结论应该是比较全面的。断卦如此，生活更是如此。只有这样的思维方式，才能够在生活中处理问题的时候变得清晰明了，减少错误。

学《易》，主要就是学习易学的思维模式！《周易》的"周"，就有"周全"、"周备"之意！《易经》的智慧也正在于此！

《庄子·养生主》："吾生也有涯，而知也无涯。以有涯随无涯，殆已；已而为知者，殆而已矣。"但得本，不愁末。《易经》，就是我们的本，就是我们的源头活水！

是为前言！

全书解读

一、《周易》的构成

（一）易经

䷀乾	䷁坤	䷂屯	䷃蒙	䷄需	䷅讼	䷆师	䷇比
䷈小畜	䷉履	䷊泰	䷋否	䷌同人	䷍大有	䷎谦	䷏豫
䷐随	䷑蛊	䷒临	䷓观	䷔噬嗑	䷕贲	䷖肃	䷗复
䷘无妄	䷙大畜	䷚颐	䷛大过	䷜坎	䷝离	䷞咸	䷟恒
䷠遁	䷡大壮	䷢晋	䷣明夷	䷤家人	䷥睽	䷦蹇	䷧解
䷨损	䷩益	䷪夬	䷫姤	䷬萃	䷭升	䷮困	䷯井
䷰革	䷱鼎	䷲震	䷳艮	䷴渐	䷵归妹	䷶丰	䷷旅
䷸巽	䷹兑	䷺涣	䷻节	䷼中孚	䷽小过	䷾既济	䷿未济

六十四卦
（上经三十卦 下经三十四卦）

（二）易传（又称十翼、周易大传）

1.系辞传（上、下）——解释整部经。

系是系属之义，系于《易经》之后，故名《系辞》。

它是《易经》的整体概论，把《易经》从占卜提升到了哲学高度，对中华文化影响深远。

前面我们说过，任何一门学问都是某种思维模式的产物，而《系辞传》就展示了这种思维模式。

它主要阐明了《易经》的来历，为什么要创立"易卦"符号系统来表述一切事物及其相互的关系 ;《易经》是一种什么样的世界观及方法论，还选了十九条爻辞来说明这些世界观、方法论及其应用。

它包含《易经》的大意、原理、起源和筮法，也包含对宇宙及世间万物应该如何看待与对待的问题。

"一阴一阳之谓道"，天、地、人三才合一，是其最根本的思想。

学习《易经》要达到的三个层次 :（1）天人相应 ;（2）天人合一 ;（3）天人本一。

《周易》是观象内化之书，是人文修养之书，读《易》要于观象内化中提高人文意识，以此作为化凶为吉的手段。

观象内化工夫对于人生非常重要！许多人秉赋聪明又满腹才华，但在人文修养方面却不用心，终无大用，令人遗憾。

人不但要有横向的社会责任感，更要有纵向的历史使命感。如此，自会有一股灵气入心头……

2.彖传（上、下）——从整体上解释某一卦卦意

彖对某一卦做出结论、判断和说明，是以"阴阳学说"，和"系辞"中所论述的世界观共同来解释全卦的，也是统论一个卦的具体卦意、卦名、"卦德"以及说明该卦整体内容的。

"彖者，断也。"说的就是判断某一卦整体上讲，它是什么意思、有什么意义。这又叫做"断义"，即判断其意义的意思，是根据什么来断的。要说明的是这一卦的所有内容，而且是主要内容。

但是，它只解释了卦辞，没有解释爻辞。

3.象传（上、下）——研究易学最关键、最基础且需要先掌握的。（《老子》第三十五章："执大象，天下往。"）

彖传是从整体上解释某一卦卦意的，象传则是从某卦的各局部对应来分析其意的，是解释一个六爻卦中局部特性的，也是解释"彖辞"、"爻辞"结论产生的原因的。

彖是断其"内在品德"，象是表其"外在品德"；彖，是界说，定义；象，是表征，暗示，类推，举例。彖是认识，象是知晓。

有了象、彖，那么世界才可以解说，才有认知的可能。

"设卦观象"，"八卦以象告"，由象之示，故有辞之"告"；由象之断，故有辞之"定"。内外兼修，形神兼备，天下之理得矣。天下之理得，而成位乎其中矣。

其中用"大象"来解释一卦卦意，大象就是：乾为天、坤为地、震为雷、艮为山、离为火、坎为水、兑为泽、巽为风。"小象"是具体的爻象、爻位等。

由以上所知，《周易》是以卦象符号来表象世界的。卦象间的关系，就是表示世界的关系；解说卦象，即表示人们对世界的认知。

从这个角度来看，它有三个含义：（1）以图象表象世界；（2）图象之相互关系；（3）图象之解说或表征，即我们对世界的认识。

4. 文言传——专门解释乾坤两卦的意义。

文言传，用的多是韵语，偶语，这些语言读起来朗朗上口、气势磅礴，对右脑开发，善莫大焉！

乾、坤两卦是六十四卦中最重要的两卦。"文"是修饰，"文言"用来颂扬、发挥乾坤两卦的伟大，也是这两卦独有的，其余六十二卦没有文言传。

"乾坤易之门邪"、"易与天地准"，说明乾坤两卦的内涵是易学思想中最重要也是最基础的思想模式，是产生其余六十二卦的基础卦。

乾坤表象阴阳。阳，为流转恒变之原则；阴，乃摄聚翕宁之原则。阴阳，即一种物质之相反相成的两种精神，或同一事物相对应的两个方面。

凡发生关系，都是阴阳间的关系，而阴阳间的关系都是"感"，即"咸"卦的"咸"。有心为感，无心为咸。"情"由"感"起，是"感"的结果，有感而后有关系，有关系而后有情有表意；感不同，关系也不同，而表意也不同。

从天人的关系看，天为觉，《楞严经》称其为觉海——"觉海性澄圆"；人为感。人去感天，称为感觉。感觉是天人相应的基础！

《文言》中解释乾卦的称之为乾文言，解释坤卦的称之为坤文言。文言，首先是从"文"的角度来阐述。做学问讲究文理并举，正如现在的学校教育也分文科和理科。

但是，易学上的文、理，有其特指，也是中国传统文化的神韵所在。那么，什么是文呢？

大多数人认为，文是文化，是文字，是知识。其实，是误解！

比如，形容一个人博学，就说他上知天文、下知地理、中通人事。那么，天上有文字吗？可见，文，并不仅仅是指文字。

文，指的是事物（日、月、星）运行、变化的迹象。理，指的是山、川、野的纹理。天有日、月、星，运转而成文；地有山、川、野，布局而成理。乾天窈冥，视文得真情；坤地幽深，察理知实意。

那么，文理又是从何而来的呢？

从乾坤的相互交感而来。

如果想知道乾究竟是什么特性，那么我们通过由乾所主宰的日、月、星所形成的文，就可以得到乾的真实情况。

同理，如果我们想了解坤的特性，主要就是通过山、川、野的布局来推测地的本性，由地的本性就可以知道坤的本性。

注意这段！这段的思维模式非常重要……

掌握了这个思维模式，你就会看象了——透过现象看本质，从而达到出神入化，跻身高手的行列。

乾坤很重要！明白了这两个卦，再看其余的卦，就势如破竹了。这就是为什么《易传》中专门用《文言传》来讲解乾坤两卦的用意。

还有更重要的思维模式……

天文、地理，哪个更重要呢？当然是天文了。

天为阳，地为阴。

《老子》："人法地，地法天，天法道，道法自然。"

人受地理环境的制约，地受天时的制约。天寒必然地冻，地冻人就需要加穿厚衣服。

所以，易学思维，既有归纳又有演绎，还有更高明的……

天地人相应，为了简洁，通常就说成天人相应。

天人相应，就是文化！在天为文，在人为化，简称文化！人离不开天，故不能没有人文；而文化，就是以文化人，就是天人相应，就是观象内化的工夫。

观象内化就是文化，就是修行！

比如，看到天寒地冻，这就是"文"——事物运行变化的迹象——这个"文"引起我自身的变"化"，自己要马上"化"，就是赶紧加穿厚衣服。

这就是文化！这就是中华文化的奇妙所在！这也是世界上认为中国人智慧第一的原因所在！

进一步的思维更有大用……

中国人常说天地人三才，谈天说地，必然是为了人。天地代表万物。孟子曰："万物皆备于我矣。反身而诚，乐莫大焉。"（《孟子·尽心上》）

所以，不管谈天也好，说地也好，最终都要落实到人身上，这就是人本，这就是以人为本。这是天人相应、天人合一，乃至天人本一的原始出发点。没有这样的认识，勿言中华文化！更遑论修行！既然天地万物都是由乾坤交感而来，那么人自然也不例外了。

人既然也是乾坤交感所形成的一分子，那就可以给人看象了。

怎么看呢？

第一步，把握乾坤的特性。

通过由乾影响的日、月、星所造成的这个文得出乾的特性，再通过由坤影响的山、川、野所造成的理得出坤的特性。

第二步，根据文理给人看象。

可以推测人的性格类型、喜怒哀乐的特点。我们可以根据所观之人的大象，来推测所含的日、月、星的成分；日、月、星属于发光的东西，因而也是一种灵气的显现。

如果此人含日的成分多，那么，此人一定热情大方；如果含月的成分多，那么，此人也许志、慧相伴——既有志气又有足够的智慧。

当然，这种成分并不是太阳、月亮、星星的某一部分，而只是作为一种类比，即类象。

比拟类象，是易学的一个重要思维模式……

同样，我们也可以根据所观之人的大象来判断其山、川、野的情况。如果是像长江，那么他就有长江的特性；如果是像泰山，那么他就会有泰山的特性。

像长江，则此人热情奔放；象泰山，此人就比较内敛文静。

总之，长江之所以是长江，泰山之所以是泰山，肯定是由于受到大地的布局影响形成的，而大地的布局又是受什么支配呢？

是受坤支配的！

以上这些是华夏先哲特有的方法，通过自己的切身体验，来探讨宇宙的本来面目。

既然我们根据宇宙的原理获知了对事物的诊断原理，那么反过来通过掌握对事物的诊断原理，我们也可以知道乾坤的特性。

人类的认识首先是从客体出发，而积累到一定程度后就可以从主体去认识客体。从这一点来看，我们还是强调人认识社会、改造社会的主观能动性的。

所以，现代科学能否解决上述问题，或者科学上是否有足够的依据，我们暂且不去管它。我们从哲学的角度出发来考察这种思维方式，运用方法，认为还是有道理的。如果不够完备，需要的只是如何丰富的问题。现代常用的象数易学，就是这种思维方法的具体运用之一。只有你去学了，去用了，你才能亲身验证这种方法的神奇奥妙……

5.说卦传——分两部分，前半部分与《系辞传》相同，是对《易经》的整体概论；后半部分说明"八经卦"所表示的抽象及具体的意义。

"说"，是解说的意思。《说卦传》，是《易传》解易的基本观点。注意，说卦传的内容需要记熟。

"观象系辞，圣人则之。"说明了"象"的重要性。圣人都是观象之后，才写出卦、彖、象、爻辞及系辞的，所以我们"明象才能明意"。

不明象，不足以学易！明象，是掌握《易经》的天梯！

任何学问，都是某种思维模式的产物。掌握了这种思维模式，就很容易掌握这门学问。

《周易》也不例外！

6.序卦传——说明六十四卦先后排列的顺序与道理。

序卦传的特点是"非覆（反卦）即变"，即六十四卦主要是以"反卦"成对排列的。

7.杂卦传——说明各卦各自的意义并比较各卦意异同。

杂卦传是将六十四卦每一卦的特色，以性格相反的两卦作为一对，用一句简明扼要的话来表达。

因为没有按照顺序讲，而是杂错陈之，故名《杂卦传》。同时显示了"杂而不乱"之理，告诉人们《易》有变化，并反对执一不化，以此发挥了《易》"不可为典要，唯变所适"的思想。

序卦是从时间的层叠上看，杂卦是从空间的关系上看。合起来，就是表象具体世界的辩证现象。

以上所述《易传》的内容、特点及规律，可以让我们全面掌握易学的总体思想（世界观、方法论）及易学思想体系的复杂性、全面性、统一性和科学性，从而为研究易学奠定雄厚的基础。

南怀瑾先生《易经系传别讲》上说："这'十翼'对中国文化关系很大，大家懂了这一方面，对四书五经的原理，可以说大概已经贯通了。"

（三）《周易》的篇章结构编排表

总目	编排次序	简目	卦序	具体内容
经	1	上经	第1至30卦	30条卦辞、180条爻辞及相应的彖传、象传和文言（仅乾坤两卦有）传
	2	下经	第31至64卦	34条卦辞、204条爻辞及相应的彖传、象传
传	3	系辞上		共12章
	4	系辞下		共9章
	5	说卦传		共11章
	6	序卦传		
	7	杂卦传		

二、《易传》解读——学易，舍传求经是最大失误

传是用来解经的。传者，诠也。

演绎古人的话有"故"、"解"、"传"、"注"等。

用故事来说明或补充原文，叫做"故"。

演释原来词意，叫做"解"。但后来解释词句，也叫做"故"或"解"。

"传"，转也，兼有"故"、"解"的各种意义。如《谷梁传》、《公羊传》、《春秋左氏传》都是阐释《春秋》辞意的，用的是问答式的记言。

《易传》推演卦爻辞的意旨，也是铺排的记言。

《周易尚氏学》曰："汉注皆以象，宋注皆以理。然辞有明指卦象者，离象而演空理则非矣。有泛言易理者，求解而必于卦象则执矣。兹择其可解者略说之。其语意昆仑不易知者，则阙。"

要向别人传道，先要自己懂经。经以载道，薪火相传。

《易传》亦称《十翼》，翼有辅助之义，是学习易传的十只翅膀。不把握《易传》的含义，就很难明白《易经》的思想，甚至可以说很难明白中华文化的思想。

因此，我们在讲解上，就先讲《易传》，后解《易经》！

系辞上传

第一章

【全文】

天尊地卑，乾坤定矣。卑高以陈，贵贱位矣。动静有常，刚柔断矣。方以类聚，物以群分，吉凶生矣。在天成象，在地成形，变化见矣。

是故刚柔相摩，八卦相荡。鼓之以雷霆，润之以风雨。日月运行，一寒一暑。乾道成男，坤道成女。乾知大始，坤作成物。

乾以易知，坤以简能。易则易知，简则易从。易知则有亲，易从则有功。有亲则可久，有功则可大。可久则贤人之德，可大则贤人之业。易简，而天下之理得矣；天下之理得，而成位乎其中矣。

分段讲解

天尊地卑①，乾坤定矣②。卑高以陈③，贵贱位矣。

【注释】

①尊：高，贵。天阳之气轻清在上，故曰"尊"。卑：下，贱。地阴之气浊重在下，故曰"卑"。

②定：确定。矣：已。

③陈：分布。

【译文】

天（阳之气上升而）尊远，地（阴之气下降而）卑近，（效此）乾（卦纯阳象征天）坤（卦纯阴象征地），就这样确定了。（天地万物）由卑下到高大、杂然并陈，（效此卦中）确立了贵贱不同的（爻）位。

【讲解】

首先需要明确一点，《易传》是用来帮助人们理解《易经》八卦符号系统的，而这个符号系统，很大程度上又是一套意象符号系统。所以我们在注释《易传》的过程中，尽量以此为核心，以求语境还原，让初学者尽快登堂入室，充分理解掌握这套符号系统，从而能出神入化、参赞天地。

本段开宗明义，首先阐明《周易》乾坤定位，是以宇宙架构形象为基础的。卦中六爻的位置必须由卑下往上排列，也就是从最下面的初爻依次往上到上爻。这就是天地万物相应的易道观！

朱熹说："天地者，阴阳形气之实体。乾坤者，《易》中纯阴、纯阳之卦名也。卑高者，天地万物上下之位。贵贱者，《易》中卦爻上下之位也。"（《周易本义》）可见，乾坤在这儿，指的是乾卦和坤卦。

乾八卦，坤八卦，八八六十四卦，卦卦定乾坤！而卦中六爻的位置，也依排列而贵贱不同。那么，为什么用贵贱来表象卦爻上下的位置呢？

其据有二：

1.《系辞·下传》："三与五，同功而异位，三多凶，五多功，贵贱之等也。"

2.《易传》中多以爻位来解读《易经》：六爻卦中五位为贵位（尊位），二位为贱位；或一、

三、五阳位为贵位，二、四、六阴位为贱位。

从人性来看贵贱，也很有意思：远在天边的，得不到的，高高在上的永远是最好的；近在咫尺的，轻而易举得到的，就在脚下的就轻视它。

当年我真正读懂这四句话的时候，忍不住潸然泪下、泪流满面。从此不再怨天尤人！人情如此！人性如是！佛家说："法尔如是。"道家说："道法自然。"《圣经》说："事，就这样成了。"以上都与"乾坤定矣"遥相辉映。原本如此，原本如是。如此如是……

"远交近伐"，人情重远而轻近，重难而轻易，这山望着那山高，人的本质有限而欲望无穷。好坏、贵贱都是相对的，渴望而得不到的才是最好的。

妻不如妾，妾不如偷，偷不如偷不着。就是最好写照！

李商隐说："此情可待成追忆，只是当时已惘然。"只能回味，往事不可追。然而，追忆又是人类最美好的一种感觉！这就是人性！

《庄子·秋水》："以道观之，物无贵贱。以物观之，自贵而相贱。以俗观之，贵贱不在己。"懂了这个道理，人就有了大智慧。借人一双慧眼，不如安己一颗慧心！经典最大的功用就是让人开启智慧，活得坦然，得以安身立命。

动静有常①，刚柔断矣②。

【注释】

①动静有常：从天地看，天运转不已，故曰"动"；地凝重不移，故曰"静"。常：规律。

②刚柔：用阳爻（—）表示刚，用阴爻（- -）表示柔。断：分，判。

【译文】

（物理世界的）天动地静是有规律的，（效此卦中用阳爻表示）刚（用阴爻表示）柔就断然分明了。

【讲解】

朱熹注释："动者，阳之常。静者，阴之常。刚柔者，《易》中卦爻阴阳之称也。"（《周易本义》）可见，朱熹解易，都是紧扣八卦符号系统的。解卦时，运用天地万物动静变化中阴阳相济的常理，就可对卦爻刚柔相推而生的变化作出正确的判断！天动地静之说，战国时代极为普遍。《庄子·天道篇》："静而圣，动而王。……静而与阴同德，动而与阳同波。……故曰：'其动也天，其静也地，一心定而王天下'。""人法地、地法天、天法道、道法自然"，人应该效法天地，日出而作日入而息。

人和自然对着干，违背自然规律，必定出问题。所以，"善易者不占"，懂了《易经》的道理，不用占卜就已经知道了结果。学习《易经》，一个重要的思维就是易道思维，以道观象，万物至简。有了这种认识，学习《易经》就易如反掌了。纵万象之纷纭，惟一道而贯之。万象纷纭中，最简单和最基本的关系，就是阴阳关系！《易经》的核心学说，就是阴阳学说！

它来源于天地自然，是人类最宝贵的财富！不学《易》，是作为中国人最大的一个损失。

方以类聚①，物以群分，吉凶生矣。

【注释】

①方：1.事。2.道、所。言万物能聚于一方者，以各从其类也。3.种、类。如变幻无方、仪态万方。

【译文】

万事以其类相聚，万物以其群相分，吉凶就（这样）产生了。

【讲解】

天地造就了万物，也造就了人类，使人看任何事物都有视角和立场。纵然是电视节目上所谓的大视角，也还是有视角的；即使是报刊杂志上最中性的报道，也还是有立场的。这也是人性使然、本性使然！至于为什么会这样，以后会详细介绍。只要是人，就有视角和立点；有视角和立点，就会有分别取舍；有分别取舍，就有爱恨情仇、喜怒哀乐……因为分别取舍而产生纷争乃至战争，彼此利害的冲突和调和，是产生吉凶的根本所在，也是世道人心所在。

在天成象①，在地成形②，变化见矣③。

【注释】

①象：天象，日月星辰。

②形：地形，山川草木。

③见：显现。

【译文】

阳气在天上形成了（日月星辰等）现象，阴气在地下形成了（山川草木等）形体，事物变化的道理就（由此）显现出来了。

【讲解】

有形有象，变化见矣！说明《周易》八卦符号系统是根据天文、地理而来。地上的物与天上的象相对应，什么样的形就对应什么样的象，什么样的形就充什么样的气，气（能量）足了就可改变周围的空间状态。古人认识到："物"不是静止的，是在或快或慢运行变化的，故称之为"物象"，简称为象。故知，象就是运作的物。

能够为人类普遍感知的物的运作，称为现象。不能为人类普遍感知的物的运作，称为隐象。现象和隐象的区别,在于物运作的速度。它们的临界点,是光速。

左脑和右脑的区别,也在于速度,临界点也是光速。

千变万化皆天机。卦爻的阴阳变动属意象,表象着天地万物之间相应变化的诸种现象。生而为人,皆应探天探地探人究宇宙大道之理,求理求德求道得身心解放之极。

司马迁:"究天人之际,通古今之变,成一家言。"此言一出,震烁古今。大丈夫当如是!

一等人领导变化,二等人把握变化,三等人跟随变化。

这一段,蕴含着《易经》的一个非常重要的思维模式。可惜很多大家注解此段的时候,都一笔带过了……

掌握了这个思维模式,再看《易经》,你会有茅塞顿开、恍然大悟之感。这也是我们《三天学易经,重塑中华魂》课程中的一个重点和要点。

那这个思维模式究竟是什么呢?这里究竟蕴含着怎样的一个秘密呢?《易》者,象也,离象,无《易》!

但仅有象,也是远远不够的。还必须有形!尤其对于初学者!且看,由"象"到"形"的思维模式。

"在天成象!"这个"象"是很不好把握的,比如气象局的气象,就是气候和天象,如刮风、闪电、打雷、下雪等。但这个象,很不好描述,比如同样是刮风,一千个人去描述,就有一千个样子,这就是所谓的气象万千的本义。但是,"在地成形"呢,就比较好把握了!

看到这个"形"字,你能想到什么呢?形象、形状、形体、形貌、形容、形象、形式、形势、口形、体形、形形色色、形影不离……

你会发现,当你想象的时候,当你组词的时候,"形"比"象"可以组合的多得多了。你以前注意过这种现象吗?这就是"百姓日用而不知"!(《周易·系辞传》)

说到"形"呢,我们不得不提到数学,数学是科学之母。数学上用到的"形"就更具体了。比如:条形、线形、方形、圆形、球形、梯形、三角形、多角形、多边形等。继续细分的话,又可以分出很多,如:

方形:正方形、长方形。三角形:等腰三角形、直角三角形、等边三角形。

通过对"象"和"形"的比较,我们就知道,"象"不容易把握和描述,而"形"就容易把握和描述。

比如,"云彩"就是"象",你单说一个"云彩",是很难让人一下子就浮现出清晰图象的。但你说"三角形",人们的头脑里马上就会有个相对清晰的概念。那么,问题又来了。

能不能用人们很熟悉的"形",来表达不太清晰的"象"呢?如果能的话,就可以知天象了!请千万注意,这个思维模式,是人类社会了不起的成就!

那怎么表达呢?先语境还原!我们中华先祖,"仰则观象于天",天是什么样子呢?请你现在闭上眼睛,想象自己就是一个原始人,站在辽阔无际的大平原上,正在仰望天空。

你想象中的天空是什么样子?如果让你用图形来表达出天空的样子,你会怎么画这个图形?你发觉,很难画出来,是吧?为什么?

这就是你缺乏比拟类象的这个能力,也就是右脑的形象思维能力!

什么是比拟类象呢?简单地说,就是把相似的、具有共同特征的物体,归为一类。所以如何抓取物体的明显特征，就是重点了。这个以后会详细讲解。

这个能力提升了，学《易经》就快速了。

那么我们先祖是怎么来形象描述这个天呢？

我们先来看，天是弧形的。

弧形

同时，天又是连绵不绝的，不可分割的，所以应该用很多弧形来代表。太多又不好画，所以就用三条弧形来代表，古人的思维：三即是多。

大家看，这三条弧形，是不是像天了呢？

注意：东方文化和西方文化的重要分水岭，就是两个字：

"像"、"是"！

东方人喜欢说："像"。比如说，那个云彩像马，所以叫天马行空；这棵树像龙，所以叫龙树。

西方人严谨，喜欢说："是"。云彩就是云彩，树就是树。

那么"像"和"象"，又有什么区别呢？

有器可凭，用"像"。比如，画像，有纸；雕像，有物体材料。无器可凭，用"象"。比如，气象，形象，没有具体的物体可以凭借。书归正传！这个天"象"的"形"出来了，但还有一个问题。

古代没有纸和笔，只能把这个图形刻在石头上、竹子上，而石头、竹子等，非常坚硬，弧线弯曲，很难画，所以就用直线来代替。于是，天"象"的图"形"，就成了三条直线。

这个图形，就称为"乾卦"。这就是象征性图形，也叫意象符号！天，是连绵不绝的，没有任何东西能把天隔断，这就是乾卦的特性，记忆的口诀就是：乾三连，乾为天！

你看，是不是很形象呢？可能有人会说，这种方法不科学。你怎么解释？说到科学性，准确地说：《易经》不属于科学，属于玄学！

什么是科学？科学的重要标准是具备可重复性。比如，H_2O，是水，那么无论在哪个实验室，无论在什么时候，你做这个实验，只要氢H、氧O的比例合适，它都能组合成水。

从这个标准来看，很多的事情都不能用科学来判定！

比如，艺术创作，更多靠的是灵感。一个再专业的画家，也很难画出一模一样的两张画来！因为画不出相同的画来，你就说这个画家不科学，你不觉得可笑吗？

还有，某次体育比赛，某人打破了世界冠军的记录，同时又创造了世界冠军新纪录。但终其一生，这个人再也没有达到他在这次赛场上的记录。

也就是说，这个体育比赛的成绩，也不具备重复性，那你说这个体育比赛也不科学吗？

是科学还是可笑？是谁在作怪？

尤其是中华文字——汉字，几乎都是比拟类象的产物，比如月亮的"月"字，河水的"水"字，都是人类抽象思维的显化。你能说"月"字、"水"字，不科学吗？

可笑！透过现象看本质！这个象现出来，我们就要深究它背后的原理是什么，而不是一个"迷信"，就一竿子把它打死。吃亏与否，长进与否，全在自己的心态！

就像吃饭一样，身体强壮成长快的，都是吸收快、消化好的人。所有掌握《易经》的人，都是大智慧的人！

原因何在？图形对人脑的影响，功不可没！到这儿还不完，还有更精彩的思维……天地人合一的思维，处处在发挥着作用。万事万物，到最后都要与人相关联，这才是以人为本，以文化人。那么，"象""形"自然也不例外！

且看，这个思维模式图：

"象" ➡ "形" ➡ "人"

怎么用语言表达这个模式图呢？在天成象，在地成形，在人成运。

天地人 ➡ 象形运

这里有什么玄机呢？

思考：

1.天地对人的影响，为什么会说"穷山恶水出刁民"、"山清水秀出才子佳人"？

树摇叶落，人摇财落。（摇：走路摇晃。）

男抖穷，女抖贱。（抖：抖腿。翘着二郎腿，抖来抖去。）

天人相应是中国文化的核心思想。

天人合一是真理，把真理变成习惯，莫把习惯当成真理。

学习《周易》的三个层次：第一，天人相应；第二，天人合一；第三，天人本一。

2.古人为什么说"十年寒窗出一个读书人，七代出一个贵族，三百年出一个戏子"？戏子，就是今人所谓的演员；大戏子，就是今人所谓的大明星。

大戏子被古人称为"妖精"，能惊天动地，颠倒众生。

这些人聪明绝顶，一个意象很快就能抓住。看到什么，想到什么，身上就有什么——这就是《易经》意象思维的妙用。

生而为人，要么外在的形象气质好，要么内在的形象思维好，就会有优于常人的运气。更上一层的就是形神兼备，内外双修。

是故刚柔相摩①，八卦相荡②。

【注释】

①摩：交。

②荡：推移。

【译文】

所以阳刚阴柔二气互相摩切交感（而生成八卦），八卦又相互推移变动（而演成六十四卦）。

【讲解】

此段是讲"乾坤生六子"。乾坤初爻摩成震巽，中爻摩成坎离，上爻摩成艮兑。而六子以生，八卦全矣。

即《说卦传》所谓乾三阳、坤三阴相互作用而生"六子"。八卦以一卦荡八卦，而六十四卦备矣。《易传》的文采与义理特别优美，读起来朗朗上口，如诗如画如音乐。

判断是否经典的一个重要依据就是，首先就是是否符合音韵学，其次才是义理。

诵读经典能开发右脑的一个依据，就是音韵学。符合韵律的东西，最开发右脑。再加上形象表达，就登峰造极了。

这种威力，是普通文章难以比拟的！比如下文用这个"荡"字，真是精妙绝伦。

荡犹推也，不曰相重而曰相荡者，言以一卦加于此卦，复加于彼卦，类似于推荡也。读之，头脑里浮现了小时候荡秋千的画面……这就是中华文化的神韵所在——文象互应，文字语言与意象符号的相互呼应。

《周易》以"观象明理"来解说中华文化的起源，中华文字以"象形"为造字基础，中医尚"藏象"，中华天文历法重"观象授时"，中华美学将"意象具足"作为审美共识，中华武术讲究"形断意不断"，写文章讲究"意犹未尽"……所以，离象，无《易》；离象，就无中华文化！文象互应就是中华文化的神韵所在！

鼓之以雷霆①，润之以风雨②；日月运行，一寒一暑。

【注释】

①鼓：鼓动。霆：为雷之余。《谷梁传》："云雷者何？霆也。"

②润：滋润。

【译文】

用雷霆来鼓动，用风雨来滋润；日月往来运行，导致寒暑更替。

【讲解】

此四句对应前面的"在天成象"。毛泽东，字"润之"，其出处即在此！此四句，言六子之用。中华文字，每个字都有讲究。比如，声音韵：声是声，音是音，韵是韵。"禽无声，兽无音。"对于飞禽类是不讲声的，对于走兽类是不讲音的。

简单地说，音，是声之余。所谓的"余音绕梁"，是音不是声。比如，狗的叫声，是"汪汪"，叫声后面是没有余音的。而撞钟时，一撞，钟发出的"咣"就是声，"咣"后面的就是余"音"，连续不断地有节奏地撞钟，钟就有韵律地发出"声音"，这就是"韵"（律）。有声有音，还有韵，万物就美妙了！

人也是如此，尤其是女人，女人过了四十岁，如果有韵，就是"风韵犹存"；如果无韵，就是"风烛残年"。

学国学，开发右脑（全脑），《周易·易传》是最好的训练声音韵的教材。

中华文化是音韵之学，是可以击筑而歌的，非诵读不足以通之。古人写文章，气韵不对，都要换一个字的。所以诵读经典不光开智慧，而且对身心的健康都极有大用。

我曾有《五音识人教程》，就是专门解说用声音韵来识别人才、训练人才，以及声音韵对人体养生和命运的影响的。

乾道成男，坤道成女。乾知大始①，坤作成物②。

【注释】

①知：主宰。

②作：化生。

【译文】

乾道构成男性（乾以初爻交坤成震－长男，中爻交坤成坎－中男，上爻交坤成艮－少男，以生三男，故曰成男），坤道构成女性（坤以初爻交乾成巽－长女，中爻交乾成离－中女，上爻交乾成兑－少女，以生三女，故曰成女）。乾（以纯阳刚健）主宰创始万物，坤（以纯阴柔顺）孕育化生万物。

【讲解】

"乾道成男，坤道成女"对应前面的"在地成形"。

天象地形，天地万物的运行变化，都离不开阴阳的相互作用。《易传》的写作思路是"以天地造化之实，明作经之理"。（朱熹《周易本义》）本章前五句是以实象明意象，余下各句则是以意象见于实象。学习《周易》，当深刻领悟其以天地万物之变化（实相），来阐述发挥卦爻阴阳动变（意象）之道理。这就是易道思维模式。

乾以易知，坤以简能。易则易知，简则易从①。易知则有亲，易从则有功。有亲则可久，有功则可大。可久则贤人之德，可大则贤人之业。易简，而天下之理得矣；天下之理得，而成位乎其中矣。

【注释】

①易知，易从：《乾》和《坤》的德性，纯一不杂，所以易知易从。《乾》卦纯阳，刚健纯粹，只是施仁育物而已，故曰"易"。《坤》卦纯阴，收啬闭藏，只是顺阳成事而已，故曰"简"。

【译文】

乾的作为以平易为人所知，坤的作为以简约见其功能。容易就便于了解，简易就便于遵从。容易了解就会使人亲近，容易遵从就能够见到功效。有人亲近就能够处事长久，见到功效就能够立身宏大。处事长久是有才德的人的美德，立身宏大是有才德的人的事业。了解乾坤的平易和简约，天下万事万物的道理就懂得了；懂得天下的道理，成功就已在其中了。

【讲解】

此段极为重要！此段被很多人引用为成功学，也被很多人误解！《易经》是什么？易：容易、简单；经：经验、规律。易经：就是让你做事情，更容易、更简单的经验和规律。真是这样理解的吗？

请注意，此段的重点在"乾易坤简"四字上！怎么理解这四个字呢？在不改变本段原意前提下，我们将这五句重新组合：

"乾以易知，易则易知，易知则有亲，有亲则可久，可久则贤人之德；坤以简能，简则易从，易从则有功，有功则可大，可大则贤人之业。"

然后提取出其中的关键词：乾—易知亲久—德；坤—简从功大—业。这样就一目了然了。

说乾易，是在阐明其易知亲久，当为贤人之德；说坤简，是在阐明其简从功大，当是贤人之业。"乾易坤简"是成就贤人德业之必需！

但是，还有更重要的……

《系辞上传》第五章："富有之谓大业，日新之谓盛德。生生之谓易，成象之谓乾，效法之谓坤"。

《系辞下传》最后一章："夫乾，天下之至健也，德行恒易以知险。夫坤，天下之至顺也，德行恒简以知阻"。

精彩的来了……

作者在《系辞上传》第一章提出"乾易坤简"，在《系辞下传》最后一章以"乾易坤简"结束。

我们虽不能尽察其意，但能感觉到：作者是在用阴阳变化之理，借《易经》主干乾坤两卦之性能，来阐明"乾易坤简"，即成就贤人德业、乃至人文社会得以生生不息的至善之理吧！

再看神来之笔……

朱熹在《周易本义》中说："夫乾，天下之至健也"，"至健则所行无难，故易"；"夫坤，天下之至顺也"，"至顺则所行不烦，故简"。

什么意思呢？

君子若能以天行健、自强不息的精神去律已处事，则容易为他人所理解，进而被亲近，从而建立起比较持久的人际关系，成为一位贤德者；君子若以地势坤、厚德载物的精神去待人接物，则容易得到众人的遵从，进而实现有效协作，从而齐心对外拓创个人难以完成的大业，成为一位创大业者。

这是否才是"乾易坤简"本义呢？！

至此，始知"易"源于天之固有的自强不息之精神；"简"源于地之本有的厚德载物之内涵。

若违背了这样的天地造化，奢谈"简单"和"容易"，那"简易"，就成了好逸恶劳、不思进取、不劳而获、不择手段、巧取豪夺的代名词了！在很多人理解中，"易简"今义，已断源久矣！

人类当效法天地，方能生生不息！小到个人，大到团体，乃至国家，无一例外！

《庄子·人间世》："夫道不欲杂，杂则多，多则扰，扰则忧，忧而不救。"

《系辞》第一章由宇宙的构造，叙述了《周易》的著作过程、天地的功能，以及人与天地并立的道理。

我们学习的时候，当深刻体悟《易经》对中华民族的思维方式和心理结构之影响。

系辞上传

第二章

【全文】

圣人设卦观象，系辞焉而明吉凶，刚柔相推而生变化。是故吉凶者，失得之象也。悔吝者，忧虞之象也。变化者，进退之象也。刚柔者，昼夜之象也。六爻之动，三极之道也。

是故君子所居而安者，易之序也。所乐而玩者，爻之辞也。是故君子居则观其象而玩其辞；动则观其变而玩其占。是故自天佑之，吉无不利。

分段讲解

圣人设卦观象①，系辞焉而明吉凶②，刚柔相推而生变化。

【注释】

①卦：指六十四卦。象：现象。

②系辞：在卦爻之后系上相应的文辞。

【译文】

圣人创设八卦（符号系统）来观察宇宙万象，又系辞（于卦爻之下）来明示吉凶（的征兆），（卦中）阳刚（之爻）与阴柔（之爻）互相推移而产生（无穷的）变化。

【讲解】

此句"设卦、观象、系辞"，是本章的点睛之笔，是《周易》区别于所有其他典籍的特点之一。

《易经》就是由"象"（卦，符号系统）和"辞"（文，文字系统）两部分组成的。一为象数，一为义理。象数为体，义理为用。体用合一，不可偏废。文象互应，方显神韵。

象者易之本，辞皆由象生。象吉则辞吉，象凶则辞凶。辞有吉凶，皆象之所命。

学易者，不先明卦象，而欲通其辞。可乎？后世学易者，当谨记！象数是前提，义理是基础，内省是关键！后文会细讲。八卦符号系统，是中华先祖将天地万物与人融为一体，系统认识宇宙自然与人类社会的独特思维架构，也是天人相应的捷径所在。

这个架构，其大无外，其小无内，唯有这种包容一切、包容无限的思维架构，才能化生出符合天地精神的人类生存和发展的智慧！

潜心学《易》，首先就要学习这种融天地人万物于一体的系统思维架构，这种以系统思考为特征的思维模式的养成，必然能全方位地提升你的察变、应变、创变能力！这也是《易经》培养大才的一个核心秘诀之一。本段还有一个解灾化难的妙招："明吉凶"，"生变化"。

是故吉凶者，失得之象也①；悔吝者，忧虞之象也②。变化者，

进退之象也③；刚柔者，昼夜之象也④。

【注释】

①象：象征。

②虞：顾虑。

③变化：此指六爻之变化。

④刚柔：此指阴阳二爻，阳刚为"—"，阴柔为"– –"。

【译文】

所以吉凶，是失得的象征。悔吝，是忧愁顾虑的象征。变化，是进退的象征。刚柔，是昼夜的象征。

【讲解】

朱熹的注释为："柔变而趋于刚者，退极而进也。刚化而趋于柔者，进极而退也。既变而刚，则昼而阳矣。既化而柔，则夜而阴矣。"刚为进，柔为退。由柔到刚叫变，由刚到柔叫化。量的增减为变，质的改变为化。卦爻象的刚柔变化，不仅包括阴阳二爻的互变，还包括卦中各爻上下往来（由上到下为来，由下至上为往）、内长外消（内卦为长，外卦为消）。是它决定了与卦爻象变化相应的"吉凶"、"悔吝"的卦爻辞，是权衡行事中进退的象征，如同象征昼夜阴阳交替互变。

六爻之动，三极之道也①。

【注释】

①三极：天地人三才。（一）上两爻表示天，中两爻表示人，下两爻表示地，是为天地人三才。（二）初四下极（地极），二五中极（人极），三上上极（天极）。阴阳是天之极，刚柔是地之极，仁义是人之极。六爻之动，以此为法，随时通变，不偏不畸，胥合乎中，故曰"三极"。

【译文】

六爻（在其天位、人位、地位）的阴阳变动，就是（包含着融天地人）三才为一体的宇宙大道。

【讲解】

天之道，在于始万物；地之道，在于生万物；人之道，在于成万物。天地都有所缺陷，而人生的价值就在于孔夫子说的"参赞天地之化育"，参赞就是弥补，就在于弥补天地之不足。对于"三极（才）之道"的表述，《易传》体现得十分突出。才，走木道，训为"仁义"。《易传》作为对世界总体、概括的把握，不限于对具体事物和现象的了解，而力图把握世界的规律，并用来指导现实的社会人生。

这种认识世界的意图，体现在《易传》里反复论述的天道、地道、人道以及《周易》系统本身所蕴含的道理中。追溯"道"的本义，指道路，引伸为引导、履践等义，后来发展为哲学上的重要范畴。六十四卦中，每卦的六爻在其天位、地位和人位的阴阳变动，均蕴涵着融天地自然万物，人类社会林林总总为一体的普遍法则，即天道、地道和人道融为一体的阴阳之道。

学《易》玩卦，不仅能完善我们现有的学问架构，训练融天地人万物于一体的整体思维模式，更能提高直觉真相、洞察未来的思考能力。

在全球村落化的今天，谁能快速改变急求一己之功利的思维模式，学会整体思维和系统思考，谁就拥有光辉灿烂的明天！欲成大器者，当深思！

思考：

1.地地道道、不三不四、人五人六的来历？

2.天地人三才。《庄子·齐物论》："天地与我并生，而万物与我为一。"

是故君子所居而安者，易之序也①**。所乐而玩者，爻之辞也**②**。是故君子居则观其象，而玩其辞；动则观其变，而玩其占。是故自天佑之，吉无不利**③**。**

【注释】

①居：居住。安：安稳、安定。序：次序。

②乐：喜乐。玩：玩味、玩习、把玩。

③祐：保佑。

【译文】

所以君子能在居处而获安稳，是因为他符合了《周易》所体现的位序。所喜乐而玩味的，是卦爻辞中的道理。因此君子安居之时就观察卦爻的象征而探索玩味其文辞，有所行动就观察卦爻的变化而探研玩味其吉凶的占断。所以必然可以得到上天的佑助，吉祥而无往不利。

【讲解】

易的最高境界就是象，易为日月，由象而来。要成为易学高手，就要具备观象的悟性。能不能成为高手，就取决于你是否能合理取象，以及能否完整取象！

学易，有没有捷径？

答：有！

是什么？

答：玩！

怎么讲？

答：玩是人的天性！会玩（指真正会玩）的人，才能成大才！"玩"字，左边是"王"——人间地位的最尊，男则为国王，女则为王后；右边是"元"——货币的最大单位，钱最多。

会玩（指真会玩）的人，才能玩出"王"和"元"——地位上最尊贵、经济上最富裕。比尔·盖茨是怎么成为世界首富的？玩电脑玩出来的！但我们比比尔·盖茨玩的还要高级得多。

玩什么？玩命——把玩性命之学！

自古研易、用易之人都是高智商、大智慧之人！

但他们开始学易的时候，不一定都是高智商，而是经过易学这套惊奇巧妙的思维模式训练之后，成就了高智商、大智慧！读至此处，你一定感想联篇吧……

系辞上传

第三章

【全文】

　　彖者，言乎象也。爻者，言乎变者也。吉凶者，言乎其失得也。悔吝者，言乎其小疵也。无咎者，善补过也。

　　是故列贵贱者存乎位。齐小大者存乎卦。辩吉凶者存乎辞。忧悔吝者存乎介。震无咎者存乎悔。是故卦有小大，辞有险易。辞也者，也各指其所之。

分段讲解

　　彖者，言乎象也①。爻者，言乎变者也②。吉凶者，言乎其失得也。悔吝者，言乎其小疵也③。无咎者，善补过也。

【注释】

　　①彖：指彖辞。言：说明。象：指一卦之象。

　　②爻：指爻辞。变：指刚柔两爻的变化。

　　③小疵：小瑕，小病。

【译文】

　　彖辞，是总说全卦的象征。爻辞，是分说各爻的变化。吉凶，是说明成败得失的。悔吝，是说明行事有小的偏失。无咎，是说明善于补救过失。

　　是故列贵贱者存乎位①。齐小大者存乎卦②。辩吉凶者存乎辞③。忧悔吝者存乎介④。震无咎者存乎悔⑤。是故卦有小大，辞有险易⑥。辞也者，也各指其所之⑦。

【注释】

　　①位：六爻之位。

　　②齐：确定。小大：阳大，阴小。

　　③辞：卦爻辞。

　　④介：微小。

　　⑤震：惊惧。

　　⑥险：凶险。易：平易。

　　⑦之：适，往。

【译文】

　　所以排列尊贵还是卑贱在于爻位，确定柔小还是刚大在于卦象，辨别吉凶在于卦爻辞，忧虑悔吝在于微小处，震惧无咎在于内心悔悟。因此卦（所含的事理）有大有小，卦爻辞有艰险、有平易。卦爻辞，是分别指示（卦爻变化的）趋向。

【讲解】

辞分四种：1.卦辞——一个卦下面文字的解释。2.象辞——就是断语，对全卦卦象下的判断与结论。象是古代的一种动物，可以咬断铁。这里用来指具有绝对性和肯定性的结论。用动物来比喻是《周易》的一个特色。3.爻辞——是分说各爻（每卦有六爻）的变化。爻者，交也。爻就是两个十字架，这个十字架代表地球的经纬（阴阳）度，地球有一点点偏，西北偏东南，所以这个十字架不是正的，是斜的。爻字就是根据这种实质的现象而来，表示了两个十字架彼此交互的关系。爻下面的文字就是爻辞。4.象辞——象是一种身体和力气都极为庞大的动物，以至于老眼昏花的人也能在很远都看到它。所以象辞就是对一卦所做示意的说明。

系辞上传

第四章

【全文】

《易》与天地准，故能弥纶天地之道。仰以观于天文，俯以察于地理，是故知幽明之故。原始反终，故知死生之说。

精气为物，游魂为变，是故知鬼神之情状。与天地相似，故不违。知周乎万物，而道济天下，故不过。旁行而不流，乐天知命，故不忧。安土敦乎仁，故能爱。范围天地之化而不过，曲成万物而不遗，通乎昼夜之道而知，故神无方而易无体。

分段讲解

易与天地准^①，故能弥纶天地之道^②。

【注释】

①易：《周易》所包含的道理，即易理。准：等同、齐平。

②弥纶：包含。

【译文】

《周易》所讲的道理与天地齐等，所以能圆满包含天地间的道理。

【讲解】

易学之理，放之则弥六合，卷之则能藏于心。其大无外，其小无内。此段尤为重要！知其然，更要知其所以然！道是宇宙万物变化的规律，即宇宙万物的一切变化都有迹可循，都有某种必然性。

《周易》作为一个符号系统（象）与文字系统（文）珠联璧合的意象结构系统，它的卦爻及其义理，均是以天地间阴阳变化的根本规律为最高准则的，是融天地人万物为一体的宇宙全息缩影，它蕴含着宇宙间无穷无尽的生命变化的相应信息！

因此，它能把天地万物变化的具体规律，普遍包容在其中。文象互应的《周易》是中华文明的渊薮，同时也是东方科学的镐矢。

我们学《易》用《易》，其意义决非是为了自己或他人获得某种结论性的东西，而是为了训练和突破自己固有的思维模式，开发自己的直觉思维和顿悟能力，提升自己融天地万物于一体的系统思考能力，开发人体潜能，造福人类社会！

仰以观于天文，俯以察于地理，是故知幽明之故^①。原始反终，故知死生之说^②。

【注释】

①幽明：幽暗光明，即阴阳。

②原：推究。反：返。始终：即生死。阴阳合则生，阴阳离则死。

【译文】

仰观天上（日月星辰等）文象，俯察地面（山川原野等）理致，就能知晓幽隐无形和显明有形的事理。推原事物的初始，反求事物的终结，就能知晓死生的规律。

【讲解】

根据《易传》阴阳学说的核心和天人合一的原理，圣人仰观天文，俯察地理，探究天地阴阳、昼夜变化的道理，从而"提挈天地，把握阴阳"（《黄帝内经》），避凶趋吉，突破人生的种种限制，生生不已，自强不息！这种格局和气派，不是凡夫俗子所能企及的。

精气为物①，游魂为变②，是故知鬼神之情状③。

【注释】

①精气：阴精与阳气。

②游魂：阳气游散。阳气曰魂。

③鬼神：阴阳之气屈伸变化。鬼：归，即气之屈而归，物终气归曰鬼。神：伸，即气之伸而至，物生气伸曰神。

【译文】

阴精与阳气（结合）而成生物，气魂游散（于形体之外）产生变异，由此就能知晓鬼神的情实状态。

【讲解】

《管子》曰："思之思之，又重思之。思之而不通，鬼神将通之，非鬼神之力也，精气之极也。""精气之极"是天地间一股神秘难测的联动力，"聚则成形，散则成气"。鬼神就是阴阳大化的总称。

与天地相似，故不违①。知周乎万物，而道济天下，故不过②。旁行而不流，乐天知命，故不忧③。安土敦乎仁，故能爱④。

【注释】

①违：违背。

②济：成就。

③旁：遍。

④敦：笃厚。仁：爱。

【译文】

　　和天地的道理相近似，所以不会违背（天地之道）。智慧周遍万物而其道理足以匡济天下，所以不会有过失。遍行但不流（于放纵），乐其天然而知其命数，所以无所忧愁。安于所居住的环境而敦厚仁德，所以能博爱（天下）。

【讲解】

　　"宇宙在手，万化由心。"

　　"一事不知，儒者之耻。"一个真正的读书人，不但要上知天文下知地理，还要中通人事，乃至无所不知。古代读书人要明三理——命理、医理、地理。以此标准来看，现在还有真正的"读书人"吗？

　　范围天地之化而不过①，曲成万物而不遗②，通乎昼夜之道而知，故神无方而易无体③。

【注释】

　　①范围：包括，笼罩。

　　②成：成就。遗：遗失，遗漏。

　　③方：处所。体：固定形体。

【译文】

　　笼括天地的化育而不过分，曲尽周密地成全万物而不遗漏，会通于昼夜的道理而尽知（其规律），所以神奇奥妙之道不泥于一方而《周易》的变化不定于一体。

【讲解】

　　神无方——全身无处不藏神，神无所不在。

　　老子的"曲则全"，与"曲成"相映成趣。

　　《道德经》中说："曲则全、洼则盈"。成语"委屈求全"也由此演化而来。曲成万物，是宇宙的法则。直，只是曲的一个小段，只有圆才是完满的。

　　直的、强硬的、不讲道理的，都是违背宇宙自然之道的；唯有曲的、柔和的、顺应天性的，才能茁壮成长。

　　"曲成"一词的真实含义：

　　第一，指天地万物自然生成变化之形体轨迹，是迂回曲折、无往不复的，故老子有"曲则全"、"大直若曲"之说。风水学上讲的"曲则有情"，也是此理。太直的地方，没有好风水。

　　比如，高速公路，如果修得笔直，路程一定会缩短，人力物力财力会大大降低，但太直的高速公路，最容易出事故。这就是曲则有情、直则害人！

　　第二，指人类为人处事、待人接物的思维模式，是兼容并蓄、顺势用柔的，故孙子有"以迂为直"之计、"以柔克刚"之法。施仁义济苍生者，往往是穷尽爱心、克尽艰难，周密不疏而曲成事业；贪私利榨苍生者，往往图一步到位、一蹴而就，欲速不达且遗害不绝！

《系辞》第二章在前面的基础上，进一步明确指出了圣人著《易》、用《易》的终极目标是：架构能涵盖天地万事万物的人类思维体系，以阴阳学说为核心，融天地人万物于一体，参赞天地化育的系统思维模式，确定与天地万物和顺相生，实现人类提挈天地万物之神妙功能。这是中华文化对地球人类无上致敬的精髓所在。

系辞上传

第五章

【全文】

一阴一阳之谓道，继之者善也，成之者性也。仁者见之谓之仁，知者见之谓之知，百姓日用不知；故君子之道鲜矣！

显诸仁，藏诸用，鼓万物而不与圣人同忧，盛德大业至矣哉！富有之谓大业，日新之谓盛德。生生之谓易，成象之谓乾，效法之谓坤，极数知来之谓占，通变之谓事，阴阳不测之谓神。

夫易，广矣大矣！以言乎远则不御；以言乎迩则静而正；以言乎天地之间，则备矣！夫乾，其静也专，其动也直，是以大生焉。夫坤，其静也翕，其动也辟，是以广生焉。广大配天地，变通配四时，阴阳之义配日月，易简之善配至德。

子曰："易其至矣乎！夫易，圣人所以崇德而广业也。知崇礼卑，崇效天，卑法地，天地设位，而易行乎其中矣。成性存存，道义之门。"

分段讲解

一阴一阳之谓道，继之者善也^①，成之者性也^②。

【注释】

①继：承继。

②成：成就。性：天性、本性。

【译文】

一阴一阳（的交互作用）叫做道，承继（其道）的就是善，顺成（其道）的就是性。

【讲解】

"一阴一阳之谓道"精炼地概括了《易》道的本质。朱熹说："天地之间无往而非阴阳；一动一静、一语一默皆是阴阳之理。"（《朱子语类·读易纲领》）

"阴阳"喻象贯穿《周易》全书。全书以阴阳交象为核心，以八卦物象为基础，形成了一套完整的符号意象系统。朱熹指出："道具于阴而行乎阳。"（《周易本义》）

阴阳两者关系表现为阴藏阳用：阴是阳的基础，具有储藏蓄积能量的功用；阳是阴的显现，具有释放发挥能量的功用。阳是可见的一方面，比如物质、形状；阴是不可见的一方面，比如气，精神，人体经络等。

天地万物之所以生生不息，是因为阳为主导，且维系阴阳动态平衡之故。国学大家南怀瑾老师指出："善的作用是完成一阴一阳的均衡。"此句，颇受用。

思考：

1.《道德经》："道可道，非常道。"

道不可解，所以"言语道断"，讲出来的只是理，所以叫"道理"；理可以解，所以叫"理解"；还不理解的，就要"解说"；还不明白，就要"说教"……

这个道是宇宙万有的本体，是无形无相、无善无恶、无阴无阳的，它代表圆满完整的一切。当它起用的时候，相对的力量就出来了，就有了一阴一阳，就有善恶是非。所以"一阴一阳之谓道"，是指用与相而言的。修养学上的"成仙得道"，是指道体的境界。至于讲到用，就是全部的《易经》了。

2."孤阴不生，独阳不长"的实际运用价值？

中国申办2008年奥运会的口号——"新北京·新奥运"。单独的一座孤高之楼，对于生育和事业，都大大不利。

3.儒家的孟子主张性善说——"人之初，性本善。"但《易传》中孔子有一句话，却比孟子更上一层，提出了形而上的性善说。孔子的学生曾子做《大学》时，提出了"至善"说。"大学之道，……在止于至善"，至善就是中，中就是无善（当然也无恶）。有善就会有恶，善恶阴阳是并存的。老子说："天下皆知美之为美，斯恶矣！"这也从侧面说明了《周易》确是群经之首、诸子百家之源。学《易》不难，难的是思维模式的转型，思维模式的升级和转化！

4.明心见性、见性成佛的性是什么？性情又是什么？性是本体——道、上帝、如来、真主。万物的本源叫性，性起的作用为情。形而上的道无善恶是非，形而下的用就有善恶是非了。禅宗六祖慧能大师说："正人用邪法，邪法亦是正；邪人用正法，正法亦是邪。"子思《中庸》："天命之谓性，率性之谓道，修道之谓教。道也者，不可须臾离也，可离非道。"《庄子·知北游》："（道）无所不在，……在屎溺。"《庄子·天下篇》："《易》以道阴阳。"

仁者见之谓之仁，知者见之谓之知①，百姓日用不知；故君子之道鲜矣②！

【注释】

①知：智。
②鲜：少。

【译文】

仁者看见（道的）仁便称道为仁，智者看见（道的）智便称道为智。百姓日用（其道）却不知道，所以君子之道就很少见了。

【讲解】

道在哪里？道在屎溺。人在道中不知道，鱼在水中不知水。佛在心中莫远求。"道在人伦日用"，道离我们并不遥远，始终紧扣着人伦日用，始终散发着人间烟火气息，特别是始终关注着人们的生存状态。

宇宙间最伟大的道理就在老百姓的日常生活中。这一句话，讲得实在是太高明了，世人理解不难，难的就是理解了做不到。《老子》早有预言："吾言甚易知，甚易行。天下莫能知，莫能行。"

唐代洞山良价禅师有法偈云："青山白云父，白云青山儿。白云终日倚，青山总不知。"说的也是这个道理。

仁者以恻隐之心，往往仅体悟到道之阳的属性一面；智者以是非之心，往往仅体悟到道之阴的属性一面。两者在践行中，均将对道的局部体悟，视为对道的整体认识了。

学《易》，就要运用融天地人万物于一体的系统思维模式，阅尽银河风浪，反思并提升以往狭隘的思维陋习，完成由高级生命向超高级生命的进化！

这就是"君子上达"。

显诸仁①，藏诸用②，鼓万物而不与圣人同忧③，盛德大业，至矣哉④！

【注释】

①显：显现。诸：之于。

②用：功用。

③鼓：鼓动，使……充满。

④至：极。

【译文】

（道于外）显现在仁德的方面，（于内）潜藏于功用之中，（在自然无为中）鼓动万物（生长）而不去与圣人（虽体道却尚存忧患之心）同忧虑，（造就万物的）盛美德行和宏大功业（完备）至极呀！

【讲解】

"仁"，是儒家文化乃至中华文化中非常重要的一个哲学概念。从说文解字的角度看："仁"，会意字，右边"二"为"天地"，为阴阳二气周流六虚。天地造化，生成万物，这是最大的仁。左边单人旁为"人"，人应该效法天地，具备仁爱之心，多做良能善事。天地人融为一体，就是"仁"，也是万物生生不息之种子（如核仁、果仁）。不学《易》，没有天地人合一的整体思维观，是不可能真正步入国学之神圣殿堂的……

思考：

1.慧而不用的智慧。

2.圣人为何忧？对否？必要否？道家为何提倡无为？《庄子·胠箧》："圣人不死，大盗不止。"圣人忧时、忧世、悲天悯人，这是人为的作用。

3.为什么世界五大宗教都提倡仁爱？道在善的方面容易体现出来。

富有之谓大业①，日新之谓盛德②。生生之谓易③，成象之谓乾④，效法之谓坤⑤。

【注释】

①富有：无所不备。

②日新：变化不息，日日增新。

③生生：阴阳相互变化而不穷。

④成象：生成天象。

⑤效法：效地之形。法即形。项安世曰："古语'法'皆谓'形'，《系辞》皆以'形'对'象'。"

【译文】

富有就是大业，日新就是盛德。生而又生就是易，形成天象就是乾，效法地形就为坤。

【讲解】

为什么日新就是盛德呢？这也是易学中特有的一个思维！这个思维就是观象明理。

"升"卦：《象》曰：'地中生木，升。君子以顺德，积小以高大'。"朱熹对此评说："木一日不长便将枯衰。"

圣人观象，发现老天有日新月异、永恒光照大地万物生长之崇德，这是文（通"纹"）。然后以文化人，就是明理：人类当依从草木生长的道理，苟日新，日日新，又日新，日有所进，日积月累，终能蓄养成自强不息、盛久不衰之大德！

由草木日日生长这个象，顿悟日新就是盛德，这就是观象明理！可见，观象明理是一种思维模式，是一种由意象引发而省去推理过程的思维模式。在心理学认知领域中称之为"直觉"，在佛学中称之为"顿悟"。

易学的基本功用，其实是一种直觉、灵感和顿悟能力的训练和开发！

观象明理，就是看象——就是透过现象看本质——简称看象！

举例：生生之谓易的实际运用！

易学五行中，木主生发。木在人的身体中，在内主肝胆，在外主毛发。

如果一个人毛发黑亮，那么就表示其生气足；反之，如果这个人白发早生，那就表明其生发无力，预示着自身精神气象及事业发展动力不足，没长景。

生生之谓易，易是变化发展，不生不变不发展。生生为动，毛发枯萎则事业停滞。

这句话用来布局，就是要使五行流通，从而生生不已，自强不息。

你看，易学就是这么简单，甚至连小孩子学了都会马上应用！学一点，就终生受用无穷……

2008年奥运会期间，笔者对外推出了一门课程——"易经禅"，就是"以道观象，以象明心；明心见性，见性证真。"把易经的精髓和禅修的精华相互融通，从而快速提升习练者的本我灵性、开发自身潜能，从而能够通天达地知人事，轻松解决现实生活和工作中的种种难题。这门课令参加人员大感震惊，易学思维博大精深，中华先祖的思维模式，至今还在宇宙太空熠熠生辉……

极数知来之谓占①，通变之谓事②，阴阳不测之谓神③。

【注释】

①极：穷极，极致。数：术数。占：筮占。

②通变：指通达而后知变化、趋时而利。

③阴阳不测：阴阳变化迅速微妙而不可测度。

【译文】

穷极数术的推演而能预知未来叫做占，通达变化叫做事，阴阳（变化）不可测度叫做神。

【讲解】

当代量子力学中，有一条很重要的定律——测不准定律，从哲学角度看，此定律之所以谓"测不准"，正由于宇宙间万物时刻都在向矛盾对立面变动。

此定律恰好与"阴阳不测"遥相呼应、相互印证。也由此可知，《系辞传》提出的这一命题，含有极为深刻的辩证观念。对于占卜来说，就是：准是相对的，不准是绝对的！

所谓不准，就是很难恰如其分地用语言表达清楚。连毛主席他老人家也说："要想知道梨子的滋味，就要亲自尝一尝。"因此只能"象其物宜"，所以要通变、变通。

对应的方法其实也很简单，就是：活在当下！活，灵活也。只有具备当下的灵活性，才能觉知自己、把握细节，从而物我一体，料事如神。

《黄帝内经》："法于阴阳，和于数术。"八卦之数，是学习《易经》必须要记住的。

占就是未卜先知，不用卜卦。占是占，卜是卜。用数来求卦的叫做占，用工具来求卦的叫做卜。比如抽签就是卜。

《左传》中韩简说："龟，象也；筮，数也。"

观天之道，文以载道。经典里面蕴含着大智慧。学习经典，不是为了学而学，不是为了背而背，而是为了悟，为了悟透生命而去学去背。孩子学习的目的，不是为了把孩子当成装古书的袋子，而是让孩子觉悟、明白人生，经世致用，完善自己，成就别人。

《周易》包含了四大学问：理、数、象、占。理是形而上的，是哲学；象数是形而下的，是科学；占就是实践。

起卦很简单，但要断准就要靠智慧了，要"通变"。只是懂了哲学的与科学的就可以未卜先知吗？不行！我们骂一个人不懂事，就是说他不懂得变通，所以说"通变之谓事"。

通变和变通不同：通变是先通达了就知道去领导变，这是第一等人。这种人知道未来是怎么变的，所以当它还没变的时候，先来领导它变。"知几其神乎！"

第二等人是应变，社会开始变了，便把握机会来改变。

末等人是随大流，跟在人家屁股后面转，人家变了你不能不变。学习要做到——奢于形，精于质。

夫易，广矣大矣①！以言乎远则不御②；以言乎迩则静而正③；以言乎天地之间，则备矣！

【注释】

①广：宽广。坤为地为广。大：盛大。乾为天为大。

②御：边际。

③迩：近。

【译文】

易，既宽广而又盛大！要说它远，则没有边际；要说它近，则宁静而方正；要说天地之间，则（无所不）备。

夫乾，其静也专①，其动也直②，是以大生焉。夫坤，其静也翕③，其动也辟④，是以广生焉。

【注释】

①专：专一不杂。

②直：刚直。

③翕：闭合。

④辟：开。

【译文】

乾代表天的作用，它静止时专一致极，它变动时刚健正直，由此产生了伟大的宇宙。坤代表地的作用，它静止时包容一切，它变动时开放顺承，由此产生了广大的万物。

【讲解】

这是以《易经》中最重要的"乾"、"坤"来说明《易》的广大。《老子》："致虚极，守静笃"，就是静到了极点。

广大配天地①，变通配四时②，阴阳之义配日月，易简之善配至德③。

【注释】

①配：匹配。

②四时：四季。

③至：极。

【译文】

广大与天地相配合，变化通达与四季更替相配合，阴阳交替的规律与日月运行相配合，平易、简约的美善原理与天地至高无上的德性相配合。

【讲解】

汉代郑玄总结了易经的"三易"原则，从而确立了他在易学史上的地位和影响。郑氏《易赞》曰："易之为名也，一言而含三义：简易一也；变易二也；不易三也。"

1.简易

《系辞》云："乾坤其易之蕴耶？""易之门户耶？""乾以易知，坤以简能；易则易知，简则易从。"乾示人以易，坤示人以简，此言易简之法则。《易》是归纳法，将宇宙间的现象与人事，归而纳之为极简单的必然之理，称为简易。老子说："至道不繁"。简易就是大道至简，随起随用，不拘一招一式。孔子曰："不占而已矣！"（《论语·子路》）荀子曰："善易者不占"。真正懂得易的人是不需要用推算的方法的。玄之又玄的东西很简单，但能把简单的东西做得不简单，就是高手。

《万物简史》的作者比尔·布莱森说：物理学的任务就是探索最终的简洁性。简易的原则提醒我们：第一、如果你做事情，还很复杂，那么一定偏离了大道；第二、无论你现在做得多么得心应手了，都还可以继续再简化，都还可以继续再优化。这就引出了变易。

2.变易

《系辞下传》："不可为典要，唯变所适。"

清华大学西门，有《易》中之"人文日新"四字。

日为太阳，为什么说是日新，而不是月新？

日为阳，精子为阳，日日生。月为阴，卵子为阴，月经一月一来。天文贯通人文，人文包含风俗、道德伦理、国家社会体制、性命（心理、生理）、物理（动物、植物、微生物）。

"人文日新"，"苟日新，日日新，又日新。"一个人精神的洗礼，品德的修炼，思想的改造，无一不是如此。

《周易》提出了两个非常重要的哲学观点：一是发展观，事物是变化发展的，走到极限就会走向它的反面。二是全局观，看问题是全局着眼，不要只看局部。这是哲学的一个基本观点。

唯一不变的就是变，智无常局，唯变所适。要用发展的眼光看问题。这就是中国文化强调的变易之道。变易提醒我们要主动创新，日新月异，适应人类社会的发展。

3.不易

就是万变不离其宗！

《系辞下传》："天下同归而殊涂，一致而百虑。"

同归而殊涂（途），就是终极规律是不变的；一致而百虑，就是类象，事物发展的过程（同归），可以有多元化的表现形式。这就是"不易"之理。普通人，在简易上下工夫；聪明人，在变易上下工夫；智慧人，在不易上下工夫。

子曰①："易其至矣乎②！夫易，圣人所以崇德而广业也。知崇礼卑③，崇效天，卑法地，天地设位④，而易行乎其中矣⑤。成性存存⑥，道义之门⑦。"

【注释】

①子：指孔子。

②至：极。

③知：智。礼：礼仪。

④设：设定。位：卦中爻位。

⑤中：中间。

⑥存存：常在。

⑦道：所由之路，乾阳为道。义：所处之宜，坤阴为宜。

【译文】

孔子说："易其道至极！易道，是圣人用来增崇其道德而广大其事业的。智慧贵在崇高，礼仪贵在谦卑，崇高是效法天，谦卑是效法地。（圣人以）天地（为准）设定了（卦爻中上下尊卑的）位置，而易道就在其（中庸之道）间变化运行了。成就万物的美善德性常存，就是通向（天地）道义的门户。"

【讲解】

《周易》是一切学问的顶点，世界上没有任何学问在它的范围之外。

本段的重点在于"位"和"中"的理解。

《周易》一字千理，不按一定的思维架构来解析，很难直透本义。

系辞上传

第六章

【全文】

圣人有以见天下之赜，而拟诸其形容，象其物宜；是故谓之象。圣人有以见天下之动，而观其会通，以行其典礼。系辞焉以断其吉凶；是故谓之爻。言天下之至赜而不可恶也。言天下之至动而不可乱也。拟之而后言，议之而后动，拟议以成其变化。"鸣鹤在阴，其子和之，我有好爵，吾与尔靡之。"

子曰："君子居其室，出其言善，则千里之外应之，况其迩者乎？居其室，出其言不善，则千里之外违之，况其迩者乎？言出乎身，加乎民；行发乎迩，见乎远。言行，君子之枢机。枢机之发，荣辱之主也。言行，君子之所以动天地也，可不慎乎？"

"同人先号咷而后笑。"子曰："君子之道，或出或处，或默或语，二人同心，其利断金。"同心之言，其臭如兰。

分段讲解

圣人有以见天下之赜①，而拟诸其形容②，象其物宜③，是故谓之象。

【注释】

①赜：深奥，玄妙。

②拟：比拟，摹仿。诸：之于。形：形态，形状。容：容貌。

③宜：相称，适宜。

【译文】

圣人因见到天下万物的玄妙，从而摹拟其形状容貌，用来象征其事物所适宜（的意义），所以就叫做象。

【讲解】

语言和文字，是对人类文化和精神，最有限的表达！很多时候，语言和文字还不如一幅画或一首歌曲更有感染力。

语言的功能很有限，解说任何事情，我们只能说得很像，禅宗所谓"说似一物即不中"，是很难传神的。

经典不同于普通书籍的重要之处，一是文采，用词极为精准考究；二是音韵，读起来合辙押韵，朗朗上口，这也是诵读经典能充分开发右脑的主要原因；三是义理，讲的都是宇宙人生的真相。

譬如，"象其物宜"这四个字，就是用得太绝妙了。"象"，跟原来的差不多，所以叫做象。现代人加了个人字旁，变成了像。

圣人有以见天下之动，而观其会通①，以行其典礼②。系辞焉以断其吉凶，是故谓之爻。

【注释】

　　①会通：会合变通。

　　②典礼：典章礼仪。

【译文】

　　圣人因见到天下万物的变动，从而观察其会合变通，用来推行其典章礼仪，并附之文辞以断其吉凶，所以就叫做爻。

　　言天下之至赜而不可恶也①。言天下之至动而不可乱也。拟之而后言，议之而后动，拟议以成其变化②。

【注释】

　　①恶：厌恶。

　　②议：审议。

【译文】

　　述说天下至为玄奥的道理而（在心态上）不可轻视厌烦，言说天下事物变动至极而（在行动上）不可妄行乱为。先比拟然后发表言论，先审议然后再行动，通过比拟审议来成就（事物之）变化。

【讲解】

　　易学思维对中国文化影响巨大！中华民族是世界上公认的最具智慧的民族之一，其智慧的来源，就在于几千年易学思维对我们的浸淫。

　　明末藕益大师《周易禅解》说："夫天下之物虽至赜，总不过阴阳所成。夫天下之事虽至动，总不出阴阳动静所为。"

　　阴阳学说是《周易》的核心所在！阴阳根本规律是宇宙第一规律！

　　学习易学，最重要的就是从学习易学的思维模式下手，先渐悟，再顿悟，绝不能执迷不悟。否则，如果只是学习易学方法，就是舍本逐末，必定事倍功半。

　　"鸣鹤在阴①，其子和之②，我有好爵③，吾与尔靡之④。"

【注释】

　　①阴：通"荫"。

　　②和：应和。

③爵：古代饮酒器具，此指酒。

④靡：分享。

【译文】

（《中孚》九二说）"母鹤在树荫下鸣叫，其子应声而和。我有美酒，我愿与你共享同醉。"

【讲解】

《周易正义》曰："鸣鹤在阴"者，上既明拟议而动，若拟议於善，则善来应之；若拟於恶，则恶亦随之。故引鸣鹤在阴，取同类相应以证之。此引《中孚》九二爻辞也。鸣鹤在幽阴之处，虽在幽阴而鸣，其子则在远而和之，以其同类相感召故也。"我有好爵"者，言我有美好之爵，而在我身。"吾与尔靡之"者，言我虽有好爵，不自独有，吾与汝外物共靡散之。谓我既有好爵，能靡散以施於物，物则有感我之恩，亦来归从于我。是善往则善者来，皆证明拟议之事。我拟议于善以及物，物亦以善而应我也。

子曰："君子居其室①，出其言善②，则千里之外应之，况其迩者乎？居其室，出其言不善，则千里之外违之，况其迩者乎？言出乎身，加乎民；行发乎迩，见乎远。言行，君子之枢机③。枢机之发，荣辱之主也。言行，君子之所以动天地也，可不慎乎？"

【注释】

①（此释《中孚》九二爻辞）君子居其室："九二"居内卦，象征君子居其家室，"九二"为阳爻，阳为君子。

②言：言语。"九二"居《中孚》下兑之中，兑为言说。

③枢机：指事物运动的关键，开关的中心。

【译文】

孔子说："君子居于室，口出善言，千里之外的人都闻风响应，何况近处的呢？君子居于室，口出不善言，千里之外的人都违逆背离，何况近处的呢？言语出于自身，影响到民众；行动发生在近处，而显现于远处。言行，这是君子的枢机。枢机在发动时，主宰着荣辱。言行，是君子用来惊动天地的，怎能不慎重呢？"

"同人先号咷而后笑①。"子曰："君子之道，或出或处，或默或语②。二人同心，其利断金。"同心之言，其臭如兰③。

【注释】

①同人：即同仁。号咷：啼哭。

②默：不语。

③利：锐利。臭：通嗅，即气味。

【译文】

(《同人》九五说)"与人同志，先号哭而后笑。"孔子说："君子之道，或外出或静处，或沉默或言语。两人同心，其力量可以切断金子。"同心的言语，气味相投香如兰草。

系辞上传

第七章

【全文】

"初六，藉用白茅，无咎。"子曰："苟错诸地而可矣；藉之用茅，何咎之有？慎之至也。夫茅之为物薄，而用可重也。慎斯术也以往，其无所失矣。"

"劳谦，君子有终，吉。"子曰："劳而不伐，有功而不德，厚之至也。语以其功下人者也。德言盛，礼言恭，谦也者，致恭以存其位者也。"

"亢龙有悔。"子曰："贵而无位，高而无民，贤人在下位而无辅，是以动而有悔也。"

"不出户庭，无咎。"子曰："乱之所生也，则言语以为阶。君不密，则失臣；臣不密，则失身；几事不密，则害成；是以君子慎密而不出也。"

子曰："作《易》者，其知盗乎？《易》曰：'负且乘，致寇至。'负也者，小人之事也；乘也者，君子之器也。小人而乘君子之器，盗思夺之矣！上慢下暴，盗思伐之矣！慢藏诲盗，冶容诲淫。《易》曰'负且乘，致寇至'，盗之招也。"

分段讲解

"初六，藉用白茅①，无咎。"

【注释】

①藉：铺垫。茅：茅草。

【译文】

(《大过》初六说)"初六，用白色茅草铺地（摆设祭品），（就）没有过失。"

子曰："苟错诸地而可矣①；藉之用茅，何咎之有？慎之至也②。夫茅之为物薄③，而用可重也。慎斯术也以往④，其无所失矣。"

【注释】

①苟：假使。错：放置。
②慎：谨慎。
③薄：轻。
④斯：此。术：道。

【译文】

孔子说："即使（祭品）直接放在地上也可以，何况还用茅草铺垫（以示其敬），这能有什么灾呢？已经敬慎到极处了。茅草作为物虽然很微薄，但作用重大。能谨慎地用这套礼术行事，就不会有所过失了。"

思考：

1.《大学》设定的创业程序："格物、致知、诚意、正心、修身、齐家、治国、平天下。"
2.礼多人不怪。小心行得万年船。始动于微。慎始。
3.世上本无垃圾，垃圾全是放错了地方的宝。

"劳谦①，君子有终，吉。"

【注释】

①劳：勤劳。

【译文】

（《谦》九三说）"勤劳而谦虚，君子有好的结局，吉利。"

【讲解】

"劳"，古今有多位名学者，将"劳"当"功"解，或直译为"功劳"，此是误解。

明朝来知德说："'劳'者，功之未成；'功'者，劳之已著。"

可见，劳是劳，功是功。否则，就无"劳而无功"之说了。劳的繁体字是"勞"，双火当头、下面出力！所以译为"勤劳"。

子曰："劳而不伐①，有功而不德②，厚之至也③。语以其功下人者也④。德言盛，礼言恭，谦也者，致恭以存其位者也⑤。"

【注释】

①伐：夸。

②德：以德自居。

③厚：宽厚。

④下人：谦让于人。

⑤致：推致。

【译文】

孔子说："勤劳而不夸耀，有功绩而不以德自居，这就是敦厚至极。这说的是有功劳而能谦让于人。德讲究盛大，礼讲究恭敬。所谓谦，就是用致诚恭敬来保存其地位！"

"亢龙有悔①。"

【注释】

①亢：穷极。悔：毛病，问题。

【译文】

（《乾》上九说）"龙飞过高则有悔。"

【讲解】

　　辛弃疾说：“物无美恶，过则为灾。”过犹不及。中才能化。琼楼玉宇，高处不胜寒。

　　子曰：“贵而无位，高而无民，贤人在下位而无辅，是以动而有悔也①。”

【注释】

　　①（此释《乾》上九爻辞。）贵而无位：《乾》“上九”阳爻处上为“贵”，“上九”穷极失位故“无位”。高而无民：“上九”居卦上故曰“高”，六爻全阳无阴，阳为君阴为民，故“无民”。

【译文】

　　孔子说：“尊贵而无实际的职位，高高在上而失去民众，贤人在下位而无所辅助，所以一行动就有悔。”

　　“不出户庭，无咎①。”

【注释】

　　①引《节》初九爻辞。

【译文】

　　（《节》初九说）“不出门户庭院，无过失。”

　　子曰：“乱之所生也，则言语以为阶①。君不密②，则失臣；臣不密，则失身；几事不密③，则害成；是以君子慎密而不出也。”

【注释】

　　①阶：阶梯，契机。
　　②密：隐密。
　　③几事：几微之事。

【译文】

　　孔子说：“祸乱的产生，是以言语为契机。国君（说话）不缜密就会失掉大臣，大臣（说话）不缜密则有杀身之祸。几微之事不保密则妨害事情的成功，所以君子慎守机密而不轻易出言。"

【讲解】

鬼谷子说："口乃心之门户。"祸从口出，病从口入。人最难做到的，就是管住自己的口。口业大于天。

> 子曰："作《易》者，其知盗乎？《易》曰：'负且乘，致寇至①。'负也者，小人之事也；乘也者，君子之器也②。小人而乘君子之器，盗思夺之矣！上慢下暴，盗思伐之矣！慢藏诲盗，冶容诲淫③。《易》曰'负且乘，致寇至'，盗之招也。"

【注释】

①乘：古时指车辆，引申为乘车。

②小人：下人。君子：才高望重之人。从卦象看，阳为君子，阴为小人。此释《解》"六三"爻辞，"六三"阴居阳位，故有"小人乘君子之器"之象。

③慢：骄慢。诲：教。

【译文】

孔子说："作《易》的人，了解盗寇吗？《易》（《解》六三）说：'以肩负物而又乘车，招致了盗寇。'以肩负物，这是小人做的事情；车乘，是君子（使用的）器具。小人乘坐君子的器具，所以盗寇想来抢夺他。对上骄慢而对下暴虐，盗寇就想来讨伐。懒于收藏财富是教盗寇来抢，打扮妖艳是引诱盗寇来奸淫。《易》说：'以肩负物而又乘车，招致了盗寇'，盗寇就这样招引来了。"

【讲解】

上文指出创作《周易》的原则是拟取物象以喻事理，审辨物情以明变化，并举七则爻辞为例，援据孔子言论，来证实《周易》的"象喻"特征。

对举一反三、闻一知十，开发悟性非常有利！

其中"观物取象"说，从"形象"与"意义"的联系这一角度看，同今天的"艺术思维"论有一定的契合之处，是研究古代美学理论可资参考的资料。

系辞上传

第八章

【全文】

大衍之数五十，其用四十有九。分而为二以象两，挂一以象三，揲之以四，以象四时，归奇于扐以象闰，五岁再闰，故再扐而后挂。天一，地二；天三，地四；天五，地六；天七，地八；天九，地十。天数五，地数五，五位相得而各有合。天数二十有五，地数三十，凡天地之数，五十有五。此所以成变化而行鬼神也。

《乾》之策二百一十有六。《坤》之策百四十有四。凡三百有六十，当期之日。二篇之策，万有一千五百二十，当万物之数也。

是故四营而成《易》，十有八变而成卦，八卦而小成。引而伸之，触类而长之，天下之能事毕矣。

显道，神德行，是故可与酬酢，可与佑神矣。

分段讲解

大衍之数五十，其用四十有九^①。

【注释】

①衍：演，演算。

【译文】

（借用蓍草）演算天地之数是五十，实际用四十九（根）。

【讲解】

卜卦蓍草共五十根，其中一根抽出来放一边不用。为什么留一不用呢？就是基本数不动，一是备而不用的，也是天地自然的法则。

这点不同于现代人凡事用极的心态。

分而为二以象两^①，挂一以象三^②，揲之以四，以象四时^③，归奇于扐以象闰^④，五岁再闰^⑤，故再扐而后挂^⑥。

【注释】

①两：两仪。指天地或阴阳。

②挂一：从右手蓍策中任取一根。一：象征三才中人。三：三才。

③揲：取，数。

④奇：余，在分完左右手之后，每只手中策数必有余数。或一、或二，或三，或四。此就是奇扐：勒。将蓍草勒于指间。闰：闰月。

⑤五岁：五年。一挂两揲两扐为五，故为"五岁"。再：两。此句是说一变之中，有两次归奇于扐，故象两次闰月在五年之中。

⑥挂：卦。

【译文】

（将这四十九根蓍草）一分为二，以象两仪。（从右手蓍策中）任取一根（置于左手小指

52

间），以象（天地人）三才。（左右手之策）以四为一组数之象征四时。归置（左右手所余之数）于手指之间以象余日而成闰月。五年中有两次闰月，所以再一次归余策于手指间，而后经三变而成卦（一爻）。

天一，地二；天三，地四；天五，地六；天七，地八；天九，地十[1]。

【注释】

①《易经》以阳爻一画（—）象天，故天数为一；以阴爻两画（——）象地，故地数为二。一为奇数，推之则奇数三、五、七、九亦皆为天数。二为偶数，推之则偶数四、六、八、十亦皆为地数。

【译文】

天数一，地数二；天数三，地数四；天数五，地数六；天数七，地数八；天数九，地数十。

天数五，地数五，五位相得而各有合[1]。天数二十有五，地数三十，凡天地之数，五十有五，此所以成变化而行鬼神也[2]。

【注释】

①五位：指天地之数各有五位数。相得：相加。合：即和。
②变化：指蓍数变化。鬼神：气之屈伸往来。鬼：归，阴也。神：伸，阳也。行鬼神：是指数能贯通天地鬼神，即易通鬼神而能行鬼神。

【译文】

天数为五个奇数，地数为五个偶数，天地之数五位各自相加而有和。天数和为二十五，地数和为三十。天地之数总和为五十五。此所以生成（蓍数）变化，而通行天地鬼神的原因。

《乾》之策二百一十有六。《坤》之策百四十有四。凡三百有六十，当期之日[1]。

【注释】

①策：古人称蓍草根数为"策"，一根蓍草为一策。《乾》卦六爻，每一爻经十八变之后，皆得36策，故六爻之策为：36×6＝216（策）。同样《坤》六爻，每一爻经十八变皆得24策，

故六爻之策为24×6＝144，《乾》、《坤》两卦策数相加，即：216＋144＝360，360正与一年三百六十天数相当，故曰"当期之日"。

【译文】

《乾》卦策数为二百一十六，《坤》的策数为一百四十四，(《乾》、《坤》策数)共为三百六十，正好与一年三百六十天数相当。

二篇之策，万有一千五百二十，当万物之数也[1]。

【注释】

[1]二篇之策：指《周易》共上下两篇，六十四卦，三百八十四爻所有的策数。其中阳爻为一百九十二，阴爻为一百九十二。若阳爻为老阳，阴爻为老阴，则：36×192＝691224×192＝4608所以：4608＋6912＝11520（策）。若阳爻为少阳，阴爻为少阴，则：32×192=614428×192=5376所以：6144+5376=11520（策）。故"二篇之策，万有一千五百二十"。"二篇策数"正与万物之数相当。

【译文】

(《周易》)上下两篇策数为一万一千五百二十，正好与万物之数相当。

是故四营而成《易》[1]，十有八变而成卦[2]，八卦而小成[3]。

【注释】

[1]四营：四求。指一爻生成须经过四次演算才得出：(一)分二，(二)挂一，(三)揲四，(四)归奇于扐，共为"四营"。

[2]十有八变而成卦：四营称"一变"，三变成一爻，每卦六爻，故6×3（变）＝18（变）。

[3]小成：此八卦指经卦而言，十有八变方成一卦，九变出一经卦，只是一半，故曰"小成"。

【译文】

所以经过四道程序的经营而成《易》卦一爻，十八次变化而成一卦，(九次变化出)八经卦为小成。

引而伸之[1]，触类而长之[2]，天下之能事毕矣[3]。

【注释】

①伸：引申。

②触：动，逢。

③毕：尽。

【译文】

再引申其义，触动类推而增长，天下所能之事皆无所遗了！

显道，神德行①，是故可与酬酢②，可与佑神矣③。

【注释】

①显：明。道：易道。德行：品德行为。

②与：参。酬酢：古代宾主饮酒之礼。主人酌宾为献，宾酌主人为酢。主人饮之，又酌宾为酬。先举为酢，答报为酬。此象阳唱阴合，变化相配，阳往为酬，阴来为酢。

③祐：助。

【译文】

显明易道，神化德行。所以如行宾主饮酒应对之礼，可以佑助神化之功。

系辞上传

第九章

【全文】

子曰："知变化之道者，其知神之所为乎！《易》有圣人之道四焉：以言者尚其辞，以动者尚其变，以制器者尚其象，以卜筮者尚其占。"

是以君主子将有为也，将有行也，问焉而以言。其受命也如响，无有远近幽深，遂知来物。非天下之至精，其孰能与于此？

参伍以变，错综其数。通其变，遂成天地之文；极其数，遂定天下之象。非天下之至变，其孰能与于此？

《易》无思也，无为也，寂然不动，感而遂通天下之故。非天下之至神，其孰能与于此。

夫《易》，圣人之所以极深而研几也。唯深也，故能通天下之志；唯几也，故能成天下之务；唯神也，故不疾而速，不行而至。子曰："《易》有圣人之道四焉"者，此之谓也。

分段讲解

　　子曰："知变化之道者，其知神之所为乎！《易》有圣人之道四焉：以言者尚其辞①，以动者尚其变②，以制器者尚其象③，以卜筮者尚其占④。"

【注释】

①以：用。尚：注重。辞：指卦爻辞。

②变：爻变。

③象：卦象。

④卜筮：龟卜蓍占。占：占问预测。

【译文】

　　孔子说："通晓阴阳变化之道的，知道'神'的功用吗？《周易》包含有圣人之道四则：用以言说的崇尚卦爻辞，用以指导行动的崇尚卦变，用以制造器物的崇尚卦象，用以卜筮预测的崇尚占问。"

【讲解】

　　本段需要留意的是，特别指明了易象对发明创造的重大作用。中国古有四大发明等领先人类的杰作，今天国人却善模仿而少创新，与《易》道之衰落，关系甚大！

　　是以君子将有为也①，将有行也②，问焉而以言③。

【注释】

①为：作为。

②行：行动。吴澄曰："有为谓作内事，有行谓作外事。"

③问：占问。言：言其吉凶。

【译文】

　　所以君子将要有所作为，将要有所行动，占问于（《易》）而言其吉凶。

其受命也如响①，无有远近幽深②，遂知来物③。非天下之至精④，其孰能与于此⑤。

【注释】

①命：占问前对蓍龟所问的话。

②幽：隐暗。深：深奥。

③物：事。

④精：精细微妙。

⑤孰：谁。与：参与。

【译文】

蓍受人之命（答疑）如回声，不管远近幽深，皆知未来的事物（变化）。不是天下万物的至极精微，其何以能至于此？

参伍以变①，错综其数②。通其变，遂成天地之文③；极其数，遂定天下之象④。非天下之至变，其孰能与于此？

【注释】

①参：三材之"三"。伍：天地之数各有五之"五"。

②错：左右交互，如错卦。综：上下排列，如综卦。

③文：物相杂。

④极：穷极。

【译文】

叁（材）与五（位）的变化，（卦变的）错综复杂。贯通其变化，就可以成就天下万物之文；穷尽其数术，就可定天下万物之象。不是天下万物的至极变化，谁能达到这个地步呢？

《易》无思也，无为也，寂然不动，感而遂通天下之故。非天下之至神，其孰能与于此①？

【注释】

①此句言尚占之事。寂：静。感：触动。故：事。

【译文】

《易》无思无为，寂然不动，感悟而能通晓天下之事。不是天下事物变化至极神妙，谁能达到这个地步呢?

夫《易》,圣人之所以极深而研几也[1]。唯深也,故能通天下之志[2];唯几也,故能成天下之务;唯神也,故不疾而速[3],不行而至。子曰"《易》有圣人之道四焉"者,此之谓也。

【注释】

　　①几:微。
　　②志:心志。
　　③疾:急。

【译文】

　　《易》,是圣人用来穷极深奥,研尽几微的。只有深奥,才能贯通天下的心志;只有几微,才能成就天下的事物;只有神妙,才能不急却极其迅速,不必行动而已经到达。孔子说"《周易》中含圣人之道四则",就是这个意思。

【讲解】

　　什么是神通?自己的精神能够通达一切。

系辞上传

第十章

【全文】

子曰："夫易何为者也？夫易开物成务，冒天下之道，如斯而已者也。"是故圣人以通天下之志，以定天下之业，以断天下之疑。

是故蓍之德圆而神，卦之德方以知，六爻之义易以贡。圣人以此洗心，退藏于密，吉凶与民同患。神以知来，知以藏往，其孰能与此哉！古之聪明睿知神武而不杀者夫！

是以明于天之道，而察于民之故，是兴神物以前民用。圣人以此斋戒，以神明其德夫！

是故阖户谓之坤，辟户谓之乾，一阖一辟谓之变，往来不穷谓之通；见乃谓之象，形乃谓之器，制而用之谓之法，利用出入，民咸用之谓之神。

分段讲解

子曰："夫易何为者也①？夫易，开物成务②，冒天下之道③，如斯而已者也④。"

【注释】

①何为：为何。
②开：开启。物：人物。开物：开启人的智慧。务：事务。成务：成就事务。
③冒：覆，即包括。
④斯：此。

【译文】

孔子说："《周易》是为什么而作的呢？《周易》开启人的智慧而成就其事业，涵盖天下万物运行的规律，如此而已。"

【讲解】

明代科学家宋应星在所著的《天工开物》中对"开物"进行了解释，"开物"指人开发万物，即是通过人的努力奋斗使万物升值，也是中国古代天人合一思想的体现。

是故圣人以通天下之志①，以定天下之业，以断天下之疑②。

【注释】

①志：心志。
②疑：疑惑。

【译文】

所以圣人用此贯通天下人的心志，安定天下的事业，决断天下的疑惑。

是故蓍之德圆而神^①，卦之德方以知^②，六爻之义易以贡^③。

【注释】

①蓍之德圆而神：蓍草的茎是圆形的，圆的东西可以不断滚动，不断变化，故曰"圆而神"。

②卦之德方以知：卦的性质是方正而明智的。方：六爻卦象是方形的。知：智慧。

③贡：告示。

【译文】

所以（占卜用的）蓍草的功能在于其圆通而神妙，易卦的作用在于其方正而明智，六爻的意义在于以变易而告知吉凶。

圣人以此洗心^①，退藏于密^②，吉凶与民同患。神以知来，知以藏往，其孰能与此哉！古之聪明睿知神武而不杀者夫^③！

【注释】

①洗心：涤除，洗濯。

②密：精密。

③杀：杀伐。

【译文】

圣人以此洗浴其心，退藏于精密之中，吉凶与庶民共济。其神妙可以预知未来，其智慧可以蕴藏过去。又有谁能达到这个地步呢？（只有古代）聪明智慧武功至神而又不假杀伐的人（才能做到）。

是以明于天之道，而察于民之故，是兴神物以前民用^①。圣人以此斋戒，以神明其德夫^②！

【注释】

①故：事。兴：举。神物：蓍龟。前：导。

②斋戒：湛然纯一之谓斋，肃然警惕之谓戒。斋戒，指祭祀前沐浴更衣，不饮酒，不吃荤，不同房，以洁身心。

【译文】

所以明了天道而察知民事，因而兴创神物（占筮）而引导民众使用。圣人以此斋戒，以神化明示他的品德。

是故阖户谓之坤，辟户谓之乾，一阖一辟谓之变，往来不穷谓之通①；见乃谓之象，形乃谓之器，制而用之谓之法，利用出入，民咸用之谓之神②。

【注释】

①阖户：关门。阖：闭。辟户：开门。辟：开。此用"阖户"、"辟户"以喻阴阳。乾为阳，坤为阴。一阖一辟：本指门户白昼开，黑夜闭，此象阴阳交替变化，与"一阴一阳"同义。

②见：现。形：成形。制：制裁。法：法度。咸：皆。

【译文】

所以闭户叫做坤，开户叫做乾，一闭一开叫做变，往来不穷叫做通。所显现的叫做象，成形的叫做器，裁制而用的叫做法，利用（门户）出入，民众都用的叫做神。

系辞上传

第十一章

【全文】

是故《易》有太极，是生两仪，两仪生四象，四象生八卦，八卦定吉凶，吉凶生大业。

是故法象莫大乎天地，变通莫大乎四时，悬象著明莫大乎日月，崇高莫大乎富贵。备物致用，立成器以为天下利，莫大乎圣人。探赜索隐，钩深致远，以定天下之吉凶，成天下之亹亹者，莫大乎蓍龟。

是故天生神物，圣人则之；天地变化，圣人效之；天垂象，见吉凶，圣人象之；河出图，洛出书，圣人则之。《易》有四象，所以示也；系辞焉，所以告也；定之以吉凶，所以断也。

《易》曰："自天佑之，吉无不利。"子曰："佑者，助也。天之所助者，顺也；人之所助者，信也。履信思乎顺，又以尚贤也。是以自天佑之，吉无不利也。"

分段讲解

是故《易》有太极①，是生两仪②，两仪生四象③，四象生八卦④，八卦定吉凶，吉凶生大业。

【注释】

①太极：天地混沌，阴阳未分，宇宙万物开创之初称为"太极"。

②两仪：阴阳。

③四象：七少阳、八少阴、九太阳、六太阴。

④八卦：乾、坤、震、巽、坎、离、艮、兑。

【译文】

所以《周易》中有太极，（由太极）生成两仪，两仪生成四象，四象生成八卦，八卦推断吉凶，吉凶成就大业。

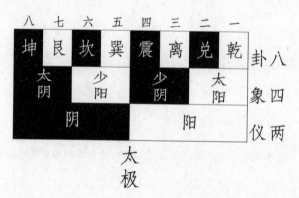

【讲解】

老子《道德经》曰："道生一，一生二，二生三，三生万物。"孔子《易传》曰：《易》有太极，是生两仪，两仪生四象，四象生八卦。"

两家的分水岭是在二之后：二生三还是两仪生四象？这个该如何理解？这就涉及到宇宙宏观生命学！

老子《道德经》说：有无是同时产生的（"有无""同出而异名"），但又说"有生于无"。这样，老子就把无定为无极（道），把有定为太极。

道生一，即无生有；一生二，即有生阴阳（两仪）；二生三，即两仪生天地人三才；三生万物，即三才生万物。

可见，老子《道德经》强调的是天地人万物一体的系统思维架构，与我们一直强调的《易经》思维模式如出一辙。

《道德经》就是对《易经》的注解，是从天地人宏观总体上来注解的。

而孔子《易传》对《易经》的注解，既有宏观，又有微观。宏观上，就是把天地人万物一体的系统思维架构，体现在了爻位上（初、二爻为地，三、四爻为人，五、上爻为天）；微观上，就是两仪生四象，四象生八卦，细分下去了。

至此，天地人万物一体的系统思维架构，就是中华文化的框架式思维，已经昭然若揭了！

还有要强调的是：

人人一太极，物物一太极；

一花一世界，一叶一如来。

万物各有一太极。

这是个很具实战性的重要法则。

是故法象莫大乎天地^①，变通莫大乎四时^②，县象著明莫大乎日月^③，崇高莫大乎富贵^④。

【注释】

①法：效法。

②变通：变化通达。

③县：悬。

④崇：充实。

【译文】

所以效法万象莫过于天地，变化通达莫过于四季，悬垂其象而显著明示莫过于日月，崇实高大莫过于富足尊贵。

备物致用，立成器以为天下利^①，莫大乎圣人。探赜索隐^②，钩深致远^③，以定天下之吉凶，成天下之亹亹者^④，莫大乎蓍龟^⑤。

【注释】

①立成器：设立完善器物。

②索：求寻。隐：隐秘。

③钩：曲而取之。致：推致。

④成：成就，促成。亹亹：微妙。

⑤蓍龟：蓍草龟甲。刘向曰："蓍之言者，龟之言久，龟千岁而灵，蓍百年而神，以其长久能辨吉凶。"

【译文】

完备万物而能致其用，设立完善的器物来使天下受益，莫过于圣人。探寻奥妙，求索隐秘，钩取深奥，推致远大，以断定天下吉凶，促成天下几微之事，莫过于蓍龟。

【讲解】

宋邵雍曰："从来一物有一身，一身还有一乾坤。能知百事备于我，肯把三才别立根。"

《孟子·尽心上》："万物皆备于我矣。反身而诚，乐莫大焉；强恕而行，求仁莫近焉。"

是故天生神物，圣人则之①；天地变化，圣人效之；天垂象，见吉凶，圣人象之；河出图，洛出书，圣人则之②。

【注释】

①神物：指蓍龟。则：效法。

②河：黄河。洛：洛水。

【译文】

所以天生（蓍龟）神物，圣人效法它；天地（阴阳）变化，圣人效法它；天垂示（日月星）象，现示吉凶，圣人效法它；黄河出图，洛水出书，圣人效法它。

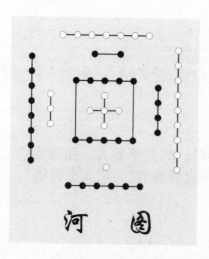

河　图

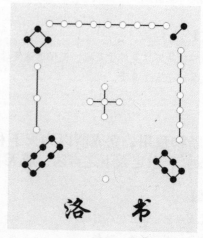

洛　书

《易》有四象，所以示也①；系辞焉，所以告也；定之以吉凶，所以断也②。

【注释】

①示：昭示。

②断：推断，断定。

【译文】

《周易》有（老阳、老阴、少阳、少阴）四象，用来昭示其义；系以文辞，用以告知未来；确定是吉是凶，用以决断疑难。

《易》曰："自天佑之，吉无不利。"子曰："佑者，助也。天之所助者，顺也；人之所助者，信也。履信思乎顺①，又以尚贤也②。是以自天佑之，吉无不利也。"

【注释】

①履：履行。

②尚：崇尚。

【译文】

《周易》说："自天祐之，吉无不利。"孔子说："祐，就是佑助。天所佑助的，是顺从（天道的人）；人所佑助的，是诚信（的人）。履行诚信而思虑顺从天道，又以此崇尚圣贤。所以自天祐之，吉无不利。"

系辞上传

第十二章

【全文】

　　子曰："书不尽言，言不尽意。"然则圣人之意，其不可见乎？子曰："圣人立象以尽意，设卦以尽情伪，系辞焉以尽其言，变而通之以尽利，鼓之舞之以尽神。"

　　乾坤其《易》之缊邪？乾坤成列，而《易》立乎其中矣。乾坤毁，则无以见《易》。《易》不可见，则乾坤或几乎息矣。

　　是故形而上者谓之道，形而下者谓之器，化而裁之谓之变，推而行之谓之通，举而错之天下之民，谓之事业。

　　是故夫象，圣人有以见天下之赜，而拟诸其形容，象其物宜，是故谓之象。圣人有以见天下之动，而观其会通，以行其典礼，系辞焉以断其吉凶，是故谓之爻。极天下之赜者存乎卦，鼓天下之动者存乎辞；化而裁之存乎变，推而行之存乎通；神而明之存乎其人；默而成之，不言而信，存乎德行。

分段讲解

子曰："书不尽言①，言不尽意②" 然则圣人之意，其不可见乎？

【注释】

①书：文字。言：言语。

②意：心意，意境。

【译文】

孔子说："文字不能彻底表达人要说的话，言语也不能彻底传达人的心意。"那么，圣人的心意就不可了解了吗？

【讲解】

文字和语言是对人类文化和精神比较有限的表达，所以大家在看书的时候，始终要身心放松，从从容容，坦坦荡荡，磊磊落落，圆圆融融，圆满而自然，无为而无不为。万念归于一，一归于无。

要听弦外之音，才不会被文字相所迷；如此，自有一股灵气入心头……

子曰："圣人立象以尽意，设卦以尽情伪①，系辞焉以尽其言，变而通之以尽利②，鼓之舞之以尽神③。"

【注释】

①情伪：真情虚伪。阳为清，阴为伪，阴阳变化，而情伪在其中。

②变而通之：变化三百八十四爻使之交通。

③鼓之舞之：就著占而言，鼓为动，舞为起行。

【译文】

孔子说："圣人设立卦象来穷尽（无法彻底表达的）心意，设置卦爻来穷尽（无法表达的）情伪，系之文辞来穷尽（无法表达的）言语，变动（阴阳爻）使之通达来穷尽天下之利，鼓动舞弄（著草）来穷尽其神妙。"

【讲解】

读图时代的来临说明什么？说尽千言万语，不如照片一幅！绘画艺术的发展。诗配图，左右脑共同开发，说明孤阴不生，独阳不长。

乾坤其《易》之缊邪①？乾坤成列②，而《易》立乎其中矣。乾坤毁③，则无以见《易》。《易》不可见，则乾坤或几乎息矣④。

【注释】

①缊：精缊。

②成列：分布排列。

③毁：毁弃。

④息：止。此是说明乾坤为阴阳之宗，变化所出。易无体，以乾坤见之，六十四卦由乾坤所生，乾坤毁，卦爻灭，易即不存在。

【译文】

乾坤，是《周易》的精缊所在吧？乾坤（两卦）分布排列，而《易》道就立于其中了。乾坤毁灭，则无以显现《易》道。《易》道不可显现，则乾坤（两卦）或许就接近止息了。

是故形而上者谓之道①，形而下者谓之器②，化而裁之谓之变③，推而行之谓之通④，举而错之天下之民，谓之事业⑤。

【注释】

①形而上：指超出形体、在形体以外、无形而不可见的、抽象的事物。

②形而下：指没有超出形体、在形体以内、有形可见的具体的事物。

③化：阴阳转化。裁：裁成。

④推而行之：阴阳推移，行施不穷。

⑤举：用，推。错：通"措"，施加。

【译文】

所以，形体以上（而不可见）的叫道，形体以下（而可见）的叫器，（阴阳）转化而裁成万物的叫变，（阴阳）推移往来运动的叫通，把它实施于天下民众的（生活和生产之中），就叫做事业。

【讲解】

所谓事业，但在流传不在多。

是故夫象，圣人有以见天下之赜，而拟诸其形容^①，象其物宜，是故谓之象。圣人有以见天下之动，而观其会通，以行其典礼，系辞焉以断其吉凶，是故谓之爻。

【注释】

①拟：比拟。

【译文】

因此所谓卦象，是圣人看见天下万物的奥妙，从而比拟其外部形状容貌，来象征其事物之所宜，这就称为卦象。圣人看到天下万物变动不居，从而观察其会合贯通之处，来推行其典章礼仪，并系上文辞来判断吉凶，这就称为爻。

极天下之赜者存乎卦^①，鼓天下之动者存乎辞^②；化而裁之存乎变^③，推而行之存乎通；神而明之存乎其人^④；默而成之，不言而信，存乎德行^⑤。

【注释】

①存：在于。卦：卦象。
②辞：爻辞。
③变：爻变。
④明：明示。
⑤德行：品德行为。

【译文】

极尽天下奥妙的在于卦象；鼓舞天下变动的在于爻辞；化育裁成万物的在于爻变；将其推演运行的在于变通；神妙而能明示（吉凶）的在于人；默默地成就一切，不用言语就能取信于人的，在于德行。

系辞下传

第一章

【全文】

八卦成列，象在其中矣。因而重之，爻在其中矣。刚柔相推，变在其中矣。系辞焉而命之，动在其中矣。

吉凶悔吝者，生乎动者也。刚柔者，立本者也。变通者，趣时者也。吉凶者，贞胜者也。

天地之道，贞观者也。日月之道，贞明者也。天下之动，贞夫一者也。

夫乾，确然示人易矣；夫坤，隤然示人简矣。爻也者，效此者也。

象也者，像此者也。爻象动乎内，吉凶见乎外，功业见乎变，圣人之情见乎辞。

天地之大德曰生，圣人之大宝曰位。何以守位，曰仁。何以聚人，曰财。理财正辞，禁民为非，曰义。

分段讲解

八卦成列①，象在其中矣②。因而重之，爻在其中矣。刚柔相推③，变在其中矣④。系辞焉而命之⑤，动在其中矣⑥。

【注释】

①列：排列。

②象：卦象。

③刚柔：指爻画。阳爻为刚，阴爻为柔。相推：递相推移。

④变：变化。

⑤命：通"明"，明示。

⑥动：爻象变动。

【译文】

八卦分布排列，卦象就包含在其中了。依序将八卦相重，六爻也包含在其中了；阴阳刚柔爻图递相推移，变化也包含在其中了。系上文辞而明示（吉凶），爻动也就包含在其中了。

吉凶悔吝者，生乎动者也。刚柔者，立本者也。变通者，趣时者也①。

【注释】

①趣：趋。时：卦爻之时。即卦爻所处的具体条件。

【译文】

吉凶悔吝，产生于爻动；刚柔，是立卦的根本；变通，是趋向合适的时机。

【讲解】

中华文化特别重视"时"。时不我待，"趣时"就是把握时机，把握时代。老子说："夫唯道，善始且善成。"孔子，圣之时者也。

《孟子·万章下》："伯夷，圣之清者也；伊尹，圣之任者也；柳下惠，圣之和者也；孔子，圣之时者也。孔子之谓集大成。"

意思是说：伯夷可谓圣人里面清高第一，伊尹可谓圣人里面担当第一，柳下惠可谓是圣人里面随和第一，而孔子则是圣人里时中第一，诚可谓是集所有圣人精华之大成者。

吉凶者，贞胜者也①。天地之道，贞观者也②。日月之道，贞明者也。天下之动，贞夫一者也③。

【注释】

①贞：正。

②观：仰观。

③一：乾元，即天一，万物始于一而终于一。

【译文】

吉凶，以正而取胜；天地之道，以正而能仰观；日月之道，以正而得光明；天下之动，以正而归于专一。

【讲解】

《太上感应篇》曰："祸福无门，惟人自召。"

《六祖坛经》曰："邪人用正法，正法也邪；正人用邪法，邪法也正。"

夫乾，确然示人易矣①；夫坤，隤然示人简矣②。

【注释】

①确：高大。天尊故曰高。韩康伯注："确，刚貌也。"易：平易。

②隤：卑下。地卑下故曰隤。

【译文】

乾，高大而示人平易；坤，卑下而示人简约。

爻也者，效此者也。象也者，像此者也①。爻象动乎内②，吉凶见乎外③，功业见乎变，圣人之情见乎辞④。

【注释】

①此：代词。此指乾坤易简。"效法之谓坤"，故"爻也者，效此者也"，"成象之谓乾"，

故"象也，像此者也"。即三百八十四爻效此，六十四卦卦象像此。

②内：卦内。

③外：卦外。

④辞：卦爻之辞。

【译文】

爻，仿效于此；卦象，取像于此。爻象发动于（卦）内，吉凶显现于（卦）外，建功立业显现于（爻象的）变化，圣人的情感体现于（卦爻的）文辞。

天地之大德曰生①**，圣人之大宝曰位**②**。何以守位，曰仁。何以聚人，曰财。理财正辞**③**，禁民为非，曰义。**

【注释】

①生：生生不息。

②位：当位，指爻位。

③理财：管理财物。正辞：匡正言辞。

【译文】

天地最大的德性是生生不息，圣人最大的宝物是正当其位。如何守住其位？是仁爱。怎么聚集众人？用财富。管理好财物，端正言辞法令，禁止民众为非作歹，这就是义。

系辞下传

第二章

【全文】

古者包牺氏之王天下也，仰则观象于天，俯则观法于地，观鸟兽之文，与地之宜，近取诸身，远取诸物，于是始作八卦，以通神明之德，以类万物之情。

作结绳而为网罟，以佃以渔，盖取诸《离》。

包牺氏没，神农氏作，斲木为耜，揉木为耒，耒耨之利，以教天下，盖取诸《益》。

日中为市，致天下之民，聚天下之货，交易而退，各得其所，盖取诸《噬嗑》。

神农氏没，黄帝、尧、舜氏作，通其变，使民不倦；神而化之，使民宜之。《易》，穷则变，变则通，通则久。是以自天佑之，吉无不利。

黄帝、尧、舜，垂衣裳而天下治，盖取诸《乾》、《坤》。

刳木为舟，剡木为楫，舟楫之利，以济不通，致远以利天下，盖取诸《涣》。

服牛乘马，引重致远，以利天下，盖取诸《随》。

重门击柝，以待暴客，盖取诸《豫》。

断木为杵，掘地为臼，臼杵之利，万民以济，盖取诸《小过》。

弦木为弧，剡木为矢，弧矢之利，以威天下，盖取诸《睽》。

上古穴居而野处，后世圣人易之以宫室，上栋下宇，以待风雨，盖取诸《大壮》。

古之葬者，厚衣之以薪，葬之中野，不封不树，丧期无数，后世圣人易之以棺椁，盖取诸《大过》。

上古结绳而治，后世圣人易之以书契，百官以治，万民以察，盖取诸《夬》。

分段讲解

古者包牺氏之王天下也①，仰则观象于天②，俯则观法于地③，观鸟兽之文④，与地之宜⑤，近取诸身⑥，远取诸物，于是始作八卦，以通神明之德⑦，以类万物之情⑧。

【注释】

①包牺氏：即伏羲，三皇之一，其画八卦以治天下，天下服而化之，为中华民族之祖。

②象：天象。

③法：形貌。

④文：文彩。

⑤宜：适宜、适合。

⑥诸：之乎，即于。

⑦神明之德：指天地变化神妙之德。

⑧类：比拟。情：情状。

【译文】

古时包牺氏统治天下（的时候），抬头观察天象，俯身取法地形，观察鸟兽的纹彩，（以及如何）与大地相适宜，近则取象于自身，远则取象于万物，于是开始创制八卦，来通达神明的德性，来类比万物的情状。

【讲解】

本段特别重要，可以说是整个《易传》的点睛之笔！

重要到什么程度呢？

明白了这一段，也就明白了《易经》是怎么来的，而且还有更重要的……

先看《易经》是怎么来的？

"仰则观象于天，俯则观法于地，观鸟兽之文，与地之宜，近取诸身，远取诸物，于是始作八卦。"

这就是伏羲作八卦的具体过程！

也是本书反复在强调的，中华先祖融天地人万物为一体的系统思维架构的理论来源之一！

伏羲作八卦，不是一拍脑袋瓜凭空臆想出来的，而是立足于一系列的"观""象"、"取""物"基础上的产物。

知道了"作八卦"的学理依据，学《易经》就非常容易了，简直是手到擒来、探囊取物。

可惜，大多数才俊之士，一开始学《易》，不是学天地人合一的思维模式，而是直奔技术去了，以致于学《易》者多如牛毛，学成者凤毛麟角。

悲夫！长使英雄泪满襟……知其然，还要知其所以然。那么，为什么要作八卦呢？即作八卦的目的是什么呢？

"作八卦，以通神明之德，以类万物之情。"

所以，目的就是"通神明之德，类万物之情。"

国学大家南师（怀瑾）说："《易》最高最终目标是通神。"

也就是中国古人常说的："通天达地知人事。"

至于具体方法，就在整部《周易》，而且至简至易，只是"锁在深闺人不识"……书至此，不觉情绪高昂，是我们这帮不肖子孙对不起我们中华先祖啊……

这里有八个字，绝对不能忽视，就是：

"近取诸身，远取诸物！"

这八个字有深意、有密意、有禅意，是训练天人相应、天人合一的秘法，也是训练直觉能力、领悟能力必不可少的秘法。

这八个字，也深深地影响了中国文人写作的思维模式。但凡是好文章，一定充分运用了这八个字的思维模式。比如，马致远的《天净沙·秋思》：

枯藤老树昏鸦，

小桥流水人家，

古道西风瘦马，

夕阳西下，

断肠人在天涯。

谈天也好，说地也好，最终一定要紧扣到人身上，这就是"近取诸身，远取诸物"，这就是融天地人万物于一体的系统思维架构！

这个思维架构，是科学的、开放的、包罗万象的，吸收了天地日月之精华。每一个志在为天地立心、为万世开太平的志士达人，都会主动学习、吸收、运用、发展、传播这个人类的无价宝藏。如此，生命才可贵……

作结绳而为罔罟①，以佃以渔②，盖取诸《离》③。

【注释】

①罔：取兽之网曰罔。罟：取鱼之网曰罟。

②佃：取兽曰佃。渔：取鱼曰渔。

③盖：大概。离：指网。《离》卦有网之象。《离》两离相重，离为目，两目相连，外实中虚，互体又有巽，巽为绳，故有结绳为网罟之象。

【译文】

结绳索而制成网罟，用来猎兽捕鱼，这大概取象于《离》卦。

【讲解】

本段及以下几段，是讲卦象与物象的相关性，从中要领悟《易经》抽象的象征性，优先于具体的器物。这就是《易经》八卦意象符号系统的生命力所在！中华文化的总体特征，趋向反省内求、重经验、尚感悟，很大程度上，就是深受《易经》"观物取象"的天地人万物合一的系统思维模式影响。

包牺氏没①，神农氏作②，斲木为耜，揉木为耒③，耒耨之利④，以教天下，盖取诸《益》⑤。

【注释】

①没：去世。

②神农氏：又称炎帝，相传始教民为耒耜以兴农业，尝百草发明医药。作：兴起。

③斲：zhuó，砍削。耜耒：都是上古农具。耜：sì，犁头。耒：lěi，犁柄。

④耨：nòu，通"耕"。

⑤益：指《益》卦，《益》下震上巽，巽为木，为入，震为动，互体有艮坤，艮为手，坤为土、故有手持木入土之象。

【译文】

包牺氏去世后，神农氏兴起，砍削木头做成了耜，弯曲木头制成了耒，用耒耜耕种的便利，来教导天下（百姓），这大概取象于《益》卦。

日中为市①，致天下之民②，聚天下之货，交易而退，各得其所，盖取诸《噬嗑》③。

【注释】

①日中：正午。

②致：招致。

③噬嗑：卦名，有咬合之义，以齿咬物为"噬"，合口为"嗑"。《噬嗑》卦下震上离，离为日，为明，震为动，上光明，而下有动，有日中集市之象。

【译文】

以正午作为集市（的时间），招致天下民众，聚集天下货物，相互交换而归，各自获得所需要的（物品），这大概取象于《噬嗑》卦。

神农氏没，黄帝、尧、舜氏作①，通其变，使民不倦；神而化之，使民宜之。《易》，穷则变②，变则通，通则久。是以自天佑之，吉无不利。

【注释】

①黄帝：姬姓，号轩辕氏，有熊氏，中原部落之祖。尧：陶唐氏，名放勋，又称唐尧。舜：姚姓，有虞氏，名重华，史称"虞舜"。三人为传说中原始社会人物。案《史记》三人为五帝中三帝。

②穷：穷极。

【译文】

神农氏去世后，黄帝、尧、舜开始兴起，会通变化（前人的发明），使百姓（使用起来）不厌倦；（对前人的发明进行）神奇的改化，使其更适合民众的使用。《易》道，穷尽则变化，变化就能通达，通达就能长久。所以"有来自上天的保佑，吉祥而无所不利。"

黄帝、尧、舜，垂衣裳而天下治，盖取诸《乾》、《坤》①。

【注释】

①垂：垂示。衣：上衣。裳：下服。以衣在上者象天，以裳在下者象地，故衣裳制作取象乾坤。

【译文】

黄帝、尧、舜垂示衣裳（之用）而天下大治，大概取象于《乾》、《坤》二卦。

刳木为舟①，剡木为楫②，舟楫之利，以济不通，致远以利天下，盖取诸《涣》③。

【注释】

①刳：kū，把木头凿空。

②剡：yǎn，削。楫：船桨。

③《涣》：下坎上巽，巽为木、为风，坎为水，有木在水上乘风而行之象。

【译文】

凿空木头以成舟船，剡削木材以成桨楫，舟楫的便利在于（帮人）渡涉不通（的江河），直致远方，使天下受益，这大概取象于《涣》卦。

服牛乘马，引重致远，以利天下，盖取诸《随》①。

【注释】

①服：用，驾，驯服。服牛即驾牛。

【译文】

驾牛乘马，驮载重物致于远方，使天下受益，大概取象于《随》卦。

重门击柝①，以待暴客②，盖取诸《豫》③。

【注释】

①柝：tuò，指巡夜敲击的木梆。

②待：防备。暴客：盗寇。

③《豫》：下坤上震，震为动、为木，坤为夜，互体有艮，艮为手，故有击柝巡夜之象。又艮为门阙，震倒象也为艮，故有重门之象。

【译文】

设置多重的门并派人打梆巡夜，以防盗寇，大概取象于《豫》卦。

断木为杵①，掘地为臼②，臼杵之利，万民以济③，盖取诸《小过》④。

【注释】

①杵：古代舂米用的木椎。

②臼：舂。

③济：受益。

④《小过》：下艮上震，互体又有巽，震为动，巽为木，艮为手，有手持木而动、向下而止，

即春米之象。

【译文】

　　断削木头作为杵，挖掘地面作为臼，使用臼杵的便利，让万民受益，这大概取象于《小过》卦。

　　　　弦木为弧①，剡木为矢②，弧矢之利，以威天下，盖取诸《睽》③。

【注释】

　　①弦木：曲木加弦。弧：木弓。

　　②矢：箭。

　　③《睽》：上离为矢，中互体坎为弓，故有弓矢之象。

【译文】

　　曲木加弦而为弓，削木以为箭，弓箭的用处，在于威慑天下，这大概取象于《睽》卦。

　　　　上古穴居而野处①，后世圣人易之以宫室②，上栋下宇③，以待风雨，盖取诸《大壮》④。

【注释】

　　①上古：三皇五帝之时。野处：生活于野外。

　　②后世：指三代。

　　③栋：栋梁。宇：屋边。

　　④《大壮》：下乾上震，震一阳在下而承二阴，上栋之象。乾三阳在下，宇之象。

【译文】

　　上古之人在洞穴中居住而生活于野外，后世的圣人改用宫室，宫室上有栋梁，下有檐宇，以防御风雪，这大概取象于《大壮》卦。

　　　　古之葬者，厚衣之以薪①，葬之中野②，不封不树③，丧期无数，后世圣人易之以棺椁④，盖取诸《大过》⑤。

【注释】

　　①衣：此作动词用，指覆盖。薪：柴草。

②中野：荒野之中。

③不封：不造坟墓。封：聚土为坟，古代坟墓有尊卑之别。《周礼·冢人》："以爵等丘封之度。"郑注："王公曰丘，诸臣曰封。"不树：不植树标记。

④棺椁：古者丧葬设棺椁两层，内层为棺，外层为椁。

⑤《大过》：下巽上兑，兑为口，巽为木，中互体有乾，乾为人，巽木有口，中有人，故有棺椁之象。

【译文】

古时丧葬，只用薪草厚厚裹覆（死尸），埋葬于荒野之中，不聚土做坟墓，不植树为标记，守丧时间也没有定数，后世圣人改用棺椁下葬，这大概取象于《大过》卦。

上古结绳而治①，后世圣人易之以书契②，百官以治，万民以察，盖取诸《夬》③。

【注释】

①结绳：结绳记事。

②书：文字。契：在木竹上刻字。

③夬：决断。

【译文】

上古用结绳记事来治理天下，后世圣人改用文字契刻，百官用它处理事务，万民用它考察琐事，这大概取象于《夬》卦。

系辞下传

第三章

【全文】

是故《易》者，象也。象也者，像也。彖者，材也。爻也者，效天下之动也。是故吉凶生，而悔吝著也。

阳卦多阴，阴卦多阳，其故何也？阳卦奇，阴卦耦，其德行何也？阳一君而二民，君子之道也；阴二君而一民，小人之道也。

《易》曰："憧憧往来，朋从尔思。"

子曰："天下何思何虑？天下同归而殊途，一致而百虑，天下何思何虑？日往则月来，月往则日来，日月相推而明生焉；寒往则暑来，暑往则寒来，寒暑相推而岁成焉。往者屈也，来者信也，屈信相感而利生焉。尺蠖之屈，以求信也；龙蛇之蛰，以存身也。精义入神，以致用也；利用安身，以崇德也。过此以往，未之或知也。穷神知化，德之盛也。"

分段讲解

是故《易》者，象也①。象也者，像也②。彖者，材也③。爻也者，效天下之动也。是故吉凶生，而悔吝著也。

【注释】

①象：卦象。

②像：相似。

③彖：彖辞，即卦辞。材：通裁，有裁断之义。

【译文】

所以《周易》，就是卦象。而卦象，是摹拟宇宙万物的。彖辞，是裁断（全卦之义的）。爻，是效仿天下万物变动的，因此吉凶产生，而悔吝显现。

【讲解】

象与像：象代表抽象的，像代表实质的。像，有器可凭。象，无器可凭。离象，无《易》！所以，学《易》必须借助卦象（图）。只是依文解字，必然事倍功半！易脑开发从业者，当慎思……

阳卦多阴，阴卦多阳，其故何也①？阳卦奇②，阴卦耦③，其德行何也④？阳一君而二民⑤，君子之道也；阴二君而一民⑥，小人之道也。

【注释】

①阳卦多阴：阳卦多阴爻。震、坎、艮为阳卦，皆由一阳二阴组成。阴卦多阳：阴卦多阳爻。巽、离、兑为阴卦，皆一阴二阳组成，阳爻多于阴爻。

②阳卦奇：阳卦是一阳二阴，以一阳为主，一阳为奇。

③阴卦耦：阴卦是一阴二阳，以一阴为主，一阴为耦。

④德行：品德行为。

⑤阳一君而二民：阳卦一阳爻二阴爻，阳爻为君，阴爻为民。

⑥阴二君而一民：阴卦二阳爻一阴爻。

【译文】

　　阳卦多阴爻，阴卦多阳爻。其原因何在呢？阳卦中的阳爻是奇数，阴卦中的阴爻为耦数。其德行如何呢？阳卦一个国君，两个臣民，是君子之道；阴卦两个国君，一个臣民，是小人之道。

　　《易》曰："憧憧往来，朋从尔思①。"

【注释】

　　①此引《咸》卦九四爻辞。憧憧：往来不绝貌。

【译文】

　　《周易》说："往来心意不定，朋友们顺从你的想法。"

【讲解】

　　"事到万难须放胆，宜于两可莫粗心。"

　　子曰："天下何思何虑？天下同归而殊涂①，一致而百虑②，天下何思何虑？日往则月来，月往则日来，日月相推而明生焉；寒往则暑来，暑往则寒来，寒暑相推而岁成焉③。往者屈也④，来者信也⑤，屈信相感而利生焉。

【注释】

　　①同归：指同归于"一"，亦即《系辞》："天下之动，贞夫一者也。"涂：同"途"，道路。
　　②一致：即致一。
　　③岁：年。
　　④屈：消退。
　　⑤信：通伸，进长。

【译文】

　　孔子说："天下之人有什么可以思索，有什么可以忧虑的呢？天下之人同归（于一个目标）而所行道路各异，归于一致而有百般思虑。（因此）天下之人又何必多思多虑呢？日去则月来，月去则日来，日月相互推移而光明产生。寒去则暑来，暑去则寒来，寒暑相互推移而年岁形成。往是屈缩，来是伸展，屈伸相互感应而利益产生。

【讲解】

本段讲天道往来，自然感应。

尺蠖之屈，以求信也①；龙蛇之蛰，以存身也②。

【注释】

①尺蠖：昆虫。我国北方称之为"步曲"，南方称之为"造桥虫"。《说文》云："尺蠖，屈申虫也。"《方言》称为蚇。此虫体细长，行动时，先屈而后伸。

②蛰：潜藏。

【译文】

尺蠖屈缩，是为了伸展（身体而前进）；龙蛇蛰伏，是为了保存自己的身家性命。

【讲解】

本段讲物理屈伸相感。"留得青山在，不怕没柴烧。"

精义入神，以致用也；利用安身①，以崇德也。过此以往，未之或知也②。穷神知化③，德之盛也。"

【注释】

①利用安身：此"利"，当指上文"屈伸相感而利生焉"之"利"；此"用"，当指"精义入神以致用也"之"用"。故"利用"，实为能达到屈伸相感、精义入神的境界，方可安身。

②或：有。

③穷神知化：穷尽神妙，通晓变化。神：阴阳不测。化：变化。

【译文】

精研（事物的）义理而能入于神妙境界，方可致力于运用；利用（所学的道理来）安身立命，方可增崇德行。超过这种境界再往前发展，就不知道还有什么了。穷究神妙，知晓变化，这是德性隆盛（的表现）。

【讲解】

本段讲学问屈伸相感。

系辞下传

第四章

【全文】

《易》曰："困于石，据于蒺藜，入于其宫，不见其妻，凶。"

子曰："非所困而困焉，名必辱；非所据而据焉，身必危。既辱且危，死期将至，妻其可得见耶？"

《易》曰："公用射隼于高墉之上，获之，无不利。"

子曰："隼者，禽也；弓矢者，器也；射之者，人也。君子藏器于身，待时而动，何不利之有？动而不括，是以出而有获。语成器而动者也。"

子曰："小人不耻不仁，不畏不义，不见利不劝，不威不惩。小惩而大诫，此小人之福也。《易》曰：'屦校灭趾，无咎。'此之谓也。"

"善不积，不足以成名；恶不积，不足以灭身。小人以小善为无益，而弗为也；以小恶为无伤，而弗去也。故恶积而不可掩，罪大而不可解。《易》曰：'何校灭耳，凶。'"

子曰："危者，安其位者也；亡者，保其存者也；乱者，有其治者也。是故君子安而不忘危，存而不忘亡，治而不忘乱，是以身安而国家可保也。《易》曰：'其亡其亡，系于包桑。'"

子曰："德薄而位尊，知小而谋大，力小而任重，鲜不及矣。《易》曰：'鼎折足，覆公悚，其形渥，凶。'言不胜其任也。"

子曰："知几其神乎？君子上交不谄，下交不渎，其知几乎！几者，动之微，吉之先见者也，君子见几而作，不俟终日。《易》曰：'介于石，不终日，贞吉。'介如石焉，宁用终日？断可识矣。君子知微知彰，知柔知刚，万夫之望。"

子曰："颜氏之子，其殆庶几乎？有不善未尝不知，知之未尝复行也。《易》曰：'不远复，无祗悔，元吉。'"

"天地氤氲，万物化醇；男女构精，万物化生。《易》曰：'三人行，则损一人；一人行，则得其友。'言致一也。"

子曰："君子安其身而后动，易其心而后语，定其交而后求。君子修此三者，故全也。危以动，则民不与也；惧以语，则民不应也；无交而求，则民不与也。莫之与，则伤之者至矣。《易》曰：'莫益之，或击之，立心勿恒，凶。'"

分段讲解

《易》曰："困于石，据于蒺藜，入于其宫，不见其妻，凶。"①

【注释】

①引《困》六三爻辞。

【译文】

《周易》说："被石头所困，又有蒺藜占据，入于宫室而看不到妻子，凶。"

【讲解】

清代纪晓岚有一个相关的故事：纪晓岚要去参加乡试，他的老师为他占了一卦，就是泽水困卦的六三爻动。

根据爻辞，他的老师断他考不上，"困于石，据于蒺藜，入于其宫，不见其妻，凶"，结果是"凶"，怎么可能考上呢？

而纪晓岚则认为：我现在还没有娶妻，爻辞的"不见其妻"是说现在还没有人能与我匹配，可能会中解元。"困于石"应当是说第二名是姓石的，或是一个名字带石字旁的人。

结果发榜后，自己果然中了第一，而第三名姓米。有人说，这个"米"字的样子就像蒺藜。

所以学《易》，一定要有变通的思维！执守不变，必无大用！

子曰："非所困而困焉①，名必辱；非所据而据焉②，身必危。既辱且危，死期将至，妻其可得见耶？"

【注释】

①困：困扰。
②据：占据。

【译文】

孔子说："不该遭受困厄的事却受到了困厄，其名必受羞辱；不该占据的而去占据，其身必有危险。既羞辱又有危险，死期将到，妻子怎么还能见到呢？"

《易》曰："公用射隼于高墉之上，获之，无不利。"①

【注释】

　　①引《解》卦上爻辞。公：古代职称，分公、侯、伯、子、男五等。隼：sǔn，鹞鸟，很凶猛的飞禽。墉：城墙。

【译文】

　　《周易》说："王公射鹰隼于城墙之上，获得它，无所不利。"

　　子曰："隼者，禽也；弓矢者，器也①；射之者，人也。君子藏器于身，待时而动，何不利之有？动而不括②，是以出而有获。语成器而动者也。"

【注释】

　　①器：器具，此指弓矢。
　　②括：疾。《群经平议》卷二："括与适通，《书·君奭篇》'南宫括'，《大传》作'南宫适'是其证。《说文》：'适，疾也。读与括同。'然则'不括，即不适，言不疾也。藏器于身，待时而动，是君子不疾于动，故曰动而不适。"

【译文】

　　孔子说："隼，是禽鸟；弓矢，是器具；射隼的，是人。君子把器具藏在身上，等待时机而行动，哪有什么不利呢？行动沉着而不急，所以一出手就有所获。这一段是说具备了现成的器具才可以行动。"

　　子曰："小人不耻不仁，不畏不义，不见利不劝，不威不惩①。小惩而大诫，此小人之福也②。《易》曰：'屦校灭趾③，无咎。'此之谓也。"

【注释】

　　①耻：辱。畏：惧。劝：勉。威：刑威。
　　②诫：即戒。
　　③此引《噬嗑》初九爻辞。屦：即履。指加在足上。校：古代木制刑具的通称，加于颈称"枷"，加于手称"梏"，加于足称"桎"。灭：伤害。

【译文】

孔子说："小人不知羞耻不明仁义，不（使他）畏惧（他就）不会有义举，不见到利益就不能劝勉（他）作好事，不够威武就不能惩戒（他）。小的惩罚使他受到大的戒惧，（以致不犯大罪），这是小人的福气。所以《周易》说：'足著刑具伤害了脚趾，无灾。'就是这个道理。"

【讲解】

《论语》："君子有三畏：畏天命、畏大人、畏圣人之言。""不耻不仁，不畏不义，不见利不劝，不威不惩"，这四句就是古代的帝王之学，当代的人事管理学。

"善不积，不足以成名；恶不积，不足以灭身。小人以小善为无益，而弗为也①；以小恶为无伤，而弗去也。故恶积而不可掩②，罪大而不可解。《易》曰：'何校灭耳，凶。'③"

【注释】

①弗：不。
②掩：掩盖。
③引《噬嗑》上九爻辞。何：即荷。

【译文】

"善行不积累，不足以成就美名；恶行不积聚，不足以毁灭自身。小人认为小的善行无益，故而不去做；认为小的恶行无伤大雅，故不加以排除。所以恶行积累到无法掩盖，罪行大到不可解救。所以《周易》说：'荷载刑具，伤害了耳朵，凶。'"

子曰："危者，安其位者也；亡者，保其存者也；乱者，有其治者也。是故君子安而不忘危，存而不忘亡，治而不忘乱，是以身安而国家可保也。《易》曰：'其亡其亡，系于包桑。①'"

【注释】

①引《否》卦九五爻辞。亡：消亡。

【译文】

孔子说："危险，（是因为）安享其位（而不知防范）；灭亡，（是因为只想）保有其所存（而不愿付出）；祸乱，（是因为）治世稳定（而不知警惕）。所以君子居安而不忘危险，生存而不忘灭亡，治世稳定而不忘祸乱，只有这样，自身才能平安而国家才能保全。《周易》说：'将要消亡，将要消亡，就如系于柔弱的苞桑上一般不稳定。'"

【讲解】

桑而丛生，其柔可知，系于柔木，其危可知。因此有"其亡其亡，系于苞桑"的爻辞。居安思危，惧危则安。《老子》曰："圣人不病，以其病病。夫唯病病，是以不病。"后世用"苞桑"指帝王能经常思危而不自安，国家就能巩固。

子曰："德薄而位尊，知小而谋大，力小而任重，鲜不及矣①。《易》曰：'鼎折足，覆公𫗧，其形渥，凶。'②言不胜其任也。"

【注释】

①知：智。小：少。任：负。鲜：少。及：达到。此指及于祸患。
②引《鼎》九四爻辞。𫗧：是一种糁与笋做成的八珍菜粥。形渥：沾濡之貌。

【译文】

孔子说："德行浅薄却位处尊贵，才智低下却图谋大事，力量微小却肩负重任，很少有不遭受祸患的。《周易》说：'鼎足折断，把王公的八珍之粥倒出，沾濡了四周，凶。'这是说不能胜其任。"

【讲解】

袁世凯的二儿子有两句诗，用来劝袁世凯不要当皇帝："山泉绕屋知深浅，微念沧波感不平。"

子曰："知几其神乎①？君子上交不谄，下交不渎，其知几乎②！几者，动之微，吉之先见者也，君子见几而作，不俟终日③。《易》曰：'介于石，不终日，贞吉。④'介如石焉，宁用终日？断可识矣⑤。君子知微知彰，知柔知刚，万夫之望⑥。"

【注释】

①几：微。
②谄：谀。渎：渎慢。
③俟：等待。
④引《豫》六二爻辞。介：耿介正直之状。于：如。
⑤断：决断。

⑥彰：显明。望：瞻仰。

【译文】

孔子说："能知晓（事理的）几微，应该是达到了神奇的境界吧？君子对上交往不谄媚，对下交往不渎慢，这算是知晓几微了。几，是变动及其微小（时的状态），是吉（凶结果）的预先显现。君子见几就果断行动，连一天都不会等待迟疑。《周易》说：'正直如磐石，不用一天就悟知欢乐必须适中之理，守正则吉。'（已经）坚贞如同磐石，（还）会用一整天吗？（当时）决断就可以明识（结局）了。君子懂得几微就能懂得彰著，懂得柔顺就能懂得刚健，（因而是）万民仰慕（依赖的人物）。"

【讲解】

《增广昔时贤文》："君子之交淡如水，小人之交甜如蜜。"

子曰："颜氏之子①，其殆庶几乎②？有不善未尝不知，知之未尝复行也。《易》曰：'不远复，无祗悔，元吉。③'"

【注释】

①颜氏之子：指孔子学生颜回。

②殆：将。庶：近。

③引《复》卦初九爻辞。祗：qí，灾患。

【译文】

孔子说："颜回这个人，大概快知晓几了吧！有不善的言行未尝不知道，知道后未曾再犯。《周易》说：'起步不远就返回（正道），就没有灾患可以悔恨，极为吉利。'"

"天地氤氲①，万物化醇②；男女构精③，万物化生。《易》曰：'三人行，则损一人；一人行，则得其友。④'言致一也。"

【注释】

①氤：本义指麻线。缊：本义指绵絮。氤氲：指气附着交感。

②醇：本指不浇酒，此指凝厚。

③构：通"媾"、"觏"，会合，交通。

④引《损》卦六三爻辞。

【译文】

天地(阴阳二气)附着交感,万物化育醇厚;男女构精交合,万物化育衍生。《周易》说:"'三人一同出行(因不能同心)则一人离去,一人独行(则可)得到朋友。'说的是(万物要)归致于一。"

子曰:"君子安其身而后动,易其心而后语①,定其交而后求②。君子修此三者,故全也。危以动,则民不与也③;惧以语,则民不应也;无交而求,则民不与也。莫之与,则伤之者至矣。《易》曰:'莫益之,或击之,立心勿恒,凶。④'"

【注释】

①易:平易。

②交:交情。

③与:助。

④引《益》卦上九爻辞。

【译文】

孔子说:"君子先安定自身后才会行动,平易其心后才会说话,(与人)确定交情后才会有所求。君子修养到这三种,才算全面(而无偏失)。(身)处危难而行动,则民众不来帮助;面临恐惧而说话,则民众不来响应;没有交情而有所求,则民众不会支持。不帮助,则伤害的事就来了。《周易》说:'没有人增益,(反而)受到人攻击,立心无恒常,凶。'"

【讲解】

"三十而立",何以立?《论语》:"不知礼,无以立也。"《孟子》:"君子有不虞之誉,有求全之毁。"

系辞下传

第五章

【全文】

子曰："乾坤，其易之门邪？"乾，阳物也；坤，阴物也。阴阳合德而刚柔有体，以体天地之撰，以通神明之德。其称名也杂而不越，于稽其类，其衰世之意邪？

夫《易》，彰往而察来，而微显阐幽。开而当名，辨物正言，断辞则备矣。其称名也小，其取类也大。其旨远，其辞文，其言曲而中，其事肆而隐。因贰以济民行，以明失得之报。

分段讲解

子曰："乾坤，其易之门邪？ ①" 乾，阳物也②；坤，阴物也③。

【注释】

①乾坤：指乾坤两经卦。门：根本。

②阳物：乾三爻皆为阳，故称阳物。

③阴物：坤三爻皆为阴，故称阴物。

【译文】

孔子说："乾坤，是《周易》的门户吧？乾，代表阳性的事物；坤，代表阴性的事物。"

阴阳合德而刚柔有体①，以体天地之撰②，以通神明之德。

【注释】

①阴阳合德：乾为阳德，坤为阴德。乾坤相互交通。合：交合。刚柔有体：指"六子"，即震、坎、艮有一刚二柔之体，巽、离、兑有一柔二刚之体。体：形体。

②撰：所为。

【译文】

阴阳相互交合其德，（从而各卦）刚柔（爻画）就有了形体，以体现天地的造化，以通达神明的德性。

其称名也，杂而不越①，于稽其类②，其衰世之意邪③？

【注释】

①名：六十四卦卦名。杂：包罗万象。不越：不越份，不过分，得体。

②于：发语辞。稽：推考。

③邪：助词。

【译文】

其（卦）取名包罗万象而不过分，稽查卦名各类，大概是衰世时候人们的意图吧？

　　夫《易》，彰往而察来①，而微显阐幽②。开而当名③，辨物正言④，断辞则备矣⑤。其称名也小⑥，其取类也大。其旨远⑦，其辞文⑧，其言曲而中⑨，其事肆而隐⑩。因贰以济民行，以明失得之报。

【注释】

①彰往：彰明以往之事。察来：察知未来之事。

②阐：明。

③开：启发，阐明。当名：名实相符。

④辨物：辨别物象。正言：正定言辞。

⑤断辞：推断之辞，即吉凶等辞。

⑥称名：取名，即六十四卦取名。

⑦旨：旨意。

⑧文：文彩。

⑨曲：通"诎"，隐晦婉转。中：适中。

⑩肆：直，明显。

【译文】

　　《周易》，彰显往事而察知来情，使微者显著阐明幽隐。开启卦义使名实相当，辨别物象正定（卦爻）言辞，（系上吉凶）占断之辞而使之完备。（各卦）取名小，它所象征的事类广大。（各卦）旨意深远，文辞有条理，它的语言婉转而又适中，它陈述事情直截了当而又隐藏深意。总是从（阴阳）两个方面去济助民众行为，以明确失得的报应。

系辞下传

第六章

【全文】

《易》之兴也，其于中古乎！作《易》者，其有忧患乎！

是故《履》，德之基也；《谦》，德之柄也；《复》，德之本也；《恒》，德之固也；《损》，德之修也；《益》，德之裕也；《困》，德之辨也；《井》，德之地也；《巽》，德之制也。

《履》，和而至，《谦》，尊而光，《复》，小而辨于物，《恒》，杂而不厌；《损》，先难而后易；《益》，长裕而不设；《困》，穷而通；《井》，居其所而迁；《巽》，称而隐。

《履》以和行，《谦》以制礼，《复》以自知，《恒》以一德，《损》以远害，《益》以兴利，《困》以寡怨，《井》以辨义，《巽》以行权。

分段讲解

《易》之兴也①，其于中古乎②！作《易》者，其有忧患乎③！

【注释】

①兴：兴盛。

②中古：殷末周初。伏羲时代为上古，文王时代为中古，孔子时代为下古。此指文王时代。

③忧患：忧虑患难。

【译文】

《周易》的兴起，大概是在中古时代吧！作《周易》的人，大概有忧患意识吧！

是故《履》，德之基也①；《谦》，德之柄也②；《复》，德之本也③；《恒》，德之固也④；《损》，德之修也⑤；《益》，德之裕也⑥；《困》，德之辨也⑦；《井》，德之地也⑧；《巽》，德之制也⑨。

【注释】

①履：通"礼"，有践履之义。基：基础。

②谦：谦逊，退让。柄：关键，把柄。

③复：复返。本：根本。复归人性初善，故为德之本。

④恒：恒久。固：牢固，即常守而不变。

⑤损：减损。修：治理，修养。

⑥益：增益。裕：宽裕，优裕，扩充。

⑦辨：辨别。

⑧地：地方。此以井水养人而不穷，说明养为德之地。

⑨制：克制。

【译文】

所以《履》卦，是道德修养的基础；《谦》卦，是道德修养的关键；《复》卦，是道德修

106

养的根本；《恒》卦，是巩固道德修养的前提；《损》卦，是道德修养的途径；《益》卦，是说如何提高道德修养；《困》卦，是讲如何辨别道德修养；《井》卦，是德行蓄积的场所；《巽》，是对道德修养的自我克制。

《履》，和而至①，《谦》，尊而光②，《复》，小而辨于物③，《恒》，杂而不厌④，《损》，先难而后易⑤，《益》，长裕而不设⑥，《困》，穷而通⑦，《井》，居其所而迁⑧，《巽》，称而隐⑨。

【注释】

①和：和悦，和谐。

②尊而光：尊让而能光大。

③小：《复》卦一阳居下。物：指坤阴物。

④杂而不厌：《恒》卦刚柔皆应而其文交错，故曰"杂"；自守恒久不已，故曰"不厌"。

⑤先难而后易：减损以修身，故"先难"；身修无患，故"后易"。

⑥长裕不设：增进饶裕，不待设施。

不设：不陈设，不夸大。

⑦穷而通：《困》卦兑泽干于上则谓"穷"，坎水流于下则谓"通"。

⑧居其所而迁：井不动故谓"居其所"，即《井》卦所谓"改邑不改井"，能不断出水而利民故谓"迁"。

⑨称：称量。巽：通逊，有隐退之义。

【译文】

《履》卦通过和悦的方式才能达到极致；《谦》卦通过尊让才能光大；《复》卦微小却能辨明于物；《恒》卦（虽处）杂乱而不厌倦；《损》卦始难而后易；《益》卦增长宽裕而不摆设（夸耀）；《困》卦在穷困中练就通达；《井》卦居其所而广迁其德行；《巽》卦称量事物而隐藏不露。

　　　　　　　　　　　　　　·

《履》以和行，《谦》以制礼①，《复》以自知②，《恒》以一德，《损》以远害③，《益》以兴利④，《困》以寡怨⑤，《井》以辨义⑥，《巽》以行权⑦。

【注释】

①制：克制。

②自知：自知之明。

③远害：远离灾害。

107

④兴利：兴盛利益。

⑤寡怨：减少怨尤。

⑥辨义：明辨义利。

⑦行权：行使权变。

【译文】

《履》卦（教人）以和悦行事（的道理），《谦》卦（教人）自我克制以礼待人（的道理），《复》卦（教人）复归本性而有自知之明，《恒》卦（教人如何贯彻）始终如一的美德，《损》卦（教人减损欲望）以远离祸害，《益》卦（教人如何）兴隆其利，《困》卦（教人如何）减少怨尤，《井》卦（教人如何）辨别义利，《巽》卦（教人如何）行使权变。

系辞下传

第七章

【全文】

　　《易》之为书也不可远，为道也屡迁。变动不居，周流六虚。上下无常，刚柔相易，不可为典要，唯变所适。

　　其出入以度，外内使知惧，又明于忧患与故。无有师保，如临父母。初率其辞而揆其方，既有典常。苟非其人，道不虚行。

　　《易》之为书也，原始要终，以为质也。六爻相杂，唯其时物也。其初难知，其上易知，本末也。初辞拟之，卒成之终。

　　若夫杂物撰德，辨是与非，则非其中爻不备。噫！亦要存亡吉凶，则居可知矣。知者观其象辞，则思过半矣。

分段讲解

《易》之为书也不可远①，为道也屡迁②。变动不居③，周流六虚④。上下无常⑤，刚柔相易⑥，不可为典要⑦，唯变所适⑧。

【注释】

①远：疏远，远离。

②迁：变迁。

③居：止。

④周：圆满充实。六虚：六爻。

⑤上下：阴爻阳爻上下。

⑥相易：相易位。

⑦典要：典常纲要。

⑧适：适应，合适。

【译文】

《周易》作为书是不可远离的，而作为道又经常变迁。变动而不固定，周流于六爻之间。（阴爻阳爻）上下不是固定不变的，阳刚阴柔相互变易，不可把它当成典常纲要，唯有变通才能适应。

【讲解】

沙和尚会十八变，猪八戒会三十六变，孙悟空会七十二变，观世音菩萨千手千眼、千变万化。所以越能千变万化的，越神通广大。然而，万般神通皆小术，唯有空空是大道。所以不可为典要。

其出入以度，外内使知惧①，又明于忧患与故②。无有师保③，如临父母④。初率其辞而揆其方⑤，既有典常。苟非其人⑥，道不虚行⑦。

【注释】

①出入：进退。

②故：原故，原因。

③师保：古代负责教育辅导贵族子弟的人。

④临：亲临。

⑤初：始。率：循。辞：卦爻辞。揆：推断。方：法则。

⑥苟：若。

⑦道不虚行：易道不会凭空而自行。此言易道行于世皆圣人之功。道不虚行只在人。

【译文】

其（教人）进退要有法度，在外在内而使人知道畏惧，又能明察忧患的事实与原故。（虽然）没有师长保姆，（但）如同面临父母（一样）。起初若依循卦爻之辞而推断其法则，（就会发现《周易》）也有典常可寻。若不是合适的人，易道也不会凭空运行。

【讲解】

道不虚行只在人。道不远人！道在屎溺！道不可须臾离也！要言之在三五句，不受真传枉费功！遇人不传失天道，传非其人失天宝！可与之言而不与之言，失人；不可与之言而与之言，失言。圣人既不失人也不失言！

《易》之为书也，原始要终①，以为质也②。

【注释】

①原始要终：与《系辞上》"原始反终"相似，穷其事物之初，又要会事物之末。初爻代表事物之初，故称"始"。上爻代表事之末，故曰"终"。始：初。要：约。

②质：体。

【译文】

《周易》作为书，是以追溯原始归结未来，以此为主体的。

六爻相杂①，唯其时物也②。其初难知③，其上易知④，本末也⑤。初辞拟之⑥，卒成之终⑦。

【注释】

①杂：阴阳错杂。

②时物：指不同条件下的事物。时：时机。卦有卦时，爻有爻时。物：事。

③初：初爻。难知：初爻处下代表事之微，故曰难知。

④上：上爻。易知：上爻代表事物终结而彰明，故曰易知。

⑤本末：指初爻上爻。

⑥初辞：初爻之辞。拟：摹拟。

⑦终：终结。

【译文】

六爻相互交杂，只不过是某物在某时的象征而已。其初爻难以知晓（事物的全貌），其上爻则容易知晓（事物的全貌），（因为初爻和上爻）象征着事物的本末。初爻之辞摹拟（事物的开端），（上爻之辞象征）事物最后的终结。

若夫杂物撰德①，辨是与非②，则非其中爻不备③。

【注释】

①杂物：指阴阳杂居。杂：错杂。撰：论述。

②辨：别。

③中爻：指内外卦中的二爻、五爻。

【译文】

至于错综万物，撰述（卦爻的）德性，辨别其是与非，则非中间的（二、五）两爻不能完备。

噫①！亦要存亡吉凶②，则居可知矣。知者观其象辞，则思过半矣③。

【注释】

①噫：叹词。感叹中爻的伟大。

②要：掌控，约束。

③思：理解。

【译文】

噫！（中爻）也掌控着存亡吉凶，则居（中）就可以知道（结果）。智者观其象辞，则（对中爻重要的）理解就超过一半了。

系辞下传

第八章

【全文】

　　二与四同功而异位，其善不同，二多誉，四多惧，近也。柔之为道，不利远者，其要无咎，其用柔中也。三与五同功而异位，三多凶，五多功，贵贱之等也。其柔危，其刚胜邪？

　　《易》之为书也，广大悉备，有天道焉，有人道焉，有地道焉。兼三材而两之，故六。六者非它也，三材之道也。

　　道有变动，故曰爻。爻有等，故曰物。物相杂，故曰文。文不当，故吉凶生焉。

　　《易》之兴也，其当殷之末世、周之盛德邪！当文王与纣王之事邪！是故其辞危。危者使平，易者使倾。其道甚大，百物不废。惧以终始，其要无咎。此之谓《易》之道也。

分段讲解

二与四同功而异位①，其善不同，二多誉，四多惧，近也②。

【注释】

①二与四同功：二与四同为阴位同互一卦，有相同的功用。异位：指二与四处不同位置，二处内卦，四处外卦；二居中，四失中。

②近：就四而言，四多惧因近五之君。

【译文】

二爻与四爻功用相同但爻位不同，（所以）它们代表的善吉不同，二爻多有赞誉，四爻多有惊惧，因接近（五之君位）。

柔之为道，不利远者①，其要无咎，其用柔中也②。

【注释】

①不利远：指二爻之阴不利于远离五爻之阳。

②柔中：二以柔居中。

【译文】

（二爻）阴柔之道，本不利于远离（五爻阳刚）；（二爻）想要无咎，就必须以柔居中。

三与五同功而异位①，三多凶，五多功，贵贱之等也。其柔危，其刚胜邪②？

【注释】

①三与五同功而异位：三五同为阳位，同互一卦，故曰"同功"；五居中在外卦，三失中而在内卦，故曰"异位"。

②其刚胜邪：上述二爻无咎，三爻多凶，说明阳刚也不一定就能取胜。

【译文】

三爻与五爻功用相同但爻位不同，三爻多有凶险，五爻多有功绩，（这是爻位之）贵贱等级（造成的）。柔弱有危险，阳刚就能取胜吗？

《易》之为书也，广大悉备①，有天道焉，有人道焉，有地道焉。兼三材而两之②，故六。六者非它也，三材之道也。

【注释】

①悉：全，都。
②材：通"才"，指天地人三才。

【译文】

《周易》作为书，广博宏大无所不备，有天道，有人道，有地道。（每卦）兼备（天地人）三才而两卦相重，所以才有六爻。六爻不是别的，是（天地人）三才之道。

道有变动①，故曰爻。爻有等②，故曰物。物相杂③，故曰文。文不当④，故吉凶生焉。

【注释】

①道：三才之道。
②等：上下等级。
③物：此指阴爻阳爻。
④不当：指阴爻居阳位，阳爻居阴位。

【译文】

道有变动，所以称为爻。爻有（上下）不同等级，故称为物。阴爻阳爻相杂，故称为文。阴爻阳爻不当位，所以产生吉凶。

《易》之兴也，其当殷之末世、周之盛德邪！当文王与纣王之事邪①！

【注释】

　　①文王与纣王之事：指商纣王把周文王囚禁在羑里这一历史事件。

【译文】

　　《周易》的兴起，大概是在商朝末期、周朝德威盛壮之时吧！（反映的）当是周文王与商纣王的事情吧！

　　是故其辞危①。危者使平，易者使倾②。

【注释】

　　①辞：卦爻辞。危：危惧。

　　②易：平易。倾：覆。

【译文】

　　所以《周易》卦爻辞内含危惧。危难使人平安，平易使人倾覆。

　　其道甚大①，百物不废②。惧以终始，其要无咎③。此之谓《易》之道也。

【注释】

　　①其：指《周易》。

　　②不废：无所遗。

　　③要：要旨。

【译文】

　　《周易》所蕴含的道理非常博大，百物（皆包含其中而）无所废弃。危惧（之心）贯串（《周易》的）始终，其主要目的在于没有过失。这就是《周易》的道理。

系辞下传

第九章

【全文】

夫乾，天下之至健也，德行恒易以知险。夫坤，天下之至顺也，德行恒简以知阻。能说诸心，能研诸侯之虑，定天下之吉凶，成天下之亹亹者。是故变化云为，吉事有祥。象事知器，占事知来。天地设位，圣人成能。人谋鬼谋，百姓与能。八卦以象告，爻彖以情言，刚柔杂居，而吉凶可见矣。变动以利言，吉凶以情迁。是故爱恶相攻，而吉凶生，远近相取，而悔吝生；情伪相感，而利害生。凡《易》之情，近而不相得则凶，或害之，悔且吝。

将叛者其辞惭，中心疑者其辞枝，吉人之辞寡，躁人之辞多，诬善之人其辞游，失其守者其辞屈。

分段讲解

夫乾，天下之至健也[1]，德行恒易以知险[2]。夫坤，天下之至顺也，德行恒简以知阻[3]。

【注释】

① 至健：乾纯阳故"至健"。

② 德行恒易：指德行永远平易近人。即《系辞》所谓"乾以易知"及"易知则有亲"。知：知晓。

③ 简：简约。

【译文】

乾，是天下最刚健的，其德性永远平易（而处事不难），却能知晓险难（之所在）。坤，是天下最柔顺的，其德性永远简约（而处事不繁），却能察知阻隔（之所在）。

能说诸心[1]，能研诸侯之虑[2]，定天下之吉凶，成天下之亹亹者[3]。

【注释】

① 说：悦。

② 研：研磨。侯之：为衍文。

③ 亹亹：微妙。

【译文】

（易简之理）能娱悦众人之心，能平判众人之思虑，判定天下之吉凶，促成天下几微之事。

是故变化云为[1]，吉事有祥[2]。象事知器，占事知来。天地设位，圣人成能[3]。人谋鬼谋[4]，百姓与能[5]。

【注释】

①云：有。云为：即有所作为。

②详：祥和。

③圣人成能：指圣人效法天地作《易》，赞天地之化育，成就天地之功能。

④谋：图谋，求教。鬼谋：指求谋卜筮。

⑤与：参与。

【译文】

所以（天地万物）变化而有作为，吉庆的事都有祥和的征兆。（通过观）卦象就可以知道器物（如何制作），（通过）筮占就可以预知未来（的结果）。天地（高下）的位置设立后，圣人（效此）而成就天地的功能。人的智谋与（卜筮所现）鬼神的智谋，百姓（经由这一方法）也能参与天地造化的功能。

八卦以象告①，爻象以情言②，刚柔杂居，而吉凶可见矣。变动以利言③，吉凶以情迁④。

【注释】

①象：卦象。

②爻象：爻辞卦辞。情：情感，性情。

③利：利益。

④迁：变迁。

【译文】

八卦以卦象来告知，爻象以性情来说明。刚柔（两爻）相互交错，而吉凶就可以显现。变动是以（是否）有利来论定的，吉凶是以（事物的）性情来变迁的。

是故爱恶相攻①，而吉凶生，远近相取②，而悔吝生；情伪相感③，而利害生。

【注释】

①爱恶相攻：指刚柔相摩。爱恶就爻之情而言，阳之情为爱，阴之情为恶。攻：摩。

②远近相取：或取远应而舍近比，或取近比而舍远应。远：指爻应与不应。近：近比。

③情伪相感：真情和虚伪相互感应。情：真情，阳为实。伪：虚伪，阴为虚。

【译文】

所以爱与恶相互攻击，而吉凶产生。（爻的）远（应）与近（比）相互取舍，而悔吝产生；真情与虚伪相互感应，而利与害产生。

凡《易》之情，近而不相得则凶^①，或害之^②，悔且吝。

【注释】

①近而不相得：两爻相邻而不和阴阳之道。

②害：伤害。

【译文】

凡《周易》所论的情感，（两爻）相临近而不能相互亲近则有凶，甚至可能有伤害，悔恨且有吝难。

将叛者其辞惭^①，中心疑者其辞枝^②，吉人之辞寡^③，躁人之辞多^④，诬善之人其辞游^⑤，失其守者其辞屈^⑥。

【注释】

①叛：背叛，叛逆。

②枝：树枝。此指像树枝，不是主题、主干。

③寡：少。

④躁，浮躁。

⑤游：游移不定。

⑥屈：卑屈不伸。

【译文】

将要背叛的人说话时的言辞就惭愧躲闪；心中有疑惑的人所说的言辞就支离散乱；吉善之人的言辞就很少；浮躁之人的言辞就多；诬陷好人的言辞就游移不定；丧失操守的人言辞屈服卑下。

【讲解】

本段是《系辞》的最后一段，是讲看相的道理。那么，为什么会在最后出现这一段呢？这一段，句句不离“辞”，此“辞”和“系辞”是什么关系呢？古人云：辞由情生。故《易》之辞亦由情而生。

《论语·学而》："敏于事而慎于言。"

《论语·里仁》："君子欲讷于言而敏于行"。

朱熹注："敏于事者，勉其所不足。慎于言者，不敢尽其所有余也。"（《论语集注》）又释："事难行，故要敏；言易出，故要谨。"（《朱子语类》卷第二十二）

言多必失！开口真气散！口为心之门户！会说不如会听，要听就听弦外音。

说卦传

第一章

　　昔者圣人之作《易》也，幽赞于神明而生蓍[1]，参天两地而倚数[2]，观变于阴阳而立卦[3]，发挥于刚柔而生爻[4]，和顺于道德而理于义[5]，穷理尽性以至于命[6]。

【注释】

　　[1]幽：幽深。赞：参赞。神明：本指天神地明。生蓍：创立揲蓍之法。

　　[2]参天两地：参：即三。两：即二。以奇数一代表天，以偶数二代表地。但因为天的功能包含地，所以奇数一代表的天，包括偶数二代表的地，故此三代表天。

　　[3]变：变化。此言筮法，指数之变化，即分二、挂一、揲四、归奇于扐蓍策变化。《系辞》有"十有八变"之变即是此意。阴阳：指老阴、老阳、少阴、少阳。

　　[4]发：动。挥：变。刚柔：指刚画柔画。生爻：刚变生柔，柔变生刚，九六相变。

　　[5]道：天道。德：仁德。理：调理。义：宜。

　　[6]命：天命。

【译文】

　　往昔圣人作《周易》，（是为了）用幽深的道理参赞神明（造化之功）而创制了蓍法。是以天数三与地数二为依据而确立阴阳刚柔之数，观察阴阳的变化而设立卦象，发挥刚柔（的特性）而产生了爻，和谐顺从于天道人德，而调理万物各得其宜。穷究万物之理而穷尽万物本性，以至于通晓天命。

第二章

　　昔者圣人之作《易》也，将以顺性命之理。是以立天之道曰阴与阳[1]，立地之道曰柔与刚[2]，立人之道曰仁与义[3]。兼三才而两之[4]，故《易》六画而成卦。分阴分阳[5]，迭用柔刚[6]，故《易》六位而成章[7]。

【注释】

①阴阳：就天之气而言，指阴阳之气。

②刚柔：就地之质而言，指刚柔之质。

③仁义：就人之德而言，人禀天地阴阳刚柔之情而有仁义。

④兼：兼备。三才：天地人，此指三爻画。两：相重。

⑤分阴分阳：分阴位阳位。二、四、上爻为阴位，初、三、五爻为阳位。

⑥迭：递，即交替。

⑦章：章法、体系。

【译文】

往昔圣人作《周易》，是为了顺应人性和天命的规律。所以确立天道为阴与阳，确立地道为柔与刚，确立人道为仁与义。（把）兼备（天地人）三才（的三画卦）两两相重，因此《周易》六画而成一卦。分（二、四、上为）阴位，分（初、三、五为）阳位，（六爻）之位，更迭使用柔刚，所以《周易》以六个位置建立了自己的章法体系。

第三章

天地定位①，山泽通气②，雷风相薄③，水火不相射④，八卦相错⑤。数往者顺⑥，知来者逆⑦，是故《易》逆数也⑧。

【注释】

①天地定位：天地确立上下位置，天尊位上，地卑位下。

②通气：气息相通。

③薄：迫，入。

④射：厌。

⑤错：指八卦相互错综复杂。

⑥数往者顺：以数推算过去之事为顺势。往：指过去事物，过去的事物是从简单到复杂，以数言之，则是从一到多，其势顺。马其昶说："天下之数始于一，一而二，二而三，自是以往，至于十、百、千、万之无穷，由少而多，其势顺，是之谓'数往者顺'。"

⑦知来者逆：与上一句其义相反，是说预知未来当为逆势，即从复杂到简单，就数而言从多到少。《周易》之数用六、七、八、九，始于万有一千五百二十策内，《周易》筮法，"先用大衍五十之数，以得二十八、三十二、三十六、二十四这策数，再由策数以得七、八、九、六之数，而阴阳老少以分，自多而少，其势逆，《易》以逆知来事，故其数亦用逆数也"。（马

其昶语）

⑧故此节得出结论：“《易》逆数也。”

【译文】

天地确定上下位置，山泽气息相互融通，雷风相互搏击震荡，水火相互为用而不相厌恶，八卦相互错综复杂（而成六十四卦）。以数推算过往（之事）为顺，预知未来（之事）为逆，所以《易》是逆数（推算来事）的。

【讲解】

此段对风水实战极为重要，不可轻易放过！此段亦是解灾化难、开天辟地、建功立业的秘诀所在！

笔者在中学的求学阶段，对孔夫子的印象一直不佳，认为其不过是个彬彬有礼的穷酸书生，所谓百无一用书生是也！后来，当笔者运用《周易》原理帮助无数人轻而易举地解决天大难题时，真正震撼的不是他人，而是我自己。从实际运用《周易》开始，才越来越对孔夫子五体投地、心悦诚服。

百不失一二，善易者不占！通过《周易》，我才真正领教了何谓圣人……

第四章

雷以动之①，风以散之②，雨以润之③，日以烜之④，艮以止之，兑以说之⑤，乾以君之⑥，坤以藏之⑦。

【注释】

①动：鼓动。

②散：布散。

③润：滋。

④烜：干。

⑤说：悦。

⑥君：统领。

⑦藏：包养。

【译文】

雷能鼓动（万物），风能散布（万物），雨能滋润（万物），日能干燥（万物），艮能终止

（万物），兑能愉悦（万物）；乾能统领（万物），坤能藏养（万物）。

第五章

帝出乎震①，齐乎巽，相见乎离②，致役乎坤③，说言乎兑④，战乎乾⑤，劳乎坎⑥，成言乎艮⑦。

【注释】

①帝：天帝。乾为天，故此乾阳之旺气发而万物生。

②相见：显现，显著。见：通"现"。

③役：役养。

④说：悦。

⑤战：阴阳相战。

⑥劳：动之余而休息。

⑦成：完成，成就。

【译文】

天帝（使万物）生于震位，（万物）整齐（生长）于巽位，显现于离位，致养于坤位，欣悦于兑位，相战于乾位，劳倦息于坎位，成就于艮位。

万物出乎震，震，东方也。齐乎巽，巽，东南也。齐也者，言万物之絜齐也①。离也者，明也，万物皆相见，南方之卦也。圣人南面而听天下②，向明而治，盖取诸此也。

【注释】

①絜：整齐。

②南面：古代以坐北朝南为尊位，故天子诸侯见群臣或卿大夫见僚属，皆南面而坐。后专指帝王听政统治。

【译文】

万物生于震，震为东方。整齐于巽，巽为东南方。齐，是说万物整齐（地生长）。离，就是光明，（光明使）万物皆相显现，代表南方之卦。圣人面南而坐，听政于天下，朝向光明治理（天下），大概就取义于此吧！

坤也者，地也，万物皆致养焉，故曰致役乎坤。兑，正秋也，万物之所说也，故曰说言乎兑。战乎乾。乾，西北之卦也，言阴阳相薄也[1]。

【注释】

①薄：搏斗。乾为西北方，太阳在此西沉，明暗阴阳正在征战交替。

【译文】

坤，就是地，万物都在地的养育之下，所以说"致养于坤"。兑，正是秋季，万物皆成熟喜悦，所以说"愉悦于兑"。相战于乾。乾，代表西北之卦，是说阴阳（二气在此时）相互搏斗。

坎者，水也，正北方之卦也，劳卦也，万物之所归也[1]，故曰劳乎坎。艮，东北之卦也，万物之所成终而所成始也[2]，故曰成言乎艮。

【注释】

①归：藏。

②成终、成始：艮卦代表东北方，在这一方位，黑暗即将过去，黎明马上到来；既是一天的结束，同时又是新的一天的开始，是在艮卦完成这一切的。

【译文】

坎，就是水，代表正北方之卦，（也是）劳倦之卦，万物（劳倦）所归之时，所以说"劳倦息于坎位"。艮，代表东北之卦，万物在此完成终结而又有新的开始，所以说"成就于艮位"。

第六章

神也者，妙万物而为言者也。动万物者，莫疾乎雷[1]；桡万物者

②，莫疾乎风；燥万物者③，莫熯乎火④；说万物者，莫说乎泽；润万物者，莫润乎水；终万物始万物者，莫盛乎艮⑤。故水火相逮⑥，雷风不相悖⑦，山泽通气，然后能变化，即成万物也。

【注释】

①疾：急速。

②桡：本指舟辑。此引申为散，吹拂。

③燥：干。

④熯：干燥、热、烘干、烘烤、暴晒。

⑤盛：盛大。

⑥逮：济。

⑦悖：逆。

【译文】

所谓神，是指神妙生成万物而言的。鼓动万物，没有比雷更疾速的；吹散万物，没有比风更迅疾的；干燥万物，没有比火更炎热的；愉悦万物，没有比泽更欣悦的；滋润万物，没有比水更湿润的；终结万物、开始万物，没有比艮更盛大的。所以水火相济，雷风不相悖逆，山泽气息相通，然后就能变化而生成万物。

第七章

乾，健也；坤，顺也；震，动也；巽，入也；坎，陷也；离，丽也①；艮，止也；兑，说也②。

【注释】

①丽：附丽。

②说：悦。

【译文】

乾，（其性）刚健；坤，（其性）柔顺；震，（其性）震动；巽，（其性）渗入；坎，（其性）陷险；离，（其性）附丽；艮，（其性）静止；兑，（其性）喜悦。

第八章

乾为马，坤为牛，震为龙，巽为鸡，坎为豕^①，离为雉^②，艮为狗，兑为羊。

【注释】

①豕：猪。

②雉：有美丽羽毛的野鸡。

【译文】

乾象马，坤象牛，震象龙，巽象鸡，坎象猪，离象雉，艮象狗，兑象羊。

第九章

乾为首，坤为腹^①，震为足，巽为股^②，坎为耳，离为目^③，艮为手，兑为口。

【注释】

①坤为腹：姚配中《素问》云：'腹者，至阴之所居。'"

②股：大腿。

③坎为耳，离为目：惠栋曰："《淮南》云：'耳目，日月也。'"

【译文】

乾象头，坤象腹，震象足，巽象股，坎象耳，离象目，艮象手，兑象口。

第十章

乾，天也，故称乎父；坤，地也，故称乎母。震一索而得男^①，故谓之长男；巽一索而得女^②，故谓之长女；坎再索而得男，故谓之中男；离再索而得女，故谓之中女。艮三索而得男，故谓之少男；兑三索而得女，故谓之少女。

【注释】

①索：求。男：男性。

②女：女性。

【译文】

乾，象征天，故称为父；坤，象征地，故称为母。震是（坤母）初次求取（乾父一阳）而成男，故称为长男；巽是（乾父）初次求取（坤母一阴）而成女，故称为长女。坎是（坤母）再次求取（乾父一阳）而成男，故称为中男；离是（乾父）再次求取（坤母一阴）而成女，故称为中女。艮是（坤母）第三次求取（乾父一阳）而成男，故称为少男；兑是（乾父）第三次求取（坤母一阴）而成女，故称为少女。

【讲解】

这一段是讲乾坤生"六子"（震、巽、坎、离、艮、兑）。三男三女经卦，是有规律可寻的。阳爻居下者为长男，阴爻居下者为长女；阳爻居中者为中男，阴爻居中者为中女；阳爻居上者为少男，阴爻居上者为少女。三男三女的顺序，都是自下而上的。

第十一章

【全文】

乾为天，为圜，为君，为父，为玉，为金，为寒，为冰，为大赤，为良马，为老马，为瘠马，为驳马；为木果。

坤为地，为母，为布，为釜，为吝啬，为均，为子，母牛，为大舆，为文，为众，为柄，其于地也为黑。

震为雷，为龙，为玄黄，为旉，为大涂，为长子，为决躁，为苍筤竹，为萑苇。其于马也为善鸣，为馵足，为作足，为的颡，其于稼也为反生，其究为健，为蕃鲜。

巽为木，为风，为长女，为绳直，为工，为白，为长，为高，为进退，为不果，为臭。其于人也为寡发，为广颡，为多白眼，为近利市三倍，其究为躁卦。

坎为水，为沟渎，为隐伏，为矫輮，为弓轮。其于人也为加忧，为心病，为耳痛，为血卦，为赤，其于马也为美脊，为亟心，为下首，为薄蹄，为曳。其于舆也为多眚，为通，为月，为盗，其于木也，为坚多心。

离为火，为日，为电，为中女，为甲胄，为戈兵，其于人也为大腹，为乾卦，为鳖，为蟹，为蠃，为蚌，为龟，其于木也为科上槁。

艮为山，为径路，为小石，为门阙，为果蓏，为阍寺，为指，为狗，为鼠，为黔喙之属。其于木也为坚多节。

兑为泽，为少女，为巫，为口舌，为毁折，为附决。其于地也，为刚卤，为妾，为羊。

乾为天，为圆①，为君，为父，为玉，为金，为寒，为冰，为大赤②，为良马，为老马，为瘠马③，为驳马④，为木果⑤。

【注释】

①圆：圆。

②赤：红色。

③瘠：骨瘦如柴。

④驳：马色不纯。

⑤木果：木本的果实。郭雍曰："木以果为始，犹物以乾为始。"

【译文】

乾为天，为圆，为君，为父，为玉，为金，为寒冷，为冰冻，为大红色，为良马，为老马，为瘦马，为杂毛的马，为木果。

【讲解】

这段讲的是乾卦取象。天为圆，《说文》："圜，天体也。"故乾有圆象。乾为西北方位，故乾为寒冰。如此等等！

坤为地，为母，为布①；为釜②，为吝啬③，为均④，为子，母牛⑤，为大舆⑥，为文⑦，为众⑧，为柄⑨，其于地也为黑。

【注释】

①布：布匹。布匹柔软与《坤》卦性质相应。

②釜：锅。

③吝：吝啬。

④均：地道平均。

⑤子，母牛：有身孕之牛。

⑥舆：车。

⑦文：万物相杂。

⑧众：众民。

⑨柄：本。万物生长以地为本。

【译文】

坤为地，为母；为布，为锅，为吝啬，为平均，为有孕之牛，为大车，为文彩，为民众，为（生育之）本，对于地为黑色。

震为雷，为龙，为玄黄①，为旉②，为大涂③，为长子，为决躁④，为苍筤竹⑤，为萑苇⑥。其于马也，为善鸣，为异足，为作足，为的颡⑦，其于稼也，为反生⑧。其究为健，为蕃鲜⑨。

【注释】

①玄黄：天地的杂色。天为玄色，地为黄色。

②旉：花的通名。

③大涂：大道。

④决躁：刚决躁动

⑤苍筤：青色。

⑥萑苇：芦苇。

⑦颡：马后左蹄白。作足：前两足腾举。的：白。颡：额。

⑧稼：庄稼。反生：指麻豆之类戴甲而出。震阴在阳上，阳动下，故为反生。

⑨究：极。蕃鲜：草木蕃育而鲜明。

【译文】

震为雷，为龙，为青黄杂色，为花，为大路；为长子，为刚决躁动，为青嫩幼竹，为芦苇。就马而言善于嘶鸣，后左蹄有白毛，前两足腾举，（马）额头有白斑。就庄稼而言，则戴甲而生。其极为刚健，为草木蕃育鲜明。

巽为木，为风，为长女，为绳直①，为工②，为白，为长③，为高，为进退④，为不果⑤，为臭⑥。其于人也，为寡发⑦，为广颡⑧，为多白眼，为近利市三倍⑨，其究为躁卦⑩。

【注释】

①绳直：工匠以墨绳测量使木直。

②工：工匠。

③长：风吹远。

④进退：风行无常。

⑤果：果决。

⑥臭：气味。

⑦寡发：头发稀少。

⑧广颡：头额宽阔。

⑨近利市三倍：将近从市中获三倍之利。日中为市，巽居东南方，与离相近，故曰"近利市"。

⑩躁：动而不止。

【译文】

巽为木；为风，为长女，为取直的准绳，为工匠，为白色，为长，为高，为进退，为不果断；为气味。就人而言，为头发稀少，额头宽阔，为眼白多（而瞳仁小），为从市中获得近三倍之利，其极为躁卦。

坎为水，为沟渎①，为隐伏②，为矫輮③，为弓轮④。其于人也，为加忧⑤，为心病，为耳痛，为血卦⑥，为赤。其于马也，为美脊，为亟心，为下首，为薄蹄，为曳⑦。其于舆也，为多眚⑧，为通，为月，为盗。其于木也，为坚多心⑨。

【注释】

①渎：沟。

②隐伏：《坎》一阳藏于阴中，故有"隐伏"之象。

③矫輮：使曲者变直者为"矫"，使直变曲为"輮"。

④弓轮：弓为矢，轮为车轮。二者为矫揉而成。

⑤加忧：忧虑加重。

⑥血卦：人体有血如地有水，故《坎》为血卦。

⑦脊：脊背。亟：急。下首：马低头。薄蹄：马蹄磨薄。曳：引拖。

⑧眚：眼病，灾难。月：《淮南子·天文训》："积阴之寒气为水，水气之精者为月。"故坎为月。

⑨坚多心：指荆棘之类。阮元曰："刘熙《释名》云：'心，纤也。'言纤微无物不贯也。凡纤细而锐者，皆可名曰心。《诗》'吹彼棘心'。孙炎《尔雅》注云：'楸朴一名心，皆谓有芒刺之木。'"

【译文】

坎为水，为沟渠，为隐伏，为曲直，为矢弓车轮。就人而言，为忧虑加重，为有心病，为耳痛，为血卦，为红。就马而言，为脊背美丽，为内心焦急，为爱低头，为蹄子薄，为拖曳。就车而言，为多灾难，为通达，为月，为盗寇。就木而言，为坚硬而多生小刺。

离为火①，为日②，为电，为中女，为甲胄，为戈兵③。其于人也，为大腹，为乾卦④，为鳖，为蟹，为蠃⑤，为蚌⑥，为龟。其于木也，为科上槁⑦。

【注释】

①离为火：离为南方之位，南方属火。

②为日：《淮南子·天文训》："积阳之热气生火，火气之精者为日。"

③胄：兜鍪，即盔。戈兵：兵器。离内柔外刚，盔甲、兵器在人身外以防身，如离内柔外刚，故离为胄、戈兵。

④乾：干燥。

⑤蠃：海螺。

⑥蚌：海蛤。

⑦科：木中空易折为科。槁：枯槁。

【译文】

离为火，为日，为电，为中女，为甲盔，为兵器。就人而言，为大腹。为干燥之卦；为鳖，为蟹，为螺，为蚌，为龟。就木而言，为木中空而枯槁。

艮为山，为径路①，为小石，为门阙②，为果蓏③，为阍寺④，为指，为狗⑤，为鼠，为黔喙之属⑥。其于木也，为坚多节。

【注释】

①径路：小路。

②门阙：门观。

③果蓏：果指桃李之类，木实曰果。草实曰蓏，如西瓜、甜瓜、冬瓜等。

④阍寺：守门人。

⑤狗：有止人入门之义。

⑥黔喙：食肉的野兽。

【译文】

艮为山，为小路，为小石，为门台，为瓜果，为守门人，为手指，为狗，为鼠，为黑色食肉兽。就木而言，为坚硬而多节。

兑为泽，为少女，为巫①，为口舌，为毁折②，为附决③。其于地也，为刚卤④，为妾⑤，为羊。

【注释】

①巫：《兑》为口，巫以口与神沟通，故《兑》为巫。

②毁折：《兑》上爻断缺，如物之毁折。

③附：依从。

④刚卤：指坚硬而含咸质。卤：咸土。

⑤为妾：兑少女之位贱，故"为妾"。

【译文】

兑为泽，为少女，为巫师，为口舌，为毁坏摧折，为依从决断。就地而言，为坚硬而含碱，为小妾，为羊。

序卦传

第一章

【全文】

　　有天地，然后万物生焉。盈天地之间者唯万物，故受之以《屯》。屯者，盈也。屯者，物之始生也。物生必蒙，故受之以《蒙》。蒙者，蒙也，物之稚也。物稚不可不养也，故受之以《需》。需者，饮食之道也。饮食必有讼，故受之以《讼》。讼必有众起，故受之以《师》。师者，众也。众必有所比，故受之以《比》。比者，比也。比必有所畜，故受之以《小畜》。物畜然后有礼，故受之以《履》。履而泰，然后安，故受之以《泰》。泰者，通也。物不可以终通，故受之以《否》。物不可以终否，故受之以《同人》。与人同者，物必归焉，故受之以《大有》。有大者不可以盈，故受之以《谦》。有大而能谦必豫，故受之以《豫》。豫必有随，故受之以《随》。以喜随人者，必有事，故受之以《蛊》。蛊者，事也。有事而后可大，故受之以《临》。临者，大也。物大然后可观，故受之以《观》。可观而后有所合，故受之以《噬嗑》。嗑者，合也。物不可以苟合而已，故受之以《贲》。贲者，饰也。致饰然后亨则尽矣，故受之以《剥》。剥者，剥也。物不可以终尽剥，穷上反下，故受之以《复》。复则不妄矣，故受之以《无妄》。有无妄，然后可畜，故受之以《大畜》。物畜然后可养，故受之以《颐》。颐者，养也。不养则不可动，故受之以《大过》。物不可以终过，故受之以《坎》。坎者，陷也。陷必有所丽，故受之以《离》。离者，丽也。

分段讲解

有天地①，然后万物生焉②。

【注释】

①天地：指六十四卦中的《乾》、《坤》两大卦。以"天地"生万物说明《乾》、《坤》为六十四卦之首的原因。

②万物：指自然界万物，此以"万物"说明六十四卦，"二篇之策万有一千五百二十，当万之数"。

【译文】

有了天地（《乾》、《坤》），然后万物（六十四卦）就产生了。

盈天地之间者唯万物①，故受之以《屯》②。屯者，盈也。屯者，物之始生也。

【注释】

①盈：充满。

②受：继，承继。

【译文】

充盈于天地之间的只有万物，故（《乾》、《坤》后）继之以《屯》。屯，就是盈满的意思。屯，代表万物开始生长。

物生必蒙，故受之以《蒙》①。蒙者，蒙也，物之稚也②。

【注释】

①蒙：本义是冢上草木，有覆盖之义。此通"萌"，郑玄曰："齐人谓萌为蒙"，即指幼

小之貌。物之初生幼小是未开著，故蒙为蒙昧。

②稚：稚嫩。

【译文】

万物出生之时必然蒙昧幼稚，所以继之以《蒙》。蒙，就是蒙昧的意思，（是指）万物尚且稚嫩。

物稚不可不养也，故受之以《需》。需者，饮食之道也①。

【注释】

①需：需求。

【译文】

万物稚嫩不可不养育，所以继之以《需》。需，是饮食之道。

饮食必有讼，故受之以《讼》①。讼必有众起，故受之以《师》。师者，众也。

【注释】

①《讼》：争讼。

【译文】

饮食必会发生争讼，所以继之以《讼》。争讼必会将众人激起，所以继之以《师》。师，就是聚众的意思。

众必有所比，故受之以《比》①。比者，比也。比必有所畜，故受之以《小畜》②。

【注释】

①比：亲密无间。

②畜：畜养。

【译文】

人多时必然有所亲附，所以继之以《比》。比，是亲密比附的意思。比附必会有所蓄养，所以继之以《小畜》。

　　物畜然后有礼，故受之以《履》①。履而泰，然后安，故受之以《泰》。泰者，通也。

【注释】

　　①礼：礼仪。

【译文】

　　财物蓄积后便讲究礼仪，所以继之以《履》。履礼而泰和，然后安定，所以继之以《泰》。泰，是亨通的意思。

　　物不可以终通，故受之以《否》。物不可以终否，故受之以《同人》①。

【注释】

　　①同人：同仁。

【译文】

　　万物不会始终亨通，所以继之以《否》。万物不会始终闭塞，所以继之以《同人》。

　　与人同者，物必归焉，故受之以《大有》。有大者不可以盈，故受之以《谦》。

【译文】

　　与人同心同德，万物必然纷纷归附，所以继之以《大有》。拥有大（富）而不可盈满自傲，所以继之以《谦》。

　　有大而能谦必豫，故受之以《豫》①。豫必有随，故受之以《随》。

【注释】

　　①豫：娱乐。

【译文】

有大（富）而能谦让必定安乐，所以继之以《豫》。安乐必定有人随从，所以继之以《随》。

以喜随人者，必有事，故受之以《蛊》。蛊者，事也^①。

【注释】

①蛊：败坏。

【译文】

以喜乐随从他人者，必定有所事端，所以继之以《蛊》。蛊，就是事端的意思。

有事而后可大，故受之以《临》。临者，大也。物大然后可观，故受之以《观》。

【译文】

事端（经整治）后（功业）可以发展盛大，所以继之以《临》。临，是盛大的意思。物盛大然后才能受人仰观，所以继之以《观》。

可观而后有所合，故受之以《噬嗑》。嗑者，合也。物不可以苟合而已，故受之以《贲》。贲者，饰也。

【译文】

可仰观必有所合，所以继之以《噬嗑》。嗑，是相合的意思。万物不可以只合而已，所以继之以《贲》。贲，是文饰的意思。

致饰然后亨则尽矣，故受之以《剥》。剥者，剥也^①。物不可以终尽剥，穷上反下，故受之以《复》。

【注释】

①剥：剥落。

【译文】

　　过于文饰然后亨通则会穷尽，所以继之以《剥》。剥，是剥落的意思。万物不会始终剥落无尽，穷尽上（爻）必复返于下（爻），所以继之以《复》。

　　复则不妄矣，故受之以《无妄》。有无妄，然后可畜，故受之以《大畜》。

【译文】

　　复返则不会妄动，所以继之以《无妄》。有了无妄然后就可以蓄积，所以继之以《大畜》。

　　物畜然后可养，故受之以《颐》。颐者，养也。不养则不可动，故受之以《大过》。

【译文】

　　万物蓄积（多了）然后可以（用于）养育，所以继之以《颐》。颐，是养育的意思。不养育则不可有所作为，所以继之以《大过》。

　　物不可以终过，故受之以《坎》。坎者，陷也①。陷必有所丽，故受之以《离》。离者，丽也②。

【注释】

　　①陷：险。
　　②丽：附丽。

【译文】

　　万物不会始终过极，所以继之以《坎》。坎，是陷险的意思。陷险必定要有所依附，所以继之以《离》。离，是附丽的意思。

序卦传

第二章

【全文】

　　有天地然后有万物，有万物然后有男女，有男女然后有夫妇，有夫妇然后有父子，有父子然后有君臣。有君臣然后有上下，有上下然后礼仪有所错。夫妇之道，不可以不久也，故受之以《恒》。恒者，久也。物不可以久居其所，故受之以《遁》。遁者，退也。物不可以终遁，故受之以《大壮》。物不可以终壮，故受之以《晋》。晋者，进也。进必有所伤，故受之以《明夷》。夷者，伤也。伤于外者必反于家，故受之以《家人》。家道穷必乖，故受之以《睽》。睽者，乖也。乖必有难，故受之以《蹇》。蹇者，难也。物不可以终难，故受之以《解》。解者，缓也。缓必有所失，故受之以《损》。损而不已必益，故受之以《益》。益而不已必决，故受之以《夬》。夬者，决也。决必有遇，故受之以《姤》。姤者，遇也。物相遇而后聚，故受之以《萃》。萃者，聚也。聚而上者谓之升，故受之以《升》。升而不已必困，故受之以《困》。困乎上者必反下，故受之以《井》。井道不可不革，故受之以《革》。革物者莫若鼎，故受之以《鼎》。主器者莫若长子，故受之以《震》。震者，动也。物不可以终动，止之，故受之以《艮》。艮者，止也。物不可以终止，故受之以《渐》。渐者，进也。进必有所归，故受之以《归妹》。得其所归者必大，故受之以《丰》。丰者，大也。穷大者必失其居，故受之以《旅》。旅而无所容，故受之以《巽》。巽者，入也。入而后说之，故受之以《兑》。兑者，说也。说而后散之，故受之以《涣》。涣者，离也。物不可以终离，故受之以《节》。节而信之，故受之以《中孚》。有其信者必行之，故受之以《小过》。有过物者必济，故受之以《既济》。物不可穷也，故受之以《未济》。终焉。

分段讲解

有天地然后有万物，有万物然后有男女，有男女然后有夫妇，有夫妇然后有父子，有父子然后有君臣。有君臣然后有上下，有上下然后礼仪有所错。①

【注释】

①此句说的是《咸》卦。错：设置。

【译文】

有天地然后才有万物，有万物然后才有男女，有男女然后才有夫妇，有夫妇然后才产生父子关系，有父子关系然后才有君臣（之别），有君臣（之别）然后才有上下（等级之分），有上下（等级之分）然后礼仪才有所设置。

夫妇之道，不可以不久也，故受之以《恒》。恒者，久也①。物不可以久居其所，故受之以《遯》。遯者，退也。

【注释】

①恒：恒久。

【译文】

夫妇之道不可以不长久，故（《咸》之后）继之以《恒》。恒，是长久的意思。万物不可以长久居于一个地方，所以继之以《遯》。遯，是隐退的意思。

物不可以终遯，故受之以《大壮》。物不可以终壮，故受之以《晋》。晋者，进也。

【译文】

　　万物不可以长久隐退，所以继之以《大壮》。万物不可以长久盛壮，所以继之以《晋》。晋，是长进的意思。

　　进必有所伤，故受之以《明夷》。夷者，伤也。伤于外者必反于家，故受之以《家人》。

【译文】

　　长进必有所受伤，所以继之以《明夷》。夷，是损伤的意思。在外受到损伤必返回家内，所以继之以《家人》。

　　家道穷必乖，故受之以《睽》。睽者，乖也。乖必有难，故受之以《蹇》。蹇者，难也。

【译文】

　　家道穷困必定会乖异离散，所以继之以《睽》。睽，是乖异的意思。乖异必定带来险难，所以继之以《蹇》。蹇，是险难的意思。

　　物不可以终难，故受之以《解》。解者，缓也①。缓必有所失，故受之以《损》②。损而不已必益，故受之以《益》③。

【注释】

　　①解：缓解。
　　②损：减损。
　　③益：增益。

【译文】

　　万物不可以始终有险难，所以继之以《解》。解，是缓解的意思。缓解必定有所损失，所以继之以《损》。损失不停必定增益，所以继之以《益》。

　　益而不已必决①，故受之以《夬》。夬者，决也。决必有遇，故受之以《姤》。姤者，遇也。

【注释】

①决：溃决，决断。

【译文】

增益不停必定溃决，所以继之以《夬》。夬，是溃决的意思。溃决必定有所交遇，所以继之以《姤》。姤，是交遇的意思。

物相遇而后聚，故受之以《萃》。萃者，聚也。聚而上者谓之升，故受之以《升》。

【译文】

万物相遇而后会聚，所以继之以《萃》。萃，是会聚的意思。聚会之后共同上进叫做升，所以继之以《升》。

升而不已必困，故受之以《困》①。困乎上者必反下，故受之以《井》②。井道不可不革，故受之以《革》。

【注释】

①困：穷困。
②井：井久则浊秽，宜于革易其故。

【译文】

进升不停必定困穷，所以继之以《困》。穷困于上必定会返于下，所以继之以《井》。井久则浊不可不变革，所以继之以《革》。

革物者莫若鼎，故受之以《鼎》。主器者莫若长子①，故受之以《震》。震者，动也。

【注释】

①主器者：主管祭祀人。器：指鼎。

【译文】

变革事物的莫过于鼎，所以断之以《鼎》。主管鼎器（的人）莫过于长子，所以继之以

《震》。震，是动的意思。

　　物不可以终动，止之，故受之以《艮》。艮者，止也。物不可以终止，故受之以《渐》。渐者，进也。进必有所归[1]，故受之以《归妹》。

【注释】

　　①归：嫁。

【译文】

　　事物不可以始终震动，停止它，所以继之以《艮》。艮，是停止的意思。事物不可以始终停止，所以继之以《渐》。渐，是渐进的意思。渐进必然要有所归宿，所以继之以《归妹》。

　　得其所归者必大，故受之以《丰》。丰者，大也[1]。穷大者必失其居，故受之以《旅》[2]。

【注释】

　　①丰：大。
　　②旅：旅行。

【译文】

　　得到归宿的必定盛大，所以继之以《丰》。丰，是盛大的意思。穷极盛大必定失其居所，所以继之以《旅》。

　　旅而无所容[1]，故受之以《巽》。巽者，入也[2]。入而后说之，故受之以《兑》。兑者，说也[3]。

【注释】

　　①容：容身。
　　②巽：入。
　　③兑：悦。

【译文】

　　羁旅而无处容身，所以继之以《巽》。巽，是进入的意思。进入之后就会欢悦，所以继之以《兑》。兑，是愉悦的意思。

　　说而后散之，故受之以《涣》。涣者，离也①。物不可以终离，故受之以《节》②。节而信之③，故受之以《中孚》④。

【注释】

　　①涣：离散。

　　②节：节制。

　　③节而信之：因节制而受到信任。

　　④中孚：中有孚信。

【译文】

　　欢悦后（其情）扩散，所以继之以《涣》。涣，是离散的意思。事物不可以始终离散，所以继之以《节》。因节制而受到信任，所以继之以《中孚》。

　　有其信者必行之，故受之以《小过》。有过物者必济①，故受之以《既济》②。物不可穷也，故受之以《未济》③，终焉。

【注释】

　　①济：渡过，引申为成功。

　　②既济：指已成功。

　　③未济：未渡过，引申为未成功。

【译文】

　　有其信众必然履行职责，所以继之以《小过》。有超越常情者必能成功，所以继之以《既济》。事物发展不可穷尽，所以继之以《未济》，终而复始。

杂卦传

【全文】

乾刚坤柔，比乐师忧。临观之义，或与或求。屯见而不失其居，蒙杂而著。震，起也；艮，止也。损、益，盛衰之始也。大畜，时也；无妄，灾也。萃聚而升不来也，谦轻而豫怠也。噬嗑，食也；贲，无色也。兑见而巽伏也。随，无故也；蛊，则饬也。剥，烂也；复，反也。晋，昼也；明夷，诛也。井通而困相遇也。咸，速也；恒，久也。涣，离也；节，止也。解，缓也；蹇，难也。睽，外也；家人，内也。否泰，反其类也。大壮则止，遁则退也。大有，众也；同人，亲也。革，去故也；鼎，取新也。小过，过也；中孚，信也。丰，多故也；亲寡，旅也。离上而坎下也。小畜，寡也；履，不处也。需，不进也；讼，不亲也。大过，颠也。姤，遇也，柔遇刚也。渐，女归待男行也。颐，养正也，即济，定也。归妹，女之终也。未济，男之穷也。夬，决也。刚决柔也。君子道长，小人道忧也。

分段讲解

乾刚坤柔[①]，比乐师忧[②]。

【注释】

　　①乾刚:《乾》卦六爻由纯阳组成，故曰乾刚。坤柔:《坤》卦六爻由纯阴组成，故曰坤柔。

　　②比乐:《比》有亲辅之义，故乐。师忧:《师》主军旅，故忧。

【译文】

　　《乾》卦表示刚健，《坤》卦表示柔顺;《比》卦表示欢乐，《师》卦表示忧愁。

临观之义，或与或求[①]。屯见而不失其居[②]，蒙杂而著。

【注释】

　　①与:施予。求:营求。

　　②见:现。

【译文】

　　《临》卦和《观》卦表示的意义，或是施予，或是索求。《屯》表示生机显现而不失其本来居所，《蒙》卦表示万物错杂而昭著。

震，起也;艮，止也。损、益，盛衰之始也。大畜，时也[①];无妄，灾也。

【注释】

　　①时:待时。

【译文】

　　《震》卦，表示万物兴起；《艮》卦，表示万物终止。《损》卦和《益》卦表示万物盛衰的开始。《大畜》卦，表示蓄积待时；《无妄》卦，表示防止灾变。

　　萃聚而升不来也，谦轻而豫怠也。噬嗑，食也；贲，无色也。兑见而巽伏也。

【译文】

　　《萃》卦表示聚集而《升》卦表示不返回，《谦》卦表示轻己（尊人）而《豫》卦表示安逸懈怠。《噬嗑》卦，表示食用；《贲》卦，表示无需润色。《兑》卦表示喜悦外现而《巽》表示（进入）而隐伏。

　　随，无故也①；蛊，则饬也②。剥，烂也③；复，反也④。晋，昼也⑤；明夷，诛也⑥。

【注释】

　　①无故：无事。

　　②饬：整治。

　　③烂：熟烂。

　　④反：通"返"。

　　⑤昼：《晋》卦下坤为地，上离为日，日出地上，故为"昼"。

　　⑥诛：伤。《明夷》下离为日，上坤为地，日入地中，其光明受伤，故曰"诛"。

【译文】

　　《随》卦，表示无事（休息）；《蛊》卦，表示（有事）则整治（弊乱）。《剥》卦，表示烂熟（而剥落）；《复》卦，表示返回。《晋》卦，表示白昼；《明夷》卦，表示（光明）受伤。

　　井通而困相遇也。咸，速也①；恒，久也。涣，离也；节，止也②。解，缓也；蹇，难也。睽，外也；家人，内也。否泰，反其类也。

【注释】

　　①速：神速。《咸》卦是阴阳感应之义，感而遂通，不行而至，故曰"速"。

　　②止：《节》卦有节制之义，故曰"止"。

【译文】

《井》卦表示通达而《困》卦表示阻塞。《咸》卦，表示（感应）神速；《恒》卦，表示恒守长久。《涣》卦，表示离散；《节》卦，表示节止。《解》卦，表示缓解；《蹇》卦，表示险难。《睽》卦，表示（乖异离散）在外；《家人》卦，表示（和睦相亲）在内。《否》卦与《泰》卦，表示相反的事类。

大壮则止①，遁则退也②。大有，众也；同人，亲也。革，去故也③；鼎，取新也。

【注释】

①止：停止。

②退：消退。

③故：旧有。

【译文】

《大壮》卦表示盛极则止，《遁》卦则表示因时而隐退。《大有》卦，表示众多；《同人》卦，表示亲辅。《革》卦，表示去除故旧；《鼎》卦，表示采取新法。

小过，过也①；中孚，信也②。丰，多故也③；亲寡，旅也④。离上而坎下也⑤。

【注释】

①过：过度。

②信：诚信。

③故：事。

④亲寡：羁旅无所容身，故"亲寡"。

⑤离上而坎下：离为火而炎上，坎为水而润下。

【译文】

《小过》，表示小有过度；《中孚》卦，表示诚信。《丰》卦，表示多事；《旅》卦，表示亲友少。《离》火炎上而《坎》水润下。

小畜，寡也①；履，不处也②。需，不进也③；讼，不亲也④。大过，颠也⑤。姤，遇也，柔遇刚也⑥。渐，女归待男行也⑦。

【注释】

①寡：少。

②不处：不停止。

③不进：《需》上坎为险，险在前，故"不进"。

④不亲：《讼》卦上乾为天，下坎为水，天阳之气上行，坎水润下，两相违行，故曰"不亲"。

⑤颠：本义指头顶，引申为颠覆。《大过》下巽为木，上兑为泽，木顶被泽水淹没，故曰"颠"。

⑥柔遇刚：《姤》卦一阴在下而上与五阳相遇，阴为柔，阳为刚。

⑦女归待男行：指女子出嫁等待男子迎亲。《渐》卦下艮为少男，上巽为长女，故有女归待男行之义。

【译文】

《小畜》，表示积蓄的少；《履》卦，表示不停止。《需》卦，表示不冒进；《讼》卦，表示（相互背违）而不亲。《大过》卦，表示颠覆；《姤》卦，表示相遇，阴柔与阳刚相遇。《渐》卦，表示女子出嫁等待男人礼备而后行。

颐，养正也①。即济，定也②。归妹，女之终也③。未济，男之穷也④。夬，决也。刚决柔也⑤。君子道长，小人道忧也⑥。

【注释】

①养正：《颐》下震为动，上艮为止，上静下动，有人动口食物之象，故曰"养正"。

②定：成。《既济》六爻阴居阴位，阳居阳位，阴阳各居其位，各得其所，故"定"。

③终：归宿。女子以出嫁为"终"。

④男之穷：《未济》三阳以阳居阴失正，阳穷极于上，阳为男，故曰"男之穷"。

⑤刚决柔：《夬》卦五阳盛长，决去一阴，阳为刚，阴为柔，故曰"刚决柔"。

⑥君子道长，小人道忧：《夬》卦阳刚盛长，阴柔消退即将被决去，阳为"君子"，阴为"小人"，故曰"君子道长，小人道忧"。

【译文】

《颐》卦，表示养正。《既济》卦，表示已经成功。《归妹》卦，表示女子的最终（归宿）。《未济》卦，表示男子的穷困。《夬》卦，表示决断，阳刚决去阴柔。（象征）君子之道繁盛长久，而小人之道困苦忧烦。

上经

乾卦第一

乾下　乾上

乾：元、亨①、利、贞②。

【注释】

①元：本元，开始，极大。又通"圆"，循环往复。亨：亨通，通达。
②利：吉祥，适宜。贞：正固。

【译文】

乾（天的性能），是创始万物的本元，亨通，祥和适宜，无所不正，且恒久不变。

【讲解】

《序卦传》曰："有天地，然后万物生焉。"说明天地为创造万物的本元。所以，把《乾》《坤》两大卦作为六十四卦的第一、第二卦，同时这两卦也是六十四卦的开门卦。

"乾"表示天，"坤"表示地。然而，这一卦为什么命名为"乾"，而不直接命名为天呢？

前面我们反复强调了，任何一门学问都是某种思维模式的产物，掌握了这种思维模式，也就能很容易地掌握这门学问了。而《乾》卦的命名，就充分显示了这种思维模式！

夫《易》者，象也；象之所生，生于义也。有斯义，然后明之以其物。天是可见的具体物象，但天又是神秘莫测的，所以我们中华先祖"观物取象"、"立象尽意"、"系辞尽言"，这就是《周易》文象互应的符号系统。文象互应，是中华文化的神韵所在，更是中华先祖对人类最伟大的贡献！

此所以用"乾"而不用"天"，"天"是定体之名，"乾"是体用之称。"乾"是意象的，而"天"则过于直白！

用意象表物象，是非常重要的思维模式，也是提升灵性智慧的关键所在！这种思维模式，贯穿了整个六十四卦，这是本书注解的重要纲领。违背了这一原则，就会一叶障目，不见泰山，目无全象。

表现出来的就是，像很多书上注解的一样，遇一卦解一卦，遇一爻解一爻，遇一辞解一辞，全是依文解意，难得要领。差之毫厘，谬以千里，甚至解出笑话来！学《易》者，不可不察也！

本句"乾,元亨,利贞。""元亨"者,天道之本然,先天之数。"利贞"者,人事之当然,后天之理也。"元亨",是指物质上的宇宙本元;"利贞",是指精神上的人心本性!

初九① : 潜龙勿用②。

【注释】

①初九:每一卦第一爻皆称"初"。《易经》64卦凡阳爻皆称"九",阴爻皆称"六"。一卦六爻自下而上凡阳爻为:"初九"、"九二"、"九三"、"九四"、"九五"、"上九";阴爻为:"初六"、"六二"、"六三"、"六四"、"六五"、"上六"。

②潜:潜伏、隐藏。龙:中国古代吉祥物,《周易》用来比喻阳气和君子。

【译文】

初九:潜伏之龙,不可轻举妄动。

九二 : 见龙在田① , 利见大人②。

【注释】

①见:"现",出现、显现。

②大人:指有道德、有作为的人。

【译文】

九二:龙显现于田野,宜于见大人。

九三 : 君子终日乾乾① , 夕惕若厉② , 无咎③。

【注释】

①乾乾:勤奋不懈。

②惕:警惕。厉:危。

③无咎:无害。咎:过错。

【译文】

九三:君子整天勤奋不懈,夜晚(也时时)警惕似有危厉,没有过错。

九四：或跃在渊①，无咎。

【注释】

①或：惑，疑惑。

【译文】

九四：（龙）在渊中惑于跃（而未跃），没有过错。

九五：飞龙在天，利见大人。

【译文】

九五：龙飞于天，宜见大人。

上九：亢龙有悔①。

【注释】

①亢：穷高、极高。

【译文】

上九：龙飞过高则有悔恨。

用九①：见群龙，无首，吉②。

【注释】

①用九：有二解：一是占筮出现乾卦，且此乾卦六爻全都是"老阳"，亦即六爻都有变成阴爻的可能时所用的断语。二是用：使用，应用。九：阳，刚。用九：应用阳刚。

②无首，吉：没有首领，则吉。

【译文】

用九：呈现群龙，（群龙）无首领，则吉。

《象》曰：大哉乾元①！万物资始②，乃统天③。云行雨施④，品物

流形⑤。大明终始⑥，六位时成⑦。时乘六龙以御天⑧。乾道变化，各正性命，保合太和，乃"利贞"。⑨首出庶物，万国咸宁。⑩

【注释】

①大：阳为大，乾六爻纯阳故曰大。元：始，创始。

②资：凭借，依赖。

③统：属。

④施：布。

⑤品：品类，众。流：流动变更。

⑥大明：日。高亨说："《集解》引侯果曰：'大明，日也。'甚是。终，谓日入；始，谓日出。"《礼记·礼器》："大明生于东，月生于西。"大明终始：指《乾》卦初爻到上爻皆为阳，始终有日普照。终：谓上爻。始：谓初爻。

⑦六位：指六个爻位。时成：指每一爻皆以时而成。如位于初则"潜"，位于五则"飞"，位于上则"亢"等。大明晓乎万物终始之道，始则潜伏，终则飞跃，可潜则潜，可飞则飞，是明达乎始终之道，故六爻之位，依时而成。若其不明终始之道，应潜时而飞，应飞时而潜，应生时而杀，应杀时而生，则六位不以时而成也。

⑧六龙：指六个阳爻。以龙喻阳。《乾》为六阳，故称六龙。御：驾御。

⑨各正性命：指各守性命之正。正：释为"贞"。性命：指本性。保：常存。和：和合，中和。

⑩首：首领，喻有德之君。庶：众。咸：皆，都。

【译文】

伟大啊，乾元！万物依靠它才有了开始，故而（万物）统统属于天。云气流行，雨水布施，众物周流而各自成形，阳光运行于（《乾》卦）终始，六爻得时而形成，应时乘（《乾》卦六爻）六龙，以驾御天道。（本于天的）乾道在变化，（万物）各正其本性与命理，保全太和之气，才能"利贞"。（因为）有德之君出现于众物之中，（所以）万国皆得安宁。

《象》曰：天行健①，君子以自强不息②。"潜龙勿用"，阳在下也③。"见龙在田"，德施普也④。"终日乾乾"，反复道也⑤。"或跃在渊"，进"无咎"也⑥。"飞龙在天"，"大人"造也⑦。"亢龙有悔"，盈不可久也⑧。"用九"，天德不可为"首"也⑨。

【注释】

①天：《乾》卦卦象，乾为天。行：运行，道。

②以：用。强：自我强胜，即《老子》所言"自胜者强"。

③阳在下：《乾》卦"初九"之阳居卦之下。

④德施普："九二"居中不偏，故能阳德博施而遍及。德：阳德。

⑤反复道："九三"处下体之极，"三多凶"，故宜反复行道，锲而不舍。

⑥进无咎："九四"以阳居阴失位，"四多惧"，应赶快前行，故"进无咎"。

⑦造：作，奋起而有所作为。

⑧盈不可久："上九"之阳居纯阳卦之上而盈满，阳极必生阴，故"盈不可久"。

⑨天德不可为首：《乾》六爻皆阳，"用九"六爻皆由阳刚变阴柔，故都不以首领自居。天德：《乾》德。

【译文】

《象》说：天道刚健，君子（效此）当自强不息。"潜伏之龙，不要行动"，阳爻在下。"龙出现于田野"，九二阳爻之德所施遍及。"君子终日勤奋不懈"，九三反复而行其道。"或跃于渊中"，上进而无咎。"龙飞于天"，大人奋起而有所作为。"龙飞过高则有悔"，阳爻盈满而不可长久。"用九"《乾》卦之德，不可以首领自居。

《文言》曰："元"者，善之长也①；"亨"者，嘉之会也②；"利"者，义之和也③；"贞"者，事之干也④。

【注释】

①长：首，君。元者，生物之始，天地之德，莫先于此，故于时为春，于人则为仁，而众善之长也。

②嘉：美。古者婚礼称"嘉"。亨者，生物之通，物至此，莫不嘉美，故于时为夏，于人则为礼，而众美之会也。会：聚合。

③义：宜。《中庸》："义者，宜也。"

④干：根本。木旁生者为枝，正出者为干，故"干"有正之义，因枝叶依干而立，故"干"又有本之义。

【译文】

"元"，是众善的首长；"亨"，是嘉美的会合；"利"，是事物得体而中和；"贞"，是事物的根本。

君子体仁足以长人①，嘉会足以合礼，利物足以和义，贞固足以干事。君子行此四德者，故曰："乾，元、亨、利、贞。"

【注释】

①仁：凡果核之实有生气者曰"仁"，有"元"之义。"元"：从二从人，"二"表天地，"儿"

表人，"元"表"人法地，地法天"。"仁"：从人从二，表"天地人一体"。在天为"元"，在人为"仁"。《释名·释形体》："人，仁也；仁，生物也。"长人：君人，主宰人。

【译文】

君子（效此）实践至善的仁，就足以领导他人；使嘉美聚合，就足以合乎礼仪；能使万物各得其所利，就足以使道义相合；能知道正之所在而固守之，就足以成就事业。君子能行此四德，所以说："乾，元、亨、利、贞。"

初九曰："潜龙勿用"，何谓也？子曰："龙德而隐者也①。不易乎世②，不成乎名，遁世无闷③，不见是而无闷。乐则行之，忧则违之，确乎其不可拔④，潜龙也。"

【注释】

①龙德：阳刚之德，此指圣人之德。《乾》卦爻辞以"龙"喻阳。隐：隐伏。《乾》"初九"居下故曰"隐"。

②易：移，改变。世：世俗。

③遁：隐退。闷：烦闷。

④确：刚强之貌。拔：移，改变。

【译文】

初九爻辞说："潜伏之龙，不可妄动。"这是什么意思？孔子说："人有龙德而隐居，（其志）不为世俗所改变，不为成就功名，隐退世外而不烦闷，（其言行）不被世人赞同亦无烦闷。（君子）所乐之事去做，所忧之事则不去做，坚强而不可动摇，这就是潜龙。"

九二曰"见龙在田，利见大人"，何谓也？子曰："龙德而正中者也①。庸言之信②，庸行之谨，闲邪存其诚③，善世而不伐④，德博而化⑤。《易》曰'见龙在田，利见大人'。君德也⑥。"

【注释】

①正中：《乾》"九二"爻居内卦正得中位。

②庸言：平常的言论。

③闲：防。

④善世：吴汝纶曰："此'善世'即善大，与'德博'对文。"伐：自夸。

⑤化：感化。

⑥君德：即阳德，阳为君。

【译文】

　　九二爻辞说："龙出现在田野，适合见大人。"这是什么意思？孔子说："人有龙德而居正得中。平常的言论也能做到诚信，平凡的举动也能做到谨慎。防止邪恶而保持诚信，善行甚高但不自夸，德性广博而教化人。《周易》说：'龙出现田野，利见大人'。这是君主之德。"

　　九三曰："君子终日乾乾，夕惕若厉，无咎"，何谓也？子曰："君子进德修业①。忠信，所以进德也。修辞立其诚，所以居业也。知至至之②，可与言几也③；知终终之④，可与存义也。是故居上位而不骄⑤，在下位而不忧⑥。故乾乾因其时而惕，虽危无咎矣。"

【注释】

　　①进德修业：增进德性修治学业。"九三"过中，故曰"进德修业"。修：治。

　　②知至至之：前"至"为名词，指到达；后"至"为动词，指努力做到。

　　③几：微。《系辞》："几者，动之微，吉之先见者也。"

　　④知终终之：前"终"为名词，指终结；后"终"为动词，指善于停止。

　　⑤上位："九三"居内卦之上。

　　⑥下位："九三"居外卦之下。

【译文】

　　九三爻辞说："君子终日勤奋不息，夜间戒惕似有危厉，无咎灾。"这是什么意思？孔子说："君子增进德性而修治学业。（讲求）忠诚信实，是为了增进德性。修饰言辞以树立诚意，是为了积蓄功业。知道所要达到的目标而努力争取，才能把握先机。知道终结而善于终止，才能保持道义上的分寸。所以居上位而不骄傲，在下位而不忧愤。所以勤奋进取顺应时机而警惕，虽有危厉而无过失。"

　　九四曰："或跃在渊，无咎"，何谓也？子曰："上下无常①，非为邪也②。进退无恒③，非离群也④。君子进德修业，欲及时也，故无咎。"

【注释】

　　①上下：言爻位。四为阴位，上可以承君，下可以应初，故曰"上下"。

　　②邪：邪枉。"九四"以阳居阴失位故曰"邪"。

　　③进退：言爻，"九四"上进可居五，下退可居三。

　　④群：类。

【译文】

九四爻辞说："龙在渊中惑于跃而未跃，无咎。"这是什么意思？孔子说："或上或下，无一定常规，但并非为了邪欲；或进或退，不是恒久不变的，但并非脱离群众。君子增长德性修治学业，想及时完成，故无咎。"

九五曰："飞龙在天，利见大人"，何谓也？子曰："同声相应，同气相求①。水流湿，火就燥。云从龙②，风从虎③。圣人作而万物睹④。本乎天者亲上⑤，本乎地者亲下。则各从其类也。"

【注释】

①同声相应，同气相求：乾坤阴阳各以类相应相求。乾为纯阳，故曰"同声"、"同气"。应：感应。求：追求。

②云从龙：云：水气。龙：水物。云龙同类，感气相致，故"云从龙"。

③风从虎：风为震动之气，虎是威猛之兽，虎啸风生，风与虎也同类，故曰"风从虎"。

④作：起。睹：见。

⑤亲：亲附。

【译文】

九五爻辞说："龙飞于天上，适合见大人。"这是什么意思？孔子说："声调相同产生共鸣，气息相同相互吸引。水往湿处流，火往干处烧。云跟随龙，风随着虎。圣人兴起而万物清明可见。受气于天的亲附上，受气于地的亲附下，则各归从（自己的）类别。"

【讲解】

《道德经》第二十三篇曰："故从事于道者，同于道；德者，同于德；失者，同于失。同于道者，道亦乐得之；同于德者，德亦乐得之；同于失者，失亦乐得之。信不足焉，有不信焉。"就是"同声相应，同气相求"最好的写照！

上九曰："亢龙有悔"，何谓也？子曰："贵而无位，高而无民，贤人在下位而无辅，是以动而有悔也。"

【译文】

上九爻辞说："龙飞过高有悔。"这是什么意思？孔子说："尊贵而没有具体职位，高高在上而与民众脱离，贤明之士处下位而无人来辅助，所以只要一行动就产生悔恨。"

"潜龙勿用"，下也①；"见龙在田"，时舍也②；"终日乾乾"，行事也；"或跃中渊"，自试也③；"飞龙在天"，上治也；"亢龙有悔"，穷之灾也④；乾元"用九"，天下治也。

【注释】

①下：指"初九"居下，其位卑下。

②舍：弃，未得时也。

③试：验。

④穷：极。

【译文】

"潜伏之龙，不要轻举妄动"，（因其）地位卑下；"龙出现在田野"，因时机未到；"终日勤奋不息"，开始有所行动；"龙在渊中惑于跃而未跃"，是自己在试练；"龙飞上天"，居上而治理天下；"龙飞过高而有悔"，是由穷极而造成的灾害；《乾》卦开始用九（阳刚化阴柔），天下必然大治。

【讲解】

本段以"时"与"位"为重点，解说爻辞，是用道理来解说现象。

"潜龙勿用"，阳气潜藏①；"见龙在田"，天下文明②；"终日乾乾"，与时偕行③；"或跃在渊"，乾道乃革④；"飞龙在天"，乃位乎天德⑤；"亢龙有悔"，与时偕极⑥；乾元"用九"，乃见天则⑦。

【注释】

①阳气潜藏："初九"一阳居下，象征阳气潜于下而未动。

②天下文明："九二"阳气上升，天下已经出现欣欣向荣的文明气象。文明：文彩光明。

③偕：俱。

④乾道乃革："九四"爻居上卦之始，故开始革新。

⑤位乎天德："九五"得正处尊位。天德：指"九五"天位。

⑥极：终极。

⑦天则：天道法则。

【译文】

"潜伏之龙，不要轻举妄动"，阳气潜藏于地下；"龙出现在田野"，天下万物呈现光明；"终日勤奋不懈"，随从天时的变化而行动；"龙在渊中惑于跃（而未跃）"，乾道开始变革；"龙飞上天"，已位居于天德；"龙飞过高而有悔"，随天时变化而达到终极；《乾》元用九，就能看见天道法则。

【讲解】

本段从天道角度，用现象来解说道理。

乾"元"者，始而亨者也；"利贞"者，性情也①。乾始能以美利利天下②，不言所利，大矣哉！大哉乾乎！刚健中正③，纯粹精也④。六爻发挥⑤，旁通情也⑥，时乘六龙，以御天也。云行雨施，天下平也⑦。

【注释】

①性情：也作"情性"。性：天性。以施化利万物之性。情：情意。以纯一正万物之情。利：前"利"是名词，指利益。后"利"是动词，指施利于。

③刚健中正：《乾》六爻皆阳故"刚健"，二五为中，初、三、五以阳居阳得位故曰正。"九五"居中得正，故曰中正。

④纯粹精：此卦全阳不杂故曰"纯粹精"。不杂曰纯，不变曰粹，至细曰精。

⑤挥：变化。

⑥旁：遍。通：通达。《系辞》："往来不穷谓之通。"

⑦平：均匀平和。

【译文】

乾"元"，是天创始万物并使之亨通；"利贞"，是天内在的本性和发之于外的感情。乾一开始就能以美好的利益施利于天下，却不言利物之功，伟大啊！乾阳太伟大了！刚劲强健而中正不偏，可谓纯粹精微。六爻的运动变化，通达万物发展的情理；随不同时节掌握六龙（爻）的变化，以驾御天道，云气流动，雨水布施，天下太平。

君子以成德为行①，日可见之行也。"潜"之为言也，隐而未见，行而未成，是以君子弗用也②。

【注释】

①成德：成就道德。

②弗：不。

【译文】

君子以成就道德作为行动（目标），必须表现在日常可以看见的行为中。（初爻）所说的"潜"，是隐藏而未显现，行动而还未成功，所以君子还不能发挥作用。

君子学以聚之①，问以辩之②，宽以居之③，仁以行之。《易》曰："见龙在田，利见大人。"君德也。

【注释】

①聚：会。

②辩：明辨。

③宽：宽容。

【译文】

君子学习以聚积知识，发问以明辨是非，宽宏大量与人相处，以仁爱之心指导行动。《周易》说"龙出现在田野，宜于见大人"。此谓君子之德。

九三，重刚而不中①，上不在天②，下不在田③，故乾乾因其时而惕，虽危"无咎"矣。

【注释】

①重刚："九三"居内卦乾之终，上与外卦乾之初相接，乾为刚，故曰"重刚"。不中：指"九三"不处二五之位，爻以二五为中。

②上不在天：指往上不在"九五"爻。天：指"九五"爻，其爻辞为"飞龙在天"。

③田：指"九二"爻，其爻辞为"见龙在田"。

【译文】

九三处于重重阳刚交接之处而不居中位，上不在天位，下不处地位，所以勤奋进取顺应时机而警惕，虽有危厉而无过失。

九四，重刚而不中，上不在天，下不在田，中不在人①，故"或"之，或之者，疑之也，故"无咎"。

【注释】

①人：指人位。三爻卦中，上爻为天，中爻为人，下爻为地。"九四"处上卦《乾》之下位，非人所处，故九四"中不在人"。

【译文】

九四爻处于重重阳刚交接之处而不居中位，上不在天位，下不处地位，中不在人位，所以有"或"，"或"是疑惑，所以"无咎"。

　　夫"大人"者^①，与天地合其德，与日月合其明，与四时合其序^②，与鬼神合其吉凶^③。先天而天弗违，后天而奉天时^④，天且弗违，而况于人乎！况于鬼神乎！

【注释】

　　①大人：此指"九五"，指圣明德备之人。

　　②序：次序。

　　③鬼神：阴阳之气屈伸变化。

　　④天时：四时。

【译文】

　　（九五爻辞的）"大人"，其德性与天地相合，其圣明与日月相合，其施政与四时顺序相合，其吉凶与鬼神相合，先于天道行动而与天道不相违背，后于天道行动而顺奉天时，既然天都不违背他，更何况人呢！更何况鬼神呢！

【讲解】

　　《孟子·离娄下》曰："大人者，不失其赤子之心也。"大人，并不是指形体成熟的人，而是指心灵成熟的人；赤子之心，就是与先贤的文化订立精神契约，有责任感、有使命感的人。一个人精神的升华，品德的修炼，思维的完善，无一不是由天地人万物一体的易道观而来。

　　"亢"之为言也，知进而不知退，知存而不知亡，知得而不知丧，其唯圣人乎^①！知进退存亡，而不失其正者，其唯圣人乎！

【注释】

　　①圣人：王肃本作"愚人"。案：愚人、圣人相对为文，故王肃本极是。唯：通惟，犹是。《文选·甘泉赋》李善注："惟，是也。"

【译文】

　　（上九爻辞）所说的"亢"，是指只知前进而不知后退，只知生存而不知灭亡，只知获得而不知丧失，这大概是愚人吧！知进退存亡之理而不失正道，这大概是圣人吧！

坤卦第二

坤下　坤上

坤^①：元、亨，利牝马之贞^②。君子有攸往，先迷后得主^③，利。西南得朋^④，东北丧朋。安贞吉^⑤。

【注释】

①坤：地，顺。以地为象，以顺为义。

②牝马：雌马。雄马叫牡马。雄马善战，雌马善承载。

③先迷后得主：领先则迷途，居后则得到主见。

④利西南得朋，东北丧朋：往西南可以得到朋友，而往东北则丧失朋友。

⑤贞：正。

【译文】

坤：元始亨通，像雌马一般的贞顺。君子有所行，领先就会迷途，从后则会得到主见，吉利。往西南可以得到朋友，往东北则丧失朋友，安顺守正则吉。

【讲解】

本段很不好理解，为什么？很容易犯一叶障目不见泰山的毛病！如果不从易道的思维模式，不能整体把握易道观，即使注解出来，也可能是不合经义、有辱圣人的。那么本卦理解的重点和难点是什么呢？

《坤》卦的来历！《坤》卦前面的那一卦是《乾》卦，乾为天，坤为地。这里就有个主客的问题了，谁为主？谁为客呢？

天道运行的规律是：人法地，地法天，地球必须围绕太阳转。也就是说，地必须顺从天，《坤》卦必须顺从《乾》卦。这是理解《乾》、《坤》两卦必须牢牢记住的一个观点！也是易道阴阳学说的一个重要方面！

"乾"天创始万物，无往而不利，元、亨、利、贞，乃统天，是没有任何条件限制的。"坤"地则滋生万物，顺承上天，虽也具备"元、亨、利、贞"四德，但只有在如同柔顺、健行的母马般执著于正道时，才会四德俱备。

此段"先迷，后得主"句，绝大多数古今学者都翻译为"起先迷路，后来得到主人"。

这样翻译，不能算错。因为《周易》本就一字千理，包罗万象，奥妙无穷。但按易道思维观来看，这样理解可能更恰当："领先就会迷途，从后则会得到主见"。

因为，《坤》为顺，为从，为后，所以"不敢为天下先"（《道德经》），而乐于从后。这就是从《乾》、《坤》阴阳整体考虑的易道思维观，这就是"《易》与天地准"的实际运用。

这样去读《周易》，果真其乐无穷也……

还有个问题，《说卦传》曰："乾……为良马，坤……为子母牛。"在《坤》中，却用"牝马"来表象，为什么不用"牛"呢？《坤》为柔顺，"牛"不是比"马"更柔顺吗？为什么不用"牛"来表象《坤》呢？

《彖》曰：至哉"坤元"①！万物资生，乃顺承天②。坤厚载物，德合无疆③。含弘光大④，品物咸"亨"。"牝马"地类⑤，行地无疆，柔顺"利贞"。君子攸行，"先迷"失道，后顺得常。"西南得朋"，乃与类行⑥。"东北丧朋"，乃终有庆⑦。"安贞"之吉，应地无疆⑧。

【注释】

①至：极。

②承：受。

③疆：边际。

④弘：大。光：广。

⑤牝马地类：指牝马属坤阴类。坤为地，地类即坤类也。

⑥乃与类行：西南为坤位，故往西南与阴类同行。类：同类，此指阴类。

⑦乃终有庆：东北为艮位，艮有"成终"之义；又东北艮为阳土，坤为阴土，坤往东北，即是阴土从阳土，故有"庆"。

⑧应：合，相应。

【译文】

极大啊坤元！万物依赖它而生成，故顺承天道。坤用厚德载养万物，德性（与天）相合而无边无际。（坤道）包含宽厚而广大，万物全都"亨通"。"牝马"属于地类，奔行地上而没有边际。（坤道）柔顺而宜于守正，君子有所往，领"先"就会"迷"失其道，在"后""顺"从则能得常道。"西南得到朋友"，是因为与同类而行，"东北丧失朋友"，最终将有吉庆。"安于守正"之吉，（是因为）应合地道而无边。

《象》曰：地势坤，君子以厚德载物①。

【注释】

①地势坤：《坤》卦上下皆坤，坤为地，地有高下之势。

【译文】

《象》说：地势柔顺，君子（效法此）当以宽厚之德容载万物。

初六：履霜①，坚冰至。

【注释】

①履：踏、踩。

【译文】

初六：踏到霜时，就知道坚冰不久即至。

《象》曰：履霜坚冰，阴始凝也①。驯致其道②，至"坚冰"也。

【注释】

①阴始凝：《坤》卦"初六"居下，以示阴气开始凝结。

②驯：顺。

【译文】

《象》说："履霜坚冰"，阴气开始凝结。顺致阴道，以导致"坚冰"。

六二：直方大①，不习无不利②。

【注释】

①直：正直。方：方正。按规则办事，就是方。天圆地方。没有规矩，不能成方圆。大：盛大。"六二"当位中正，又处地（初、二两爻为地）之上位，说明地气已在地表蒸腾了，故盛大。

②不习：不学习。

【译文】

六二：正直、方正、盛大，具备这样的品质，不学习也没有不利的。

《象》曰："六二"之动，"直"以"方"也①。"不习无不利"，地道光也^②。

【注释】

①直以方：指正直方正。

②地道光：地道广大。光：广。

【译文】

《象》说："六二"的行动，"正直"而"方正"。"不学习也没有不利的"，（是因为）地道柔顺广大。

六三：含章可贞^①，或从王事^②，无成有终。

【注释】

①章：美德，章美。贞：正。

②或：通"惑"，困惑，疑惑。"六三"不中不正，阴居阳位，半刚半柔，动静参半，有利有弊，此时争先则迷，"从王事"则合坤道。

【译文】

六三：含藏美德（而不向外张扬）才能恪守正道。困惑之时，宜"从王事"，即使不成功，也还是有结果的。

《象》曰："含章可贞"，以时发也^①。"或从王事"，知光大也^②。

【注释】

①以时发也："六三"不中不正，等待时机而动作。

②知：智。

【译文】

《象》说："含藏章美才能守正"，等待时机而发动。"惑而跟从大王作事"，智慧广大。

六四：括囊^①，无咎无誉。

【注释】

①囊：口袋。

175

括囊：束扎口袋。

【译文】

六四：束扎口袋，虽无灾害，但也不会带来荣誉。

《象》曰："括囊无咎"，慎不害也①。

【注释】

①慎不害："六四"之柔得正，虽处多惧之地，只要谨慎则无害。

【译文】

《象》说："束扎口袋无咎"，谨慎而无害。

六五：黄裳元吉①。

【注释】

①黄：黄色。黄为土的颜色，土表地。黄色是《坤》卦柔顺的本色。裳：古人衣服，上装为衣，下装为裳。乾上坤下，裳表坤，表谦恭的态度。《左传》："黄，中之色也。裳，下之饰也。"元吉：是源于《坤》卦的顺德，是从《坤》一开始就具有的，到了本爻，仍能柔顺、谦恭，所以是元吉、上上吉。元吉和大吉的区别是，大吉只是本爻才具有的，而元吉是卦本身就具有的。

【译文】

六五：黄色的下服，上上吉。

《象》曰："黄裳元吉"，文在中也①。

【注释】

①文在中：坤为文，"六五"居上体之中。土亦居五行之中位，故黄在颜色中亦居中位。

【译文】

《象》说："黄色的下服，上上吉"，文德在守中。

上六：龙战于野①，其血玄黄②。

【注释】

①龙：乾阳。"上六"阴居阴位，又居纯阴《坤》卦之极，阴极必然生阳，阴阳二气交互和合，故有"龙"来"战于野"之象。野：古时外城为郊，郊之外为野。龙战于野：表象刚刚开战，还没到国之中心。

②血：指本色。万物出生之本，由于血；血者，天地所遗氤氲之气。玄：天的颜色。黄：地的颜色。天玄地黄。其血玄黄：天色、地色混为血色，说明天地不分、乾坤不分、先后不分、主从不分，便会"先迷"，出现争"战"。

【译文】

上六：龙战于野外，其血玄黄（混杂）。

《象》曰："龙战于野"，其道穷也①。

【注释】

①其道穷："上六"之阴居六阴之上，阴道穷极。

【译文】

《象》说："龙战于野外"，阴道穷极。

用六：利永贞①。

【注释】

①贞：正。

【译文】

用六：利于永久固守正道。

《象》曰："用六永贞"，以大终也①。

【注释】

①以大终：阳为大，坤道顺承天道终结养育万物之事，曰"大终"。

【译文】

《象》说：用六"永守正道"，（坤阴养育万物）而大终。

《文言》曰：坤至柔而动也刚①，至静而德方②，后得主而有常③，含万物而化光④。坤道其顺乎，承天而时行。

【注释】

①至柔：《坤》六爻皆阴，纯阴和顺，故曰"至柔"。
②德：德性。方：方正。古人以圆说明天体运动，以方正说明地之静止，故称"方"。
③常：规律，常道。
④化光：化育广大。光：广。

【译文】

《文言》说：坤极其柔顺，但它的运动却是刚健的；它极其娴静，但它的品德却是方正的。地道后于天道而行是符合规律的，它含藏万物而化育广大。坤道多么柔顺啊！顺承天道依时而行。

积善之家，必有余庆，积不善之家，必有余殃。臣弑其君①，子弑其父，非一朝一夕之故。其所由来者渐矣②，由辩之不早辩也③。《易》曰："履霜，坚冰至"，盖言顺也④。

【注释】

①弑：杀。《白虎通德论·诛伐篇》："弑者，何谓也？弑者，试也。欲言臣子杀其君父不敢卒，候间伺事，可稍稍杀弑之。"
②渐：渐进，即由小而大。《坤》初六居下，阴小而始动，不善之积，故曰"渐"。阴为不善。
③辩：即辨。
④顺：循。

【译文】

积善之家，必定福庆有余；积不善之家，必定灾殃有余。臣子弑杀国君，儿子弑杀父亲，这并非一朝一夕所造成的。（祸患的产生）由来已久，渐积而成，由于没有及时察觉此事。《周易》说："踏霜之时，预示坚冰之日将至。"大概说的就是循序渐进的道理。

178

"直"，其正也①；"方"，其义也②。君子敬以直内③，义以方外④，敬义立而德不孤。"直方大，不习无不利"，则不疑其所行也。

【注释】

①正："六二"以阴居阴，故为"正"。

②义：宜。

③内：内心。

④外：外形。

【译文】

"直"，是说正直；"方"，是说行为适宜。君子恭敬而内心正直，持有正义来使外形端正，"敬"与"义"确立则道德就不会孤立。"直方大，不学习没有不利的"。（这样）就没有人怀疑他的行为了。

阴虽有美，"含"之以从王事①，弗敢成也。地道也，妻道也，臣道也。地道"无成"而代"有终"也。

【注释】

①含：含藏。

【译文】

坤阴虽有美德，"含藏"它以跟从大王做事，不敢自居有功。这就是地道、妻道、臣道。地道虽不敢自居有功，但代天效劳、奉事至终。

天地变化，草木蕃①；天地闭②，贤人隐。《易》曰"括囊③，无咎，无誉"，盖言谨也。

【注释】

①蕃：草木茂盛。

②天地闭：天地不相交。"六四"居上下卦之间，上下皆坤，故上下不交而闭塞。闭：塞。

③括囊：束扎口袋。

【译文】

天地交感变化，草木就蕃盛；天地闭塞不交，贤人就隐退。《周易》说："束扎口袋，没有咎灾，没有名誉。"大概是说谨慎的道理吧。

君子"黄"中通理，正位居体①，美在其中，而畅于四支②，发于事业③，美之至也！

【注释】

①正位居体："六五"以阴居阳之正位。五为阳之正位，"六五"阴爻为体。

②支：通肢，指四肢。

③发：见。

【译文】

君子内有中德通达事理，外以柔顺之体居正位，美德积聚于心中，而通畅于四肢，发扬于事业，这可是美到极点啦！

阴疑于阳必战①，为其嫌于无阳也②，故称"龙"焉；犹未离其类也③，故称"血"焉。夫"玄黄"者，天地之杂也，天玄而地黄④。

【注释】

①阴：《坤》"上六"为阴。疑：即凝，有交结、聚合之义。

②嫌：疑。

③未离其类：《坤》"上六"虽称龙，但未离开阴类。

④玄黄：天地之正色。

【译文】

坤阴交接于阳，阴阳必定交战。为嫌（坤）没有阳，所以（《坤》上六爻辞）称"龙"，然而此爻又未曾离开阴类，故爻辞称"血"。这"玄黄"，是天地的杂色，天色为玄，地色为黄。

屯卦第三

䷂ 震下 坎上

屯①：元、亨、利、贞；勿用有攸往②，利建侯③。

【注释】

①屯：本义指草木初生，表示植物种子萌生、破土而出之形。

②攸往：所往。

③建侯：封授侯位。侯：诸侯。

【译文】

屯：元始亨通，利于守正，不宜有所往，宜于封建诸侯。

【讲解】

前面我们说了，《乾》《坤》两大卦是整个六十四卦的开门卦，是《易》之根本，是其余众卦之总领。也就是说，必须熟练掌握《乾》《坤》两卦，才能步入《周易》这个神圣高贵的殿堂。还有更深层的意思是，讲解其他六十二卦，必须以《乾》《坤》两卦为准，而《乾》《坤》以《易》为准，《易》与天地准，故《易》又称为《天地易》。这就是天、地、人、万物一体的思维架构！也是人类取之不尽用之不竭的宝藏！

偏离这个主轴，无论怎样解《易》，都容易流于盲人摸象之患！

《序卦传》曰："有天地，然后万物生焉。盈天地之间者唯万物，故受之以《屯》。屯者，盈也。屯者，物之始生也。"有了天地，然后万物才能生出来，故在《乾》《坤》两卦之后便是《屯》卦。《屯》卦后是《蒙》卦，《屯》《蒙》两卦是整个上经的开门卦。

《周易》主要有两大功用：

指导人类如何在地球上生存发展；

指导人类如何充分发挥天赋潜能。

上经主要讲人类如何适应天地万物运行的规律。人法地，地法天，天法道，道法自然。天道运行是无往而不利的，故《乾》卦四德（元、亨、利、贞）无所不包，有百利而无一害，没有任何的限定。自《坤》卦开始，进入地道和人道，众卦所俱四德（元、亨、利、贞）都有所限制。这也表明，形而上的道制约形而下物体，无形在制约有形。

"屯"原义是草木萌芽于地，是生的开始。草木萌芽充满生机，正待成长，故其势至为亨通。但初生之物，又相当艰难。艰难当前，不可轻举妄动，应正其根本，固其体质，故利于守正。一草一木都有其生长之地，蝼蚁尚且有巢穴，人也应有自己的立足之地，创业初期不宜天马行空满天飞，这就是"利建侯"之意。

《象》曰：屯，刚柔始交而难生①。动乎险中②，大亨贞。雷雨之动满盈③，天造草昧④，宜建侯而不宁。

【注释】

①刚柔始交而难生：阳刚阴柔之气开始相交而产生万物，万物开始萌芽生长的时候，是

艰难的，这就是屯卦之象。下震为木，上坎为险，故曰"难生"。

②动乎险中：《屯》卦下震为动，上坎为险。

③雷雨之动：《屯》卦震为雷，坎为雨。满盈：《序卦》"屯者，盈也"。

④造：生。草昧：指万物萌芽状态。

【译文】

《彖》曰：屯，（说的是）阳刚阴柔之气始相交而万物艰难生成。动于险难之中，极大"亨通而宜于守正"。雷雨震动充满（天地之间），天开始创造，万物萌发，（此时）适宜封建诸侯，不可安居无事。

《象》曰：云雷屯①，君子以经纶②。

【注释】

①云雷：《屯》下震上坎，坎为云，震为雷。此坎不为水而为云，因云是雨的前兆，取其未雨绸缪之义，喻策划经营需提前。

②经纶：本指治丝之事，后引申为匡济、经营、规划大事等义。《中庸》朱熹注："经者，理其绪而分之；纶者，比其类而合之也。"经：编织布帛。纶：青丝绳，也指编丝成绳。

【译文】

《象》说：云行于上，雷动于下，是《屯》卦之象。君子（效此）用云的恩泽、雷的威严来治理国事。

初九：磐桓①，利居贞②，利建侯。

【注释】

①磐（pán）桓：徘徊难进状。

②利居贞：宜守正而居。

【译文】

初九：徘徊难进，有利于守正而居，利于封建诸侯。

《象》曰：虽"磐桓"，志行正也①。以贵下贱②，大得民也。

【注释】

①志行正：《屯》卦"初九"阳居阳位而得正。

②以贵下贱：《屯》卦"初九"之阳居群阴之下。阳贵阴贱。

【译文】

《象》说：虽"盘旋难进"，但志行正道。（初九）身份尊贵却下处卑位，大得民心。

六二：屯如邅如①，乘马班如②。匪寇婚媾③，女子贞，不字④，十年乃字。

【注释】

①屯如邅如：为难而团团转的样子。屯：难。邅：zhān，邅转，绕圈子。如：……的样子。

②乘马班加：骑在马上旋转不进的样子。班：旋转不进。

③匪：非。

④字：古礼女子订婚后即用簪子插住挽起的髻，引申为嫁。

【译文】

六二：为难而团团转，乘马旋转不进，（来人）不是盗冠，是求婚的。（但）女子贞静自守，不嫁人，要过十年才嫁。

《象》曰："六二"之难，乘刚也①。"十年乃字"，反常也②。

【注释】

①乘刚："六二"阴爻居"初九"阳爻之上。

②反：返，恢复。反常：比喻难极致通。

【译文】

《象》说：六二之"难"，（在于）阴柔乘凌阳刚。"十年乃嫁"，恢复正常。

六三：即鹿无虞①，惟入于林中。君子几②，不如舍③，往吝④。

【注释】

①即：追逐。虞：虞人，古代管理山林的官名。古时入山林，必有虞人做向导。

②几：通"机"，机警。

③舍：舍弃。

④吝：小不利，困难。

【译文】

六三：追鹿而没有虞人（作向导），（结果）被迷入林中。君子应当机警，不如舍弃（它），再往前就不利了。

《**象**》曰："即鹿无虞"，以从禽也①。"君子舍"之，"往吝"穷也。

【注释】

①从禽：指追逐鹿。

【译文】

《象》说："追逐鹿而无虞人作向导"，（只能被动）跟从禽兽。"君子舍弃"之，"前往不利"，其道必穷。

六四：**乘马班如，求婚媾，往，吉无不利。**

【译文】

六四：乘马徘徊不进，（为的）求婚，此行吉无不利。

《**象**》曰："求"而"往"，明也①。

【注释】

①求而往，明也："六四"与"九五"相比，五阳来求四阴，是迎亲，四阴前往为嫁，这是明智的。到外曰"往"。

【译文】

《象》说：因求婚而前往，是明智的。

九五：屯其膏①。小，贞吉；大，贞凶②。

【注释】

①屯：聚，盈满。《序卦传》曰："屯者，盈也。"膏：油脂。坎雨称"膏"，与"润"同义，水为财，引申为恩泽。屯其膏："九五"刚强中正又居尊位，积蓄粮油而要有所作为。

②小，贞吉；大，贞凶："九五"处上卦《坎》险正中，被众阴所困，杯水车薪，僧多粥少，故其恩泽小施则吉，大施则凶。贞：施与恩泽。

【译文】

九五：屯积油脂（积蓄财富），（恩泽）小施则吉，大施则凶。

《象》曰："屯其膏"，施未光也①。

【注释】

①施未光："九五"居《坎》两阴之中，故未广大。光：广。

【译文】

《象》说："屯积油脂"，所施（恩泽）尚未广大。

【讲解】

北宋张载《正蒙》云："易为君子谋，不为小人谋。"君子以《易》断吉凶，即使占到大凶，亦不会自乱阵脚，反而更能于忧患中激发潜能，从而步步为营，匡济天下。如此爻既示"大贞凶"，故"施未光"，也即先施其急，与"利建侯"相呼应。小人之所以为小人者，鼠目寸光，朝三暮四，只顾自身眼前利益，遇凶卦，则忧心忡忡、惶惶不可终日，事未做便已败了一半。故《易》为君子谋！学《易》，若不能提升格局，进而为君子，则终无大用！

上六：乘马班如，泣血涟如①。

【注释】

①泣血涟如：泪水不断的样子。泣血：古人指无声泣哭。

【译文】

上六：乘马徘徊不进，泣之泪水不断。

《象》曰："泣血涟如"，何可长也①？

【注释】

①何可长："上六"处《屯》之终，故没有什么可长久的。

【译文】

《象》说："泪水不断流"，怎么会长久？

蒙卦第四

坎下　艮上

蒙①：亨。匪我求童蒙②，童蒙求我。初筮告③，再、三渎④，渎则不告。利贞⑤。

【注释】

①蒙：萌发，启蒙，蒙昧，蒙敝。《蒙》卦是《屯》卦的"综卦"，《屯》卦的卦形，倒转过来就是《蒙》卦，故这两个卦是一组，都是《周易》上经的开门卦。

②童蒙：幼稚蒙昧之人。

③初：第一次。筮：占筮。

④渎：渎慢、亵渎。

⑤贞：纯正，守正。

【译文】

蒙：亨通顺利。不是我求童蒙，而是童蒙求我。初次占筮则告诉（吉凶），再三（来占问）就是亵渎（占筮），亵渎则不告诉（吉凶结果）。（治蒙之道）宜于守正。

《象》曰：蒙，山下有险①，险而止②，蒙。"蒙，亨"，以亨行，时中也③。"匪我求童蒙，童蒙求我"，志应也④。"初筮告"，以刚中也⑤。"再三渎，渎则不告"，渎蒙也。蒙以养正，圣功也。

【注释】

①山下有险：《蒙》卦上艮下坎，艮为山，坎为险。

②险而止：《蒙》卦上艮下坎，坎为险，艮为止。

③时中：《蒙》卦"九二"于时居中。孔颖达疏曰："言居蒙之时，人皆愿亨，若以亨道行之，于时则得中也。"

④志应：《蒙》卦"九二""六五"阴阳相应。

⑤刚中：《蒙》卦"九二"阳刚居中，以示告而有节。

【译文】

《象》说：蒙，山下有险，遇险而止，这就是蒙卦。"蒙，亨通顺利"，是说沿亨通之道行蒙稚，于时则得中。"不是我去求童蒙，而是童蒙来求我"，这是因为心志相应。"初次占筮则告诉（吉凶）"，是因为（九二）刚严有方。"再三（来占问）就是亵渎（占筮），亵渎则不告诉（吉凶结果）"，是因为亵渎了蒙稚之道。将蒙昧无知的人培养成具有贞正之德的人，那是圣人的功业。

《象》曰：山下出泉①，蒙。君子以果行育德②。

【注释】

①山下出泉：上卦艮为山，下卦坎为泉。

②果：果敢决断。

【译文】

《象》说：山下流出清泉，这是蒙之象。君子（效此）果行不止，育德不懈。

初六：发蒙，利用刑人①，用说桎梏②，以往吝③。

【注释】

①发：启发。刑人：受刑之人。

②用说桎梏：脱去手脚刑具。说：脱。桎梏：古代刑具，在脚称"桎"，在手称"梏"。

③以：已。吝：难行状。

【译文】

初六：启发蒙昧者，宜用刑人（使之得到警戒），脱去（刑人）桎梏，（虽）已可往，（但）行动仍很困难。

《象》曰：“利用刑人”，以正法也①。

【注释】

①正法：规范教育方法。

【译文】

《象》说：“宜用刑人（使之得到警戒）”，是为了规范教育方法。

九二：包蒙吉①，纳妇吉②，子克家③。

【注释】

①包：包容、包含。

②纳妇：容纳妇人。

③克：治理。

【译文】

九二：包容蒙昧幼稚则吉，容纳妇人吉，儿子治理国家。

《象》曰：“子克家”，刚柔节也①。

【注释】

①刚柔节：刚柔相济。

【译文】

《象》说：“儿子治理国家”，是因为刚柔相济。

六三：勿用取女①。见金夫②，不有躬③，无攸利。

【注释】

①取：娶。

②金夫：有金钱的男人。

③躬：身子。

【译文】

六三：不要娶此女子，（她）见了有金钱的男人即失身，（这婚事）没有好处。

《象》曰："勿用取女"，行不顺也①。

【注释】

①行不顺："六三"阴柔居于"九二"阳刚之上，这是以柔克刚之象，象征着以女虐男，故"不顺"。

【译文】

《象》说："不要娶此女子"，因为这种行为悖逆不顺。

六四：困蒙①，吝。

【注释】

①蒙：蒙昧。

【译文】

六四：被蒙昧所困，必有悔吝。

《象》曰：困蒙之吝，独远实也①。

【注释】

①独远实："六四"被上下阴虚所困，独自远离"九二"和"上九"阳实。

【译文】

《象》说："被蒙昧所困，必有悔吝"，是因为六四独自远离刚健笃实的蒙师。

六五：童蒙①，吉。

【注释】

①童：孩童。

【译文】

　　六五：孩童的蒙稚正受启发，吉。

　　《象》曰："童蒙"之"吉"，顺以巽也①。

【注释】

　　①顺以巽："六五"虽得中位，但不正，故"顺以巽"。顺：柔顺。巽：谦逊。

【译文】

　　《象》说："童蒙"所以"吉"祥，（是由于六五）柔顺谦逊。

　　上九：击蒙①，不利为寇，利御寇②。

【注释】

　　①击：惩治。
　　②御：防御。

【译文】

　　上九：惩治蒙昧，不适宜用暴烈过甚的方式，宜采用防御强寇的方式。

　　《象》曰："利"用"御寇"，上下顺也①。

【注释】

　　①上下顺：最上层有刚强的"上九"对外，内部又有刚强的"九二"巩固，上下相互应援，所以说"顺"。

【译文】

　　《象》说："宜"采用"防御强寇的方式"，（是因为）上下顺应。

需卦第五

 乾下　坎上

需①：有孚②，光亨③贞吉④。利涉大川⑤。

【注释】

①需：等待、需要。《杂卦传》说："需，不进也。"《需》是等待而不前进。其下卦《乾》为刚健，上卦《坎》为险、陷。《乾》虽刚健，但前面有险，故不可冒然前进，应当等待。《序卦传》说："物稚不可以不养，故受之以《需》。需者，饮食之道也。"《屯》是万物始生的婴儿时期，《蒙》是幼稚成长时期，而《需》则是养育等待长成时期。养育需要营养，故《需》为饮食之道。

②孚：诚信。

③光：光明。

④贞：守正。

⑤大川：大河。《周易》中，凡言"涉川"，皆取象《乾》《坤》《坎》《巽》四卦，义为致远以利天下者，亦为涉险之喻。

【译文】

需：有诚信，光明亨通，守正则吉，宜于涉大河。

《彖》曰：需，须也①，险在前也②。刚健而不陷③，其义不困穷矣。"需有孚，光亨贞吉"，位乎天位④，以正中也⑤。"利涉大川"，往有功也⑥。

【注释】

①须：等待。

②险在前：《需》卦下乾上坎，坎为险在上，故"险在前"。

③刚健而不陷：《需》卦下乾为刚健，上坎为陷。乾虽然刚健，但不会冒险，故"不陷"。

④天位：五为天位。此指《需》卦"九五"之刚居天位。

⑤正中："九五"以阳居阳为"正"，处上卦中爻为"中"。

⑥往有功：五多功，故前往必有功。

【译文】

《彖》说：需，是等待（的意思），（因为）危险在前方。刚健但不冒险，其义为不困穷。"需，有诚信，光明亨通，守正则吉"，（九五爻）位于天子之位，故居正而得中道。"宜于涉越大河"，前往可以建功立业。

《象》曰：云上于天①，需，君子以饮食宴乐②。

【注释】

①云上于天：《需》下乾上坎，坎为云，乾为天。此"上"为动词，意为会下雨，需等待。此句如果换做"天上有云"，就不一定下雨。《周易》遣词用句之精妙，由此可见。

②宴：安。

【译文】

《象》说：云上升于天，此《需》卦之象。君子（效此）当以饮食安乐（而待时）。

初九：需于郊①，利用恒②，无咎。

【注释】

①郊：古指邑外。离外卦《坎》水之险尚远。

②恒：常规，恒久。

【译文】

初九：等待在郊外，宜于持之以恒，无过错。

《象》曰："需于郊"，不犯难行也①。"利用恒，无咎"，未失常也②。

【注释】

①不犯难行：《需》卦"初九"居下，远离外卦坎险，故"不犯难行"。

②未失常：《需》"初九"阳居阳位而应"六四"之阴，故曰"未失常"。

【译文】

《象》说："等待在郊外"，不冒险行动。"宜于持之以恒，无过错"，未失常道。

九二：需于沙①，小有言②，终吉。

【注释】

①沙：沙滩。接近《坎》水之险了。

②小：通"稍"。言：责难，苛责。

【译文】

九二：等待在沙滩上，稍有口舌是非，最终得吉。

《象》曰："需于沙"，衍在中也①。虽"小有言"，以"吉""终"也。

【注释】

①衍在中："九二"居下卦之中，以应"九五"，可以从容等待。衍：宽绰。

【译文】

《象》说："等待在沙滩上"，可以从容等待。虽"稍有责难"，但以"吉"而"告终"。

九三：需于泥①，致寇至。

【注释】

①泥：泥泞。邻近《坎》水之险了。

【译文】

九三：等待在泥泞中，招来盗寇。

《象》曰："需于泥"，灾在外也①。自我"致寇"，敬慎不败也②。

【注释】

①灾在外：九三逼近外卦《坎》，坎为灾。外：指外卦。

②敬慎不败："九三"虽近《坎》险，但阳居阳位得正，能恭敬谨慎而不败于寇。

【译文】

《象》说："等待在泥泞中"，灾难就在外卦。自己"招致盗寇"，恭敬谨慎就能不败（于寇）。

六四：需于血①，出自穴②。

【注释】

①血：杀伤之地。

②穴：古人居住的山洞。

【译文】

六四：等待在杀伤之地，（有他人）从自己的洞穴走出。

《象》曰："需于血"，顺以听也①。

【注释】

①顺以听："六四"以阴居阴得正故"顺"，又处《坎》卦之下爻，坎为耳，故有"听"象。

【译文】

《象》说："等待在杀伤之地"，乃柔顺而听命。

九五：需于酒食，贞吉。

【译文】

九五：等待在酒食中，守正则吉。

《象》曰："酒食贞吉"，以中正也①。

【注释】

①中正："九五"居中得正处尊，引申为中正之德。

【译文】

《象》说："酒席上守正则吉"，是因守中正之道。

上六：入于穴，有不速之客三人来①；敬之，终吉。

【注释】

① 不速之客：没有邀请而来的客人。速：邀请。

【译文】

上六：进入洞穴，有三个不速之客来，以礼敬之，最终得吉。

《象》曰："不速之客来，敬之终吉"，虽不当位①，未大失也。

【注释】

①不当位："上六"以阴处上无位之地，又乘"九五"之刚，故其位不当。

【译文】

《象》说："不速之客到来，以礼相敬最终则吉"，虽位不当，但没有大的过失。

讼卦第六

坎下　乾上

讼①：有孚，窒惕②。中吉，终凶。利见大人。不利涉大川③。

【注释】

①讼：争辨，争执，争讼。
②窒：窒塞，事不明。惕：警惕。
③涉大川：比喻争讼时涉险。《讼》之下卦坎为险。

【译文】

讼：有诚信，事情不明朗，警惕，持中不偏则吉，始终争讼不息则凶。利于出现"大人"（来决断争讼），不宜（于"争讼"时）涉越大河。

《象》曰：讼，上刚下险①，险而健②，讼。"讼有孚，窒惕，中吉"，

刚来而得中也③。"终凶"，讼不可成也。"利见大人"，尚中正也④。"不利涉大川"，入于渊也⑤。

【注释】

①上刚下险：《讼》卦下坎上乾，乾为刚在上，坎为险在下。

②险而健：《讼》下坎为险，上乾为健。

③刚来而得中：《讼》"九二"自外卦乾而生来居内卦之中。乾坤生六子。

④中正：九五居中而得位，而有中正之德。

⑤入于渊：阳来居坎中，坎在下，故为"渊"。

【译文】

讼，上有（天之阳）刚下有（坎之）陷险，临险难而刚健，故为讼。讼，"有诚信，事情不明朗，警惕，持中不偏则吉"，（是由于）阳刚来而得中位。"始终争讼不息则凶"，争讼不能成功。"利于出现大人（来决断争讼）"，这是崇尚中正之德。"不宜涉越大河"，（因为恃刚乘险将）入于深渊。

《象》曰：天与水违行①，讼。君子以作事谋始。

【注释】

①违行：《讼》卦下坎上乾，乾为天，坎为水，天之阳气上升，水之本性润下，故违行。此句不云"水与天违行"者，凡讼之所起，必刚健在先，以为讼始。《周易》作者心思细腻、用语考究、义理深邃，样样皆为典范。

【译文】

《象》说：天与水违背而行，乃《讼》之象。君子（效此）当在作事时考虑好如何开始（以杜绝争讼）。

初六：不永所事①，小有言，终吉。

【注释】

①永：恒常，长久。所：其。事：讼事。

【译文】

初六：不为争讼之事纠缠不休，稍有口舌是非，最终得吉。

《象》曰："不永所事"，讼不可长也①。虽"小有言"，其辩明也②。

【注释】

①不可长："初六"失位，以柔弱争讼于下不可长久。

②辩明：辨析分明。

【译文】

《象》说："不长久陷入争讼之事"，争讼之事不可长久。虽"稍有责难"，但自会辩解明白。

九二：不克讼①，归而逋②，其邑人三百户③，无眚④。

【注释】

①克：胜。

②逋：逃、躲避。

③邑：古城市。

④眚：shěng，目疾生翳，此引申为灾难。

【译文】

九二：没有在争讼中取胜，返回后要逃避，其邑人三百户，无灾害。

《象》曰："不克讼，归逋"，窜也①。自下讼上②，患至掇也③。

【注释】

①窜：逃窜。

②自下讼上："九二"与"九五"争讼。下：指"九二"。上：指"九五"。

③掇：中止。"九二"能回头居中，故能中止灾患。

【译文】

《象》说："没有在讼事中取胜，返回来躲避"，此为逃窜。（九二）在下而讼上（九五），祸患来到但又能中止。

六三：食旧德①，贞厉②，终吉。或从王事③，无成。

【注释】

①食：享用。食俸禄的"食"。旧德：指先祖的遗德。

②厉：危厉。

③或：通"惑"。

【译文】

六三：享用旧有恩德，守正防危，最终得吉。迷惑时跟从君王做事，（争讼）没有成功。

《象》曰："食旧德"，从上"吉"也①。

【注释】

①从上吉：往上顺从"九五"之"大人"则吉。

【译文】

《象》说："享受旧的恩德"，顺从于上则吉。

九四；不克讼，复即命①，渝②，安贞吉。

【注释】

①复：返回。即：就。命：天命，指"九五""大人"之命。

②渝：变。

【译文】

九四：没有在争讼中取胜，返回就听从天命，改变（争讼）初衷，安守正道则吉。

《象》曰："复即命渝"，"安贞"不失也。

【译文】

《象》说："返回就听从天命，改变（争讼）初衷"，安于正道不会有失。

九五：讼，元吉①。

【注释】

①元：一开始。

【译文】

九五：争讼，从一开始就吉。

《象》曰："讼元吉"，以中正也①。

【注释】

①中正："九五"居中持正。

【译文】

《象》说："争讼，从一开始就吉"，（是因为九五）居中持正。

上九：或锡之鞶带①，终朝三褫之②。

【注释】

①锡：通"赐"。鞶（pán）带：古时依官品颁赐的腰带。

②褫：chǐ，剥夺。

【译文】

上九：迷惑地（在争讼中）被赐以鞶带，一日之内又三次被剥夺。

《象》曰：以讼受服①，亦不足敬也。

【注释】

①服：指"鞶带"。

【译文】

《象》说：在争讼中被授以鞶带，不足以受人尊敬。

师卦第七

坎下　坤上

师①：贞，丈人吉②，无咎。

【注释】

①师：众，军队，战争，忧苦。《序卦传》曰："讼必有众起，故受之以《师》。师者，众也。"由争讼引发战争。《杂卦传》曰："比乐师忧。"比卦喜乐，师卦忧苦。战争给人们带来的是灾难，故有忧苦的意思。古代军队的编制是藏兵于农，兵农合一，平时种田，战时打仗。《师》卦上坤，指农民的性格柔顺，顺于地；下坎为险水，兵的性质凶险，像水一样不安定。本卦卦象，是在顺于地的下面，有险于水，表示在农民中间隐藏着兵。

②丈人：德高望重之人，此指主帅。

【译文】

师：正，贤明长者吉，无过失。

《彖》曰：师，众也。贞，正也。能以众正，可以王矣。刚中而应，行险而顺，以此毒天下，而民从之，"吉"又何"咎"矣！

【注释】

①刚中而应："九二"阳刚居下卦之中，上应"六五"。

②毒：治理，攻伐。此用"毒"字甚妙，有以毒攻毒、为民除暴之意境。

【译文】

《彖》说：师，是众的意思。贞，是正的意思。若能使众人皆行正道，就可以为君王了。（九二）以阳刚居中而应众阴，行于险难而顺利。以此道攻伐天下，而民众顺从，必定"吉祥"，又有什么过错呢！

《象》曰：地中有水①，师。君子以容民畜众②。

【注释】

①地中有水：《师》卦下坎上坤，坤为地，坎为水，坎在坤下，言"地中有水"，水不流出地外，水在地下集中起来，故"众"，取"容畜"之义。若用"地在水上"，"上地下水"或"水上有地"，则意境全无。

②容：容纳、包容。畜：聚养。民众：民为兵本，民为兵众之源。

【译文】

《象》说：地中有水，是《师》之象。君子（效此）当容纳人民畜养群众。

【讲解】

《周易》开发右脑的一个思路……

先看《师》卦卦象，三分钟，看你能看出什么来？

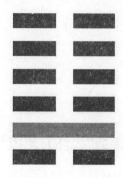

好，时间到，看出什么了吗？

我们来"看图说话"：整个《师》卦，只有一个阳爻，这就是"九二"，他坐在内卦的中央，"稳坐中军帐"，是不是像个大元帅呢？他的身前身后，就是内卦的"初六"、"六三"，像不像四个贴身的护卫兵呢？外卦全是阴爻，像不像战将分列两边呢？

哈哈，你也有感觉了……你看，《周易》就这么好玩，《易经》就这么简单。

初六：师出以律①，否臧凶②。

【注释】

①律：军纪。

②否：pǐ，不。臧：善。

【译文】

初六：军队出征必须军纪严明，治军不善则凶。

《象》曰："师出以律"，失律"凶"也①。

【注释】

①失律"凶"：《师》卦初六以阴居阳而失位，故失律行师必有凶。

【译文】

《象》说："军队出征必须军纪严明"，失去军纪必凶。

九二：在师中①，吉，无咎。王三锡命②。

【注释】

①在：统帅。中：持中不偏。
②锡：赐。王三次赐命：一命受职，二命受服，三受车马。

【译文】

九二：统帅军队能持中不偏，吉，无过失。王三次赐命（嘉奖）。

《象》曰："在师中吉"，承天宠也①。"王三锡命"，怀万邦也②。

【注释】

①承天宠："九二"阳爻居中，上应"六五"而为宠，"六五"为天。
②怀万邦："九二"阳刚居中而在下，为五阴所归服，以示"九二"心怀万邦。

【译文】

《象》说："统帅军队能持中不偏"，乃应承天（六五）之宠爱。"大王三次赐命嘉奖"，居下心怀万邦。

六三：师或舆尸①，凶。

【注释】

①或：惑。舆：车，此指车载。舆尸：以车拉死尸。尸：死尸。也有训为"木主"者（即灵牌）。

【译文】

六三：出师疑惑，以致战败，载尸而归，凶。

《象》曰："师或舆尸"，大无功也①。

【注释】

①大无功："六三"失位乘刚，内外无应，故出师必败而无功绩。

【译文】

《象》说："出师疑惑载尸而归"，大无功劳。

六四：师左次①，无咎②。

【注释】

①左次：撤退。古人尚右，左次则为退也。

②无咎："六四"得位而无应，无应则不可以行，故退则"无咎"。

【译文】

六四：军队撤退，则无过失。

《象》曰："左次无咎"，未失常也①。

【注释】

①未失常："六四"得位不失常道。

【译文】

《象》说："军队撤退，则无过失"，未失常道。

六五：田有禽①，利执言②，无咎。长子帅师③，弟子舆尸④，贞凶。

【注释】

①田：田野。禽：禽兽。

②执：捕捉。言：通"焉"。

③长子：刚正长者，此指"九二"。

④弟子：无德小子，此指"六三"。

【译文】

六五：田中有禽兽（犯苗），宜捕捉之，无过失。长子率师作战（则吉），弟子(率师则)以车载尸（而还），守正防凶。

【讲解】

"六五"以柔居尊，不能自行统兵，必委任于人。任刚正"长子"可取胜，任无德"小子"将致败。

此是告诫应守正防凶，任人须正义。

《象》曰："长子帅师"，以中行也①。"弟子舆尸"，使不当也②。

【注释】

①中行："六五"居中，行为不偏。

②使不当："六五"授任九二，若复任他人，则任使不当。

【译文】

《象》说："长子率师作战"，而得中道。"弟子以车载尸"，任用不当。

上六：大君有命①，开国承家，小人勿用。

【注释】

①大君：君王、天子。有命：颁发命令。

【译文】

上六：大君论功封爵赐命，封诸侯，开创千乘大国；授卿士大夫，世袭百乘之家。小人不用。

《象》曰："大君有命"，以正功也①。"小人勿用"，必乱邦也②。

【注释】

①正：评定，"上六"以阴居阴而得正。

②乱邦："上六"为阴柔，故为小人，若用小人居上必乱邦国。

【译文】

《象》说："大君有命"，评定功劳。"小人不可用"，（用之）必乱邦国。

比卦第八

☷ 坤下　坎上

比①，吉，原筮②，元永贞③，无咎。不宁方来④，后夫凶⑤。

【注释】

①比：亲辅、择善依附。

②原：初。原穷真情。筮：占筮。筮决挚意。

③元：开始。贞：正。

④宁：安乐。方：多方。

⑤后：迟。夫：语气词。

【译文】

比：吉。初次占筮，开始即应永远守正，无过失。不安乐故多方来至，后来之人有凶。

《象》曰：比，吉也①；比，辅也②，下顺从也③。"原筮，元永贞，无咎"，以刚中也④。"不宁方来"，上下应也⑤。"后夫凶"，其道穷也⑥。

【注释】

①吉：《杂卦传》曰"比乐"，故比为"吉"。

②辅：亲辅。《比》下坤上坎，坤为地，坎为水，水在地上，不容有间，故为"辅"。甲骨文的"比"字，形容二人靠近亲密无间状。

③下顺从：《比》在下之群阴顺从于"九五"，下比于上。

④刚中："九五"以刚健居中。

⑤上下应：指在下四阴上应"九五"。

⑥其道穷："上六"阴居卦终，又乘"九五"之阳，故其亲比之道"穷也"。

【译文】

《彖》说：比，是吉的意思；比，有亲辅之义，在下者能顺从于上。"初次占筮，开始永守正道，无过失"，（九五）以刚健居中。"不安乐故多方来至"，在下（众阴）亲比而上应（九五）。"后来之人有凶"，是指（上六）亲比之道穷尽了。

《象》曰：地上有水①，比。先王以建万国②，亲诸侯。

【注释】

①地上有水：《比》下坤上坎，坎为水，坤为地。水性润下而在地上，水附大地，地纳江海，水地相亲无间，更相浸润，故有亲比之义。

②先王：指"九五"。万国、诸侯：指五阴，《比》卦一阳居五，上下五阴。

【译文】

《象》说：地上有水，《比》卦之象。先王（效此）当建立万国，亲比诸侯。

初六：有孚比之①，无咎。有孚盈缶②，终来，有它③吉。

【注释】

①之：君王，指九五。

②缶：指盛酒的瓦盆。

③有它："九五"应及它爻。

【译文】

初六：有诚信而亲辅（君王），无咎。（君王）诚信多得象酒之满缶，最终使（远者）来归，九五应及它爻，吉。

《象》曰：比之初六，"有它吉"也。①

【注释】

①有它吉：初六失位与四不应，本当有咎，但因为与"九五"亲比，故"有它吉"。

【译文】

《象》说：《比》初六，"九五应及它爻，必吉"。

六二：比之自内，贞吉。

【译文】

六二：亲比来自内部，占问则吉。

《象》曰："比之自内"，不自失也。①

【注释】

①不自失："六二"阴柔居内卦之中得正，上应"九五"，故不自失其所亲比之人。

【译文】

《象》说："亲比来自内部"，不自失其所亲。

六三：比之匪人。①

【注释】

①匪：非。匪人：行为不当的人。"六三"失位无应，三又多凶，故曰"匪人"。

【译文】

六三：亲比行为不当的人。

《象》曰："比之匪人"，不亦伤乎？①

【注释】

①不亦伤："六三"失位而上无所应，所比者为二、四之阴，故有悲伤之义。

【译文】

《象》说："亲比行为不当的人"，不也是很悲伤的吗？

六四：外比之，贞吉。

【译文】

六四：向外亲辅，占问则吉。

《象》曰："外比"于贤①，以从上也②。

【注释】

①外比于贤："六四"处外卦与"九五"之贤亲比。外：外卦。贤："九五"。 ②以从上："六四"外比"九五"，是顺从上之"九五"。

【译文】

《象》说："向外亲比"于贤人，乃顺从上位。

九五：显比①，王用三驱②，失前禽③。邑人不诫④。吉。

【注释】

①显比：光明无私而广获亲比。显：明。

②王用三驱：王用三驱之礼狩猎。三驱：天子狩猎，三面驱兽，前开一面。

③失前禽：最前面禽兽逃走。古天子狩猎前开一面，禽向己则舍之，背己则射之，因而往往失前禽。

④诫：惧怕，戒备。

【译文】

九五：光明之亲辅，王用三面之礼狩猎，听任最前面的禽兽走失；邑人（百姓）都不惧怕，吉祥。

《象》曰："显比"之"吉"，位正中也①。舍逆取顺②，"失前禽"也。"邑人不诫"，上使中也③。

【注释】

①位正中："九五"居中得正。

②舍逆取顺：天子狩猎前开一面，禽向己者则舍之，背己而去则取之，故舍逆取顺。此指"九五"舍弃下四阴而取其"上六"之顺。逆：指下四阴。顺：谓"上六"，"上六"背五

而去。

③上使中："九五"在上而居中得正，有中正之道。

【译文】

《象》说："光明正大亲比"而有"吉祥"，（是因为九五）位居中正。舍弃（下）逆而取其（上）顺，则"失去前禽"。"邑人都不惧怕"，（是因为）君上行施中道。

上六：比之无首①，凶。

【注释】

①无首：不领先居首。

【译文】

上六：亲比却不领先居首，凶。

《象》曰："比之无首"，无所终也①。

【注释】

①无所终："上六"比道已尽，不能与"九五"亲比共终。

【译文】

《象》说："亲比却不领先居首"，最终没有结果。

【讲解】

"上六"柔居卦终，欲比于人却姗姗来迟，比道遂穷，故有凶险——"后夫凶"。警醒：亲比之时，宜速不宜迟。

小畜卦第九

 乾下　巽上

　　小畜①：亨②。密云不雨③，自我西郊④。

【注释】

　　①小：少，不足。畜：积聚、畜养。小畜：《小畜》卦，"六四"一阴畜养五阳，正是小者畜大，阴者畜阳，力量不足，所畜甚微之象。故不得不暂时停顿，不能有大的作为，故称"小畜"。

　　②亨：物能以小畜大，以下济上，则有益于刚大者之行，故可亨通。

　　③密云不雨：阴云密布而不下雨。"密云"是"蓄积"之义，"不雨"是"暂停"之义。

　　④自我西郊：指云起自我西郊方。西：阴方。

【译文】

　　小畜：亨通。阴云密布自我西郊起，但无雨。

　　《象》曰：小畜，柔得位而上下应之①，曰小畜。健而巽②，刚中而志行③，乃"亨"。"密云不雨"，尚往也④。"自我西郊"，施未行也⑤。

【注释】

　　①柔得位："六四"以阴居阴为得位。柔：指"六四"。上下应之：上下五阳相应。

　　②健而巽：《小畜》下乾上巽，乾为健，故曰"健而巽"。

　　③刚中而志行：二五之阳居中故"刚中"，阳性为动，故"志行"。

　　④尚：上。尚往：指（云）向上而行。阳气犹在上行，阴气畜阳不足，故不雨。

　　⑤施：降雨。

【译文】

　　《象》说：小畜，阴柔得位而上下（众阳）应和，故曰小畜，刚健而逊顺，（九二九五）阳刚居中皆志于行施，故"亨"。"乌云密布而不下雨"，此云向上行。"云从我西郊而来"，云布施而雨未下。

《象》曰：风行天上①，小畜。君子以懿文德②。

【注释】

①风行天上：《小畜》下乾上巽，乾为天，巽为风，风行天上，为号令未发以待时，故为小畜。孔颖达曰："风为号令。"

②懿：修美。文德：文章道德。

【译文】

《象》说：风行于天上，《小畜》之象。君子（效此）当修美文章道德。

初九：复自道①，何其咎？吉。

【注释】

①复：返。

【译文】

初九：复归自道，会有什么灾？吉。

【讲解】

"初九"上应"六四"而被畜，但其初质尚弱，被畜必危，遂已自复阳道，故无咎获吉。

《象》曰："复自道"，其义"吉"也①。

【注释】

①其义吉："初九"以阳居正与四应，故其辞义有吉。义：爻辞之义。

【译文】

《象》说："复归自道"，其义为"吉"。

九二：牵复，吉①。

【注释】

①牵：牵连。"九二"本应上行以畜于"六四"，受"初九"所"牵"而"复"，故并与之吉。

【译文】

　　九二：被牵而返回，吉。

《象》曰："牵复"在中①，亦不自失也②。

【注释】

　　①在中："九二"居内卦之中位。
　　②亦：指与"初九"比较而言。

【译文】

　　《象》说："被牵而返回"居中位，亦不会自失（其阳德）。

九三：舆说辐①，夫妻反目②。

【注释】

　　①舆：车。说：脱。辐：即輹。古代车子上连接车身与车轴的部件。
　　②反目：翻眼相看，不和睦。指夫妻不和、吵架。

【译文】

　　九三：车身与车轴分离，夫妻反目不和。

《象》曰："夫妻反目"，不能正室也①。

【注释】

　　①不能正室："九三"阳爻处下卦之终，刚亢躁动，为夫在内卦，六四阴爻为妻在外卦。四驾凌三，妻驾凌夫在上，三受其制，夫被制在下，终致冲突而"反目"，故不能正室。

【译文】

　　《象》说："夫妻反目不和"，不能规正妻室。

六四：有孚，血去惕出①，无咎。

【注释】

①血：即恤，忧虑。惕：惊恐。

【译文】

六四：有诚信，摈弃忧虑，排除惊惧，无过失。

《象》曰："有孚惕出"①，上合志也②。

【注释】

①有孚惕出：有诚信，恐惧可以排除。

②上合志："六四"上承"九五"，故曰"上合志"。

【译文】

《象》说："有诚信惊恐就可以排除"，（六四）上合（九五）之志。

九五：有孚挛如①，富以其邻②。

【注释】

①挛：手握拢。牵系，连接。

②以：与。

【译文】

九五：以诚信牵系（下三阳共信六四），与邻居同富。

《象》曰："有孚挛如"，不独富也①。

【注释】

①不独富："九五"以诚信之德牵系下三阳共信"六四"，蔚成"柔得位而上下应之"的"小畜"盛况，从而与"六四"之邻共同富有。"九五"之阳为富，邻谓"六四"。

【译文】

《象》说："有诚信牵系"，不独自富有。

上九：既雨既处①，尚德载②，妇贞厉，月几望③，君子征凶。

【注释】

①既：已。处：停、止。

②尚德：阳德。

③月几望：月亮接近圆满。几：接近。望：圆。

【译文】

上九：天已雨，雨已止，阳德被阴气积载。妇女守正防危，月亮接近圆满，君子出征则凶。

《象》曰："既雨既处"，"德"积"载"也①。"君子征凶"，有所疑也②。

【注释】

①德积载：阳德已积满而为"六四"所载。

②疑：凝聚。

【译文】

《象》说："天已下雨、雨已停止"，"（阳）德"积满而为（阴）所"载"。"君子出征则凶"，（阴）有所凝聚。

履卦第十

☰ 兑下　乾上

履：虎尾①，不咥人②，亨。

【注释】

①履：履行，礼。

②咥：dié，咬。

【译文】

踩老虎尾巴，（老虎）不咬人，亨通。

《彖》曰：履，柔履刚也[1]。说而应于乾[2]，是以"履虎尾，不咥人，亨"。刚中正履帝位而不疚[3]，光明也。

【注释】

①柔履刚："六三"之柔履行于五刚之中。

②说而应乎乾：《履》下兑上乾，兑为说在下，乾刚在上，二者相应。

③刚中正："九五"阳刚居中得正。帝位：五为帝位。疚：愧疚。

【译文】

《彖》说：履，阴柔践履阳刚。悦而顺应于乾，所以"踩了老虎尾巴（老虎）不咬人，亨通"。（九五）以刚健中正之德，居帝王之位而不愧疚，（内心）光明正大。

《象》曰：上天下泽[1]，履。君子以辩上下[2]，定民志。

【注释】

①上天下泽：《履》卦下兑上乾，兑为泽，乾为天，天气上升而在上，泽水下润而在下，尊卑有别，等级分明，象征循礼。

②辩：辨别。

【译文】

《象》说：上天而下泽，《履》之象。君子（效此）当辨别上下（等级），安定民志。

初九：素履往[1]，无咎。

【注释】

①素：朴素无华。往：去。

【译文】

初九：衣着朴素，小心前往，无灾。

《象》曰："素履"之"往"，独行愿也①。

【注释】

① 独：专心。

【译文】

《象》说："衣着朴素小心前往"，专心奉行（循礼）的意愿。

九二：履道坦坦①，幽人贞吉②。

【注释】

①坦坦：指平坦。

②幽人：幽静安恬者。

【译文】

九二：循礼的道路平坦，幽静安恬之人守正则吉。

《象》曰："幽人贞吉"，中不自乱也①。

【注释】

①中不自乱："九二"阳居中位而心志不自乱。

【译文】

《象》说："幽人守正则吉"，（是因为）履中道而心志不自乱。

六三：眇能视①，跛能履，履虎尾，咥人凶，武人为于大君②。

【注释】

①眇：miǎo，眼盲。能：而。

②武人：勇武之人，此指六三。为：效力。

【译文】

六三：眼盲而视，脚跛而行，踩老虎尾巴，（老虎）咬人，凶，武人为大君效力。

《象》曰："眇能视",不足以有明也[1]。"跛能履",不足以与行也。"咥人"之"凶",位不当也[2]。"武人为于大君",志刚也[3]。

【注释】

①不足以有明:"六三"不中不正,阴柔才弱,不足以辨物分明。

②位不当:"六三"阴居阳位,故位不当。

③志刚:"六三"与"上九"相应,其志向刚强。

【译文】

《象》说:"偏盲而视",不足以辨物分明。"脚跛而履",不足以行走。"(老虎)咬人"之"凶",位不正当。"武人为大君效力",志向刚猛。

九四:履虎尾。愬愬,终吉[1]。

【注释】

①愬愬,终吉:虽怀恐惧而最终得吉。愬愬:sù,恐惧貌,兼含谨慎之义。

【译文】

九四:踩老虎尾巴,恐惧谨慎而最终得吉。

《象》曰:"愬愬终吉",志行也[1]。

【注释】

①志行:"九四"虽处恐惧阴柔之位,但"九四"为阳刚动性,故志行。

【译文】

《象》说:"虽有恐惧最终有吉",(是因为九四)施行其志。

九五:夬履[1],贞厉。

【注释】

①夬履:决然而行。夬 guài:决。

【译文】

九五：决然而行，虽正亦有危厉。

《象》曰：“夬履贞厉”，位正当也①。

【注释】

①位正当："九五"以阳居阳位，而又居中，故曰"位正当"。真实含义是，正因为"位正当"而有恃无恐，才会"厉"。

【译文】

《象》说："决然而行虽正亦危"，（正是因为）其位正当。

上九：视履考祥①，其旋元吉②。

【注释】

①视：审视。考：考察。祥：微祥。
②旋：返回。

【译文】

上九：审视小心行走（的过程），考察（其祸福得失的）微祥，转身（下应阴柔）则至为吉祥。

《象》曰：“元吉”在上①，大有庆也②。

【注释】

①"元吉"在上："元吉"之辞在上爻。
②大有庆："上九"之阳居上位与"六三"相应，上下分明，故曰大有庆。

【译文】

《象》说："至为吉祥"在上位，大有福庆。

泰卦第十一

☰ 乾下　坤上

泰①：小往大来②，吉，亨。

【注释】

①泰：平安，通达，亨通顺利。强调"交"而后"泰"。《泰》卦，是"十二消息卦"之一，代表的是一年中的正月。

②小往大来：阳大阴小。案："十二消息卦"，正月立春《泰》卦开始，阳气逐渐增强，阴气逐渐减弱，为阳息阴消过程，就是"小往大来"。

【译文】

泰：阴小之气消退，阳大之气增强，吉祥，亨通。

《彖》曰：泰，"小往大来，吉，亨"，则是天地交而万物通也①，上下交而其志同也②。内阳而外阴，内健而外顺，内君子而外小人③；君子道长，小人道消也④。

【注释】

①天地交：《泰》下乾上坤，乾为天，坤为地。天在下而地在上，以示阳气下降，地气上升，二者相互交通。天地之形不可交而以气交，气交而物通者，是为天地之泰。

②上下交而其志同：乾为君，坤为众，《泰》君居下，民居上，上下之分不可交而以心交，心交而志同者，人事之泰也。

③内外：是释卦辞"往""来"之义。内：即内卦；外：即外卦。阴阳、健顺、君子小人：是释卦辞"大""小"之义。从卦象看，《泰》卦下乾上坤，乾为内卦，坤为外卦；乾为阳，其性健，为君子，有"大"之义；坤为阴，其性顺，为小人，有"小"之义。

④君子道长、小人道消：此句是就爻而言的。《泰》三阳居下，有渐长之势，故为"君子道长"；三阴居上，有消退之势，故为"小人道消"。

【译文】

《象》说：泰，"阴小之气消退，阳大之气增强，吉祥亨通"，则是天地（阴阳之气）交感而万物通达生长，（君民）上下交感而其心志相同。内（卦）阳刚而外（卦）阴柔，内（卦）刚健而外（卦）柔顺，内（卦）为君子而外（卦）为小人。君子之道盛长，小人之道消退。

【讲解】

"十二辟卦"，亦称"十二消息卦"。"辟"是君主的意思，这里取其主宰、开辟之义。在一个卦体中，凡阳爻去而阴爻来称为"消"；阴爻去而阳爻来称为"息"。"十二消息卦"由《乾》、《坤》二卦各爻的"消""息"变化而来的。用十二个卦配十二个月，每一卦为一月之主，"十二辟卦"即十二月卦。这十二卦是：《复》、《临》、《泰》、《大壮》、《夬》、《乾》、《姤》、《遁》、《否》、《观》、《剥》、《坤》。配以地支排序之月份，就是：

《复》主十一（子）月，《临》主十二（丑）月，《泰》主正（寅）月，立春《大壮》主二（卯）月，《夬》主三（辰）月，《乾》主四（巳）月，《姤》主五（午）月，《遁》主六（未）月，《否》主七（申）月，立秋《观》主八（酉）月，《剥》主九（戌）月，《坤》主十（亥）月。

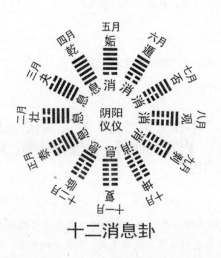

十二消息卦

此十二卦中，阳爻递生的六个卦，即从子月《复》卦到巳月《乾》卦，阳爻从初爻的位置逐次上升：《复》卦初爻为阳爻，《临》卦是初、二爻为阳爻，《泰》卦是初、二、三爻为阳爻，《大壮》卦是初、二、三、四爻皆阳爻，《夬》卦是初、二、三、四、五爻皆阳爻，而《乾》卦则全为阳爻，在此六个卦象中阳爻逐次增长，故称为"息卦"。"息"即为阳气生长之意。

反之从午月《姤》卦到亥月《坤》卦，阴爻逐序上升，阳爻依序递减，从《乾》卦到《姤》卦，初爻为阴爻所取代，从《姤》卦、《遁》卦、《否》卦、《观》卦、《剥》卦、以至《坤》卦，此六个卦象中阴爻逐步消失，以至全无，故称为"消卦"。"消"即为阳气减退之意。

在十二辟卦中，子月（中气冬至）为《复》卦，为一阳来复之象（初爻为阳爻），表示冬至过后阳气初生；而午月（中气夏至）为夏至过后，阳气盛极而转衰、阴气初生（初爻为阴爻）；寅月阴阳调和（三阳爻、三阴爻）。

一阳生是《复》，二阳长是《临》，三阳长是《泰》。

故初春为"三阳开泰"，其义即源于十二辟卦。

"消息"卦以《乾》卦含子、丑、寅、卯、辰、巳，《坤》卦含午、未、申、酉、戌、亥，以两卦十二爻表示一年的十二个月，代表一年的循环周期。

天大地小，阳大阴小。从《复》至《乾》，阳爻逐渐增加，从下往上增长，阴爻逐渐减少，表示阳气逐渐增强，阴气逐渐减弱，为阳息阴消过程，就是"小往大来"。

从《姤》至《坤》，阴爻逐渐增加，从下往上增长，阳爻逐渐减少，表示阴气逐渐增强，阳气逐渐减弱，为阴息阳消过程，就是"大往小来"。

《象》曰：天地交，泰；后以财成天地之道[1]，辅相天地之宜[2]，以左右民[3]。

【注释】

[1]后：君。古时称君为后。《尔雅·释诂》："后，君也。"后世称君为王，称妃为后。财：通"裁"。

[2]相：赞助。

[3]左右：佐佑，保佑。

【译文】

《象》说：天地相交，《泰》卦之象。大君（效此）当以裁度天地（交通）之道，辅助天地（化生）之宜，以佐佑天下人民。

初九：拔茅茹以其汇[1]，征吉[2]。

【注释】

[1]茹：牵引。汇：类。

[2]征吉："初九"阳刚处下，与二、三两阳具有外应而志在上行，故一阳动则三阳并动，像拔茅草其根相牵。以此进取，必能通达，故征吉。

【译文】

初九：拔茅草牵连其类，（预示）出征作战吉顺。

《象》曰："拔茅征吉"，志在外也①。

【注释】

①志在外：内卦"初九"与外卦"六四"阴阳上下相应，故"初九"志向在外卦。

【译文】

《象》说："拔茅草出征有吉"，（初爻）志向在外（卦）。

【讲解】

这里透露一个非常重要的信息：为何"拔茅"？这仅仅是一个比喻吗？《泰》卦是立春了，春种秋收，古时每逢大事，都要卜筮，播种更是大事。那怎么卜筮呢？"拔茅"，拔出一根茅草，观其根部萌动的态势，推及其他植物，便能预测到春耕时机……茅草叶子部分看不出什么，但根部已经开始萌动了。这就是《周易》，这就是"《易》与天地准"！古德有云："拈一根草，即丈六金身！"

九二：包荒①，用冯河②。不遐遗③，朋亡④，得尚于中行⑤。

【注释】

①包：包容。荒：大川。

②冯：píng，徒涉，无舟渡河。

③遐：偏远。

④朋亡：朋党无。"九二"阳德光明，不结党营私。

⑤中行：行为持中。尚：佑助。

【译文】

九二：胸怀广阔而能包容大地山川，用此（信念可以）足涉长河。不因（贤士）偏远而有遗忘，不结党营私，得益于行为持中。

《象》曰："包荒，得尚于中行"，以光大也①。

【注释】

①光大："九二"之阳居中与"六五"上下相应，故曰"光大"。光：通广。

【译文】

《象》说："包容山川，得益于行为持中"，（是因为其行为）广大。

九三：无平不陂①，无往不复②，艰贞无咎③，勿恤其孚④，于食有福。

【注释】

①陂：倾斜。

②复：返回。

③艰：艰难。贞：正。

④恤：忧虑。孚：诚信。

【译文】

九三：没有只平而不陂的，没有只往前而不返回的。在艰难中守正则可以无咎。不要忧虑不能取信于人，食享俸禄自有福庆。

【讲解】

"九三"处下卦之终，为上下两卦的转折点，当防物极必反。若知"艰"守"正"，不但"无咎"，而且可以"孚"信于人，常保俸禄。

《象》曰："无往不复"，天地际也①。

【注释】

①际：间。

【译文】

《象》说："没有只往前而不返回的"，（这是）天地间（的法则）。

六四：翩翩①，不富以其邻②，不戒以孚③。

【注释】

①翩翩：飞鸟之貌，此喻"六四"与"六五"、"上六"联翩下降。

②不富：阴虚为不富。以：与、及。邻：五、上两爻。

③戒：告诫。

【译文】

六四：来往翩翩，不与邻人同富，（也）不以诚信相告诫。

【讲解】

"六四"与近邻（五、上两阴爻）未曾相互告诫而均有下应阳刚的诚信胸怀，故能不约而同、联翩下降。

《象》曰："翩翩不富"，皆失实也①。"不戒以孚"，中心愿也②。

【注释】

①失实："六四"与"六五"、"上六"皆为阴爻，三阴在上，故曰"失实"。阳为实，阴为虚。

②中心愿："六四"与五、上心中均有应下的意愿。

【译文】

《象》说："往来翩翩而不富有"，（六四与五、上二阴）皆失阳实。"不必告诫而心存诚信"，是其心中均有（应下的）意愿。

六五：帝乙归妹①，以祉②，元吉。

【注释】

①帝乙：帝王商汤。归妹：女子出嫁。归：女子嫁人。

②祉：福。

【译文】

六五：帝乙嫁女于人，以此获福，大吉。

《象》曰："以祉，元吉"，中以行愿也①。

【注释】

①中以行愿："六五"居中，施行应下的意愿。

【译文】

《象》说："以此获福，大吉"，（是六五）居中施行（应下的）意愿。

上六：城复于隍①，勿用师，自邑告命②，贞吝。

【注释】

①复：倾覆。隍：huǎng，城下沟壕。

②邑：扼，减损。告命：诰命，指训诰政令。

【译文】

上六：城墙倒塌于城壕中，不能出师，（君王必须）自己减损训政诰令，守正防吝。

【讲解】

本段指泰道转坏之时，君王居位尊高，不可兴师妄动，而要精减繁文缛节、改革弊政，以求渡过危难时期。

《论语·子路》："君子泰而不骄。"是其写照！

《象》曰："城复于隍"，其命乱也①。

【注释】

①其命乱："上六"为《泰》之终，故有城墙倾倒，命运变乱之象。

【译文】

《象》说："城墙倾覆于城壕中"，命运变乱。

否卦第十二

 坤下　乾上

否之匪人①，不利，君子贞，大往小来②。

【注释】

①否：卦名，此卦卦名与卦辞相连。有否定、阻隔、闭塞之义。天高地远，天地相隔不通。《否》卦也是"十二消息卦"之一，代表一年中的第七月，正是立秋的时候。

②大往小来：阳大阴小。案："十二消息卦"，《否》卦之时，阳气逐渐减弱，阴气逐渐

增强，为阴息阳消过程，这就是"大往小来"。

【译文】

否闭之世，人道不通，没有利益，君子守正，阳气逐渐消退，阴气逐渐增强。

《彖》曰："否之匪人，不利，君子贞，大往小来"，则是天地不交而万物不通也[1]，上下不交而天下无邦也。内阴而外阳，内柔而外刚，内小人而外君子。小人道长，君子道消也。

【注释】

①天地不交：《否》下坤上乾，乾阳之气往上行，坤阴之气往下来，天地阴阳之气不交。

【译文】

《彖》说："否闭之世，人道不通，没有利益，君子守正，阳气逐渐消退，阴气逐渐增强"，则是天地之气不能互相交感而万物阻隔不通，（乾君坤民）上下不相交感而天下没有邦国。内（卦）阴柔而外（卦）阳刚，内（卦）柔顺而外（卦）刚健，内（卦）为小人而外（卦）为君子。小人之道盛长，君子之道消退。

《象》曰：天地不交，否。君子以俭德辟难[1]，不可荣以禄[2]。

【注释】

①俭：节俭。辟：避。
②禄：禄位。

【译文】

《象》说：天地不交合，《否》卦之象。君子（效此）当以节俭之德避难，（此时）不可荣华以居禄位。

初六：拔茅茹以其汇，贞吉，亨。

【译文】

初六：拔茅草，牵连其类，守正则吉，亨通顺利。

《象》曰："拔茅贞吉"，志在君也①。

【注释】

①志在君：其义与《象》释《泰》"初九"相似。《否》初与二、三为阴类，皆应外卦阳爻。初之志在于顺应四之君，阳为君。

【译文】

《象》说："拔茅草守正则吉"，其志在（报效）君主。

六二：包承①，小人吉，大人否②，亨。

【注释】

①包：包容。承：承担。

②小人吉，大人否："六二"阴居阴位得正居中，《否》之时，阴气渐长，阳气渐消，这是大自然运行的规律。阴为小为包容、承担，"小人"即"阴人"，也就是能包容、愿承担的人，故此时"吉"；阳为大为刚健、开拓，"大人"即"阳人"，《否》之时为秋天，秋收冬藏，故此时应内敛收藏，否闭"阳道"，奉行"阴道"，故曰"大人否"。

【译文】

六二：包容顺承，小人吉利，大人否闭，则亨通。

《象》曰："大人否亨"，不乱群也①。

【注释】

①不乱群："六二"所处之群不乱。群：指"方以类聚，物以群分"之"群"。

【译文】

《象》说："大人否闭则亨通"，（是为了）不乱（小人）之群。

六三：包羞①。

【注释】

①羞：羞辱。

【译文】

六三：包容（为非）终致羞辱。

《象》曰："包羞"，位不当也①。

【注释】

①位不当："六三"阴居阳位，不中不正。

【译文】

《象》说："包容（为非）终致羞辱"，位不正当。

九四：有命①，无咎②，畴离祉③。

【注释】

①有命：有赐命。命：指扭转否道的天命，又兼含"九五"君命。

②无咎：九四是扭转否道的转折点，其奉命济否，故无咎。

③畴离祉：众人依附而同得福禄。畴：同类，指坤卦众阴。离：依附。祉：福祉。

【译文】

九四：（君）有赐命而无咎。众人依附同得福禄。

《象》曰："有命无咎"，志行也①。

【注释】

①志行："九四"阳刚近五而有所受命，其济否之志施行。

【译文】

《象》说："有赐命而无咎"，（其济否之）志行施。

九五：休否①，大人吉；其亡其亡，系于苞桑②。

【注释】

①休：休止。

②其亡其亡，系于苞桑：否闭将要过去，却如系于柔弱的苞桑上一般不稳定。亡：消亡，过去。

【译文】

九五：休止否闭局面，大人吉利；否闭将要过去，却如系于柔弱的苞桑上一般不稳定。

《象》曰："大人"之"吉"，位正当也①。

【注释】

①位正当："九五"居中得正。

【译文】

《象》说："大人"之"吉"，（九五）居位正当。

上九：倾否①，先否后喜。

【注释】

①倾：倾覆。

【译文】

上九：倾覆否闭局势，先否闭，后欣喜。

《象》曰："否"终则"倾"①，何可长也？

【注释】

①否终则倾："上九"为《否》之终，其刚健勇猛，故能一举倾覆否闭局势。

【译文】

《象》说：《否》至终其道倾覆，有什么可长久的呢？

同人卦第十三

离下　乾上

同人于野^①，亨。利涉大川，利君子贞。

【注释】

①同人：即同仁，会同，和同于人。《序卦传》曰："物不可以终否，故受之以同人。与人同者，物必归焉，故受之以大有。"突破否闭的世界，需要人与人之间的和谐。野：原野。古代邑外谓郊，郊外谓野。同人于野：与人和同，需处于广阔无私、光明磊落的境界，故取"野"喻"同人"之所；以此"同人"，前景必能畅通，故"亨"。

【译文】

与人和同于旷野，亨通。宜于涉越大河，利于君子守正。

《象》曰：同人，柔得位得中^①，而应乎乾^②，曰同人。《同人》曰"同人于野，亨，利涉大川"，乾行也^③。文明以健^④，中正而应^⑤，"君子"正也。唯君子为能通天下之志^⑥。

【注释】

①柔得位得中："六二"阴居阴位曰"柔得位"，"六二"处内卦之中曰"得中"。

②应乎乾：指"六二"应外卦乾"九五"。乾：九五。

③乾行："六二"虽能以柔上应刚健，但刚健能下应阴柔才是"同人"的关键，故特称"乾行"。

④文明以健：《同人》内卦离火为文明，外卦乾为刚健。

⑤中正而应：《同人》二、五居中得正而又相应。

⑥唯：独。通：通达。

【译文】

《象》说：同人，（内卦）阴柔得位而居中，与（外卦）乾相应，（天与火同性）故曰同人。《同人》卦说："与人和同于旷野，亨通，宜于涉越大河"，乾之阳德利行。文明而且刚健，（二、五）处中得正而相应，此乃"君子"之正道。唯有君子才能通达天下人的心志。

《象》曰：天与火^①，同人。君子以类族辨物^②。

【注释】

　　①天与火：《同人》下离上乾，离为火，乾为天。天体在上，阳气上行，火性炎上，同志而上行，故为同人。与：亲。

　　②类：同。族：群。

【译文】

　　《象》说：天与火（两相亲和），《同人》之象。君子（效此）当求同存异、明辨事物。

初九：同人于门，无咎。

【译文】

　　初九：刚出门就能和同于人，无灾。

《象》曰：出门"同人"^①，又谁"咎"也^②？

【注释】

　　①出门同人："初九"与"九四"阳同，故曰"出门同人"。

　　②咎：追究，责难。

【译文】

　　《象》说：出门"与人同志"，又有谁责难？

六二：同人于宗^①，吝^②。

【注释】

　　①宗：宗族。

　　②吝：难行。

【译文】

　　六二：只与宗族内和同亲辅，则难行。

《象》曰："同人于宗"，"吝"道也①。

【注释】

　　①吝道："六二"之阴与"九五"之阳不相同，故其道必难。

【译文】

　　《象》说："只与宗族内和同亲辅"，（则和同之）道"难行"。

九三：伏戎于莽①，升其高陵②，三岁不兴③。

【注释】

　　①戎：军队。莽：草莽。

　　②升：登。

　　③三岁不兴：三年不兴兵。岁：年。

【译文】

　　九三：潜伏兵戎于草莽之中，（又）登上高陵（观察形势），三年（也）不（敢）兴兵。

《象》曰："伏戎于莽"，敌刚也①。"三岁不兴"，安行也②。

【注释】

　　①敌刚："九三"之上接连三个阳爻，阳爻刚健，故曰"敌刚"。

　　②安行："九三"有敌刚而伏兵是平安而行。

【译文】

　　《象》说："潜伏兵戎于草莽之中"，（是因为）前敌刚强。"三年不兴兵交战"，（是）平安之行。

九四：乘其墉①，弗克攻，吉。

【注释】

①乘：登上、攻占。墉：yōng，城墙。

【译文】

九四：登上城墙，不再继续进攻。吉。

《象》曰："乘其墉"，义"弗克"也①。其"吉"，则困而反则也②。

【注释】

①义"弗克"："九四"失位，故其辞之义有"弗克"。

②反：返。则：法则。

【译文】

《象》说："登上城墙"，其义为"弗克"。其"吉"，是因为困陷不通时，却能够回头遵循正确的法则。

九五：同人，先号咷而后笑①，大师克相遇②。

【注释】

①号咷（táo）：啼呼、号哭。

②大师：大军。

【译文】

九五：与人和同亲辅，先号哭而后欣喜欢笑，大军克（城）会师。

《象》曰："同人"之"先"，以中直也①。"大师相遇"②，言相"克"也③。

【注释】

①中直："九五"居中得正，正即直。

②大师相遇：大军相会师。

③言相"克"：是说"九五"取胜而会师。

【译文】

《象》说："与人同志"而"先"，（九五）用中直之道。"大军相会"，是说"相克"取胜。

上九：同人于郊①，无悔。

【注释】

①效：郊区，古者称邑外为郊。

【译文】

上九：与人和同亲辅于邑郊，无悔。

《象》曰："同人于郊"，志未得也①。

【注释】

①志未得："上九"处《同人》外卦之上，远于内，故其和同之志未得实现。

【译文】

《象》说："在郊野与人同志"，（其同人之）志未得实现。

大有卦第十四

乾下　离上

大有①：元亨②。

【注释】

①大有：大获所有，大丰收，丰盛，富有。有：即大月。

②元亨：《大有》下乾上离，离为火为光明为依附，乾为天，光明依附于天，这是无条件的，从本元开始就大吉大利的。所以"大有"是以顺从天命为准则的，是广义上的大丰收。

【译文】

大有：至为亨通。

《彖》曰：大有，柔得尊位大中①，而上下应之②，曰大有。其德刚健而文明③，应乎天而时行④，是以"元亨"。

【注释】

①柔得尊位大中："六五"以柔居阳位而处卦之上中。柔：六五。尊位：五位。大中：五为阳而居上中，故为"大中"。

②上下：指《大有》卦中上下五阳爻。

③刚健而文明：《大有》下乾上离，乾为刚健，离为文明。

④应乎天而时行：指日顺应天而随四时运行。《大有》上离为日，下乾为天。

【译文】

《彖》说：大有，（六五爻）阴柔得尊位而居大（九四爻与上九爻两阳爻之）中，而上下诸阳皆照应它，故曰"大有"。其德性刚健而文明，顺应于天并因时而行，所以"至为亨通"。

《象》曰：火在天上①，大有。君子以遏恶扬善②，顺天休命③。

【注释】

①火在天上：《大有》下乾上离，离为火，乾为天，故"火在天上"，象征太阳普照万物，大有收获。

②遏：阻止。扬：宣扬。

③休：美。

【译文】

《象》说：火在天上，《大有》之象。君子（效此）当遏绝恶行而褒扬善事，以顺天而美其命。

初九：无交害①，匪咎②，艰则无咎③。

【注释】

①无交害：与人交往不涉及利害。

②匪：非。

③艰则无咎："初九"虽阳处阳位，但在最下位，又与"九四"同是阳爻不相应；象征虽有才华，但还不能出人头地，又缺少有力的援助引导，在艰难中能戒惧，就不会有过失。艰：艰难。

【译文】

初九：与人交往不涉及利害，没有灾难，牢记艰难则无灾。

《象》曰：大有"初九"，"无交害也"①。

【注释】

① "无交害"：初九阳爻，不与九四爻之阳相应，故不涉及利害。

【译文】

《象》说：《大有》"初九"，（在事之初）不涉及利害。

九二：大车以载，有攸往①，无咎。

【注释】

①攸：所。

【译文】

九二：以大车载物，有所往，无灾。

《象》曰："大车以载"，积中不败也①。

【注释】

①积中不败："九二"以阳居中，象征所载之物装积正中，恰到好处，故"不败"。败：坏。就车而言，因车强壮而行中道，故不会败坏。

【译文】

《象》说："用大车以载物"，装积居中而不败坏。

九三：公用亨于天子①，小人弗克②。

【注释】

①公："九三"阳刚，阳居阳位得正，在下卦的最上位，此位相当于公侯，与之相应的"六五"，相当于君王。"六五"君王柔和谦虚，礼贤下士。公侯"九三"也竭尽所能，报效知遇之恩，献礼于君王。亨：通"享"，指献礼。

②克：担当，肩负责任。

【译文】

九三：公侯向天子朝献贡品，小人不能担此大任。

《象》曰："公用亨于天子"，小人害也①。

【注释】

①小人害："九三"阳居阳位，利于君子，不利小人，故对小人而言曰"害"。"害"是解释上文中的"弗克"。

【译文】

《象》说："公侯向天子朝献贡品"，对小人来说有害。

九四：匪其彭，无咎①。

【注释】

①匪其彭："九四"阳刚，接近柔和的君王"六五"，就不免自恃刚强，而有僭上之象。不过，"九四"阳居阴位，又与"初九"难以呼应，所以虽刚强却又谦逊，还不致于盛气凌人，所以不会发生灾祸。匪：非。彭：盛大。

【译文】

九四：不以盛大骄人，无灾。

《象》曰："匪其彭无咎"，明辩晢也①。

【注释】

①明辩晢：明辨清晰。"九四"处上体离卦之初，离为明，故可以明辨事理。晢：通"哲"，

智慧。《尔雅》:"哲,智也。"

【译文】

《象》说:"不以盛大骄人无咎",(这是拥有)明辨事理的智慧。

六五:厥孚交如①,威如②,吉。

【注释】

①厥孚交如:其诚信相交的样子。厥:其。孚:诚信。

②威如:威严之貌。威:威严。

【译文】

六五:其诚信交接上下,自有其威严,吉。

《象》曰:"厥孚交如",信以发志也①。"威如"之"吉",易而无备也②。

【注释】

①信以发志:"六五"以柔居尊处中,虚以诚信,上下之阳皆归之,是以用己之诚信以启发上下忠信之志。"信"乃释"孚"。

②易而无备:"六五"以阴居阳之尊位,如果缺少刚毅的一面,过于柔顺,就难免纪律败坏,所以必须恩威并济。但威严并非冷酷,而是示以平易的态度,从而不使人戒惧惶恐、无所防备,自然而然的产生威严,才会吉祥。易:平易(近人)。

【译文】

《象》说:"其诚信相交",以诚信启发上下之志。"威严"而有"吉利",(是因为其)行为平易而(使人)不用防备。

上九:自天祐之①,吉,无不利。

【注释】

①自天:来自上天。又解:自我(潜意识)的上天,即"自助者天助"。祐:佑、保佑。

238

【译文】

上九：有上天保佑，吉，无不利。

《象》曰：大有"上"吉，"自天祐"也。

【译文】

《象》说：《大有》"上九爻"有"吉"，乃是因"有上天佑助"。

【讲解】

"上"（六）爻大多不好，在此却言"上吉"，何谓也？

解卦必与《乾》、《坤》"准"，《乾》、《坤》必"与天地准"，结合《大有》卦辞中的"元亨"，就能确定，"大有上吉"，是由于顺应了天道的自然法则。《周易·系辞上》："天之所助者，顺也；人之所助者，信也。"所以"大有"的前提是"顺天应人"，才能"吉无不利"。

谦卦第十五

艮下　坤上

谦①：亨②，君子有终③。

【注释】

①谦：卦名，谦让、谦逊、敬止。《说文》："谦，敬也。"

②亨：谦虚待物，必致亨通。

③君子有终：君子始终能保持谦德。小人行谦，则不能长久。

【译文】

谦：亨通，（只有）君子（才能）始终保持谦德。

【讲解】

读经如参禅！《谦》卦放置在《大有》卦之后，有深意！

以富骄人、富而不贵是世间常态。故此《序卦传》曰："有大者不可以盈，故受之以谦。"

这就是易道思维模式，也是圣人的谆谆之心。大道至简至易，就是从完善、提升自己的思维模式入手，实践自己真正的生命意义。完善的根本在于谦，知不足方能主动完善。

谦之精华在敬畏！

《论语·季氏》："孔子曰：'君子有三畏：畏天命，畏大人，畏圣人之言。小人不知天命而不畏也，狎大人，侮圣人之言。'"

谦敬才能亨通上达！

据《韩诗外传》，周公曾曰："《易》有一道，大足以守天下，中足以守其国家，小足以守其身，'谦'之谓也。"

《谦》的本意是什么呢？《谦》卦上坤下艮，表象外有地的柔顺和承载，内有山的静止和幽深。高山遇平地，高深才显谦卑。对平庸之人而言，就谈不上虚心，而是心虚了。

《彖》曰：谦，"亨"。天道下济而光明，地道卑而上行①。天道亏盈而益谦②，地道变盈而流谦③，鬼神害盈而福谦④，人道恶盈而好谦。谦尊而光，卑而不可逾⑤，"君子"之"终"也。

【注释】

①天道下济而光明：《谦》卦下艮上坤，艮为阳卦，是由《乾》卦的一阳交于《坤》卦的上爻而形成的，象征日光照射在地上而产生光明。此一卦象说明天本来是居上的，却能下降光明而交于地，更显出它的谦德。越是谦卑，就越能济下。地道卑而上行：《谦》卦上为坤、为地，地本来是居下的，正因为它居下，才使得地气上行而交于天，从而显示了地之德。越是谦卑，就越能积极向上。

②亏：损。盈：满。

③变：倾陷。流：充实。

④福：加福。

⑤逾：高而不可越。

【译文】

《彖》说：谦，"亨通"，天的规律是下济（万物）而（愈显己之）光明，地的规律是低处卑下而（地气却）往上而行。天的规律是亏损满的，补益虚的；地的规律是倾陷满的，充实虚的；鬼神的规律是危害满的，加福于虚的；人类的规律是厌恶满的，喜好虚的。谦（虚的人居于）尊位时，（其道德）更加光大；（处于）卑位时，（其品行）也不可逾越，只有君子才能够始终保持谦虚。

《象》曰：地中有山①，谦。君子以裒多益寡②，称物平施。

【注释】

①地中有山：《谦》卦下艮上坤，坤为地，艮为山，山本高居地上，而今反处地下，外虽谦卑而内实高大，故有《谦》之象。程颐曰："不云'山在地中'，而曰'地中有山'，言卑下之中，蕴其崇高也。"

②裒多益寡：裒取其多，增益其寡。裒：取。

【译文】

《象》说：地中有山，《谦》卦之象。君子（效此）以裒取多而增益寡，权衡具体事物实施恰当策略。

初六：谦谦君子①，用涉大川，吉。

【注释】

①谦谦：指内谦而又外谦，内有山的静止和幽深，外有地的柔顺和承载，形容非常谦虚。

【译文】

初六：内谦而又外谦的君子，用（此美德来）涉越大河，吉。

《象》曰："谦谦君子"，卑以自牧也①。

【注释】

①牧：养。

【译文】

《象》说："内谦而又外谦的君子"，（初六阴柔）处卑下之位而自养（其德）。

六二：鸣谦①，贞吉。

【注释】

①鸣：名望。

【译文】

六二：有名望而谦虚，坚守正道则得吉祥。

《象》曰："鸣谦贞吉"，中心得也①。

【注释】

①中心得："六二"居中，故曰"中心"。"六二"以阴居阴故曰"得"。得：得正。

【译文】

《象》说："有名望而谦虚，守正则吉"，（是因为六二）心中纯正故而赢得名声。

九三：劳谦①，君子有终，吉。

【注释】

①劳：勤劳。

【译文】

勤劳而谦虚，君子有好的结局，吉利。

《象》曰："劳谦君子"，万民服也①。

【注释】

①万民服："九三"是《谦》卦中唯一的阳爻，一阳处五阴之中，有出类拔萃之象，同时又阳居阳位，恪尽职守，是勤劳有为之士，本应居于上位，而其实处《谦》之下体，然上下众阴归顺，故曰"万民服"。阳为君，阴为民，众阴为万民。

【译文】

《象》说："勤劳而谦虚的君子"，万民顺服。

六四：无不利，拗谦①。

【注释】

①拗：huī，挥散，挥手示退。

【译文】

六四：无不顺利，挥手谢绝谦逊的虚名。

《象》曰："无不利㧑谦"，不违则也①。

【注释】

①不违则：《谦》卦的下三爻，从"谦谦"、"鸣谦"到"劳谦"而万民悦服，《谦》道已登峰造极。"六四"阴虚居阴位，又是外卦的低处，是内外卦的转折点，是阴中之阴，虚中之虚，再谦虚下去就有过谦之嫌了，所谓"过犹不及"。所以这时不受虚名才能无不利，这是不违背《谦》道的法则的。

【译文】

《象》说："无不顺利，挥手谢绝谦逊的虚名"，（这样做）不违背谦道之法则。

六五：不富以其邻①，利用侵伐，无不利②。

【注释】

①不富：阴虚失实，此喻虚怀谦逊。以：使用。邻：指四、上两爻。

②无不利："六五"柔中居尊，既能广泛施谦于下，又能协同居上者共伐骄逆，使天下尽归《谦》道，故"无不利"。

【译文】

六五：虚怀谦逊协调邻居，宜于讨伐（骄逆），无所不利。

《象》曰："利用侵伐"，征不服也①。

【注释】

①征不服："六五"以柔居尊，不富不实，必然会有骄逆不服者，这时就不能一味谦让、姑息养奸，必须团结民众，出征讨伐骄逆不服者。征：征讨、讨伐。

【译文】

《象》说："宜于讨伐"，（是来）征伐（骄逆）不服的。

上六：鸣谦，利用行师，征邑国①。

【注释】

①征邑国：征讨相邻四方小国。"上六"阴柔处于阴位，为谦之终，非刚健之才，所以

只能征讨较近的小国。这是《谦》道迫不得已用兵的策略。

【译文】

　　上六：有名望而又谦虚，（这样才）利于带兵作战，讨罚邑国。

《象》曰："鸣谦"，志未得也①。可"用行师"，"征邑国"也。

【注释】

　　①志未得："上六"居《谦》卦之上，为谦之终，企图以《谦》道安定天下之志，还未实现，故《谦》之志未得。

【译文】

　　《象》说："有名声而谦虚"，其志还未实现。可以"兴师出兵"，"征伐邑国"。

【讲解】

　　《谦》卦历来都被圣贤君子津津乐道，是因其六爻中，上三爻皆有利而无害，下三爻皆有吉而无凶，《易》中"吉利"，罕有若是纯全者。

　　《谦》道的关键：君子以德服人，然有时亦不得不用兵，万事"过犹不及"，必须用"中"。

　　死守一个"德"字，空埋了如山白骨。

　　许多才俊之士，一辈子都在自己不完善的思维模式中转圈，得不到观念上的突破和生命本质上的升华，空耗时光，徒任蹉跎，自欺欺人，误人误己，实为可惜。

豫卦第十六

坤下　震上

豫①：利建侯②，行师③。

【注释】

　　①豫：和乐、喜悦。《序卦传》曰："有大而能谦必豫，故受之以豫。"是说大有而又谦虚一定会怡悦。《尔雅》："豫，乐也。"

　　②侯：侯国。

③行师：出兵作战。

【译文】

豫：利于建立诸侯及出师作战。

《彖》曰：豫，刚应而志行①，顺以动②，豫。豫，顺以动，故天地如之③，而况"建侯行师"乎。天地以顺动④，故日月不过⑤，而四时不忒⑥。圣人以顺动，则刑罚清而民服，豫之时义大矣哉⑦！

【注释】

①刚应：《豫》卦"九四"之刚为群阴所应。

②顺以动：《豫》下坤上震，坤为顺震为动。

③如：从。姚永朴曰："如，从也。"

④天地以顺动：天地顺应时机行动。

⑤过：失度、误差。

⑥忒：差错。

⑦时义：一卦之时所含的意义。

【译文】

《彖》说：豫，（九四）阳刚（为众阴柔）所应心志畅行，顺从其性而动，这就是豫。豫，顺性而动，所以天地都遵从这一规律，更何况"建立诸侯，出师作战"呢？天地顺应时机而动，故日月运行不失其度，而四时更替亦无差错。圣人顺乎天时而动，则刑罚清明而万民服从。豫卦所包含的意义，太伟大了！

《象》曰：雷出地奋①，豫。先王以作乐崇德②，殷荐之上帝③，以配祖考④。

【注释】

①雷出地奋：《豫》下坤上震，震为雷，坤为地，雷声发出，大地振奋，故曰雷出地奋。奋：振奋。

②崇：推崇。

③殷：盛大。《说文》："作乐之盛称殷。"荐：进献。上帝：天帝。

④以配祖考：来祭祀祖先。配：祭祀。祖考：对已死祖父母的称谓。指祖先。

【译文】

《象》说：雷声发出大地振奋，这是《豫》卦之象。先王（效此）制作音乐来推崇其德，隆盛地进献上帝，并祭祀祖先。

初六：鸣豫①，凶。

【注释】

①鸣豫，凶："初六"阴居阳位而不正，是小人，但其与"九四"阴阳相应，在上层有强大的援助，所以沉溺于欢乐而自鸣得意，结果自然凶恶。说明愉悦是有条件的，并不一定完全吉祥。

【译文】

初六：沉溺于欢乐而自鸣得意，凶。

《象》曰："初六鸣豫"，志穷"凶"也①。

【注释】

①志穷凶：初六阴柔居下失正，其欢乐之志穷极致凶。

【译文】

《象》说："初六沉溺于欢乐而自鸣得意"，其志穷极而致"凶"。

六二：介于石①，不终日，贞吉。

【注释】

①介：耿介正直之状。于：如。

【译文】

六二：正直如磐石，不用一天就悟知欢乐必须适中之理，守正则吉。

《象》曰："不终日贞吉"，以中正也①。

【注释】

①以中正："六二"处下卦之中位，又以阴居阴位得中，象征上下各爻都沉溺于欢乐，唯独"六二"保持清醒，坚守中正之道。

【译文】

《象》说："不用一天就悟知欢乐必须适中之理，守正则吉"，（是因为能）居中守正。

六三：盱豫①，悔；迟，有悔②。

【注释】

①盱：xū，张目，此指媚眼悦上，得势喜悦之貌。"六三"以阴居阳失位且又不在中位，象征不中不正的小人；其上"九四"是《豫》卦唯一阳爻，既强势又是本卦之主，因而"六三"以媚眼附势，以求安乐。

②迟：悔悟太迟。

【译文】

六三：媚眼悦上以为乐，则有悔；悔悟太迟，亦有悔。

《象》曰："盱豫有悔"，位不当也①。

【注释】

①位不当："六三"以阴居阳失位而又不在中位。

【译文】

《象》说："媚眼悦上以为乐，则有悔"，（是因为六三）位不正当。

九四：由豫①，大有得②，勿疑，朋盍簪③。

【注释】

①由：由来，依赖。

②大有得：指丰盛富有。"九四"是《豫》卦唯一阳爻，与上下众阴爻呼应，成为安和利乐的中心人物，所以大有所得。

③勿：不。朋：朋友。盍：hé，聚合。簪：用来绾头发的一种首饰。

【译文】

九四:(人们)依赖他而获得欢乐,大有所获;毋庸置疑,朋友们(就会像头发)聚合于簪子(一样汇聚在他周围)。

《象》曰:"由豫大有得",志大行也①。

【注释】

①志大行:五阴顺从九四之阳,故阳志而得以行,"九四"阳为大。

【译文】

《象》说:"由于得到欢乐而大有所得",(九四的)阳刚之志大行。

六五:贞疾①,恒不死②。

【注释】

①贞:守正。疾:疾病。
②恒:长久。

【译文】

六五:守正以防疾病,长久不死。

《象》曰:"六五贞疾",乘刚也①。"恒不死",中未亡也②。

【注释】

①乘刚:"六五"之柔乘"九四"之阳刚。
②中未亡:"六五"处尊居中不偏,乐而不忘忧,坚守纯正,可避免灭亡。

【译文】

《象》说:"六五守正以防疾病",(是因为六五)乘阳刚(造成的)。"长时间不死",(是因为六五)居中而未死亡。

上六:冥豫①,成有渝②,无咎。

【注释】

①冥：昏冥，蒙昧。

②渝：变。成有渝：成就是由于能改变纵乐的心意，能够悔改前非。

【译文】

上六：昏冥纵乐，（要想）成就必须悔改（前非），（则）无灾害。

《象》曰："冥豫"在"上"①，何可长也②？

【注释】

①冥豫在上："冥豫"之辞在上爻。

②何可长：上九居卦之终，故不会长久。

【译文】

《象》说："昏冥纵乐"，高居上位，怎么会长久呢？

【讲解】

《豫》卦欢乐的要点：1.应顺性而乐，适可而止——顺以动。2.必须与物同乐，广乐天下——刚应而志行。欢乐，但不能穷极欢乐！

随卦第十七

▤ 震下　兑上

随①：元亨，利贞②，无咎。

【注释】

①随：随和，随从。《随》卦内动外悦，人人都愿追随。《序卦传》曰："豫必有随，故受之以随。"安和乐利的处境，必定有人追随。

②元：大。亨：通达。贞：守正。

【译文】

　　随：大亨通而宜于守正，无灾害。

　　《彖》曰：随，刚来而下柔[①]，动而说[②]，随。大"亨贞无咎"，而天下随时，随时之义大矣哉[③]！

【注释】

　　①刚来而下柔：《随》卦下震上兑，震为刚，兑为柔，刚在柔下。

　　②动而说：《随》卦下震为动，上兑为说。说：通"悦"。

　　③随时之义：当为"随之时义"。案《彖》释《豫》"豫之时义"，释《遁》"遁之时义"释《姤》"姤之时义"，释《旅》"旅之时义"，故此当与《彖》释四卦格式相同。

【译文】

　　《彖》说：随，阳刚前来谦居阴柔之下，此动而彼悦，这就是《随》。"大亨通而得正无咎"，天下万物皆随从合宜时机（而变化）。随卦所含义，太伟大了！

　　《象》曰：泽中有雷[①]，随。君子以向晦入宴息[②]。

【注释】

　　①泽中有雷：《随》下震上兑，兑为泽，震为雷，泽上雷下，故"泽中有雷"。

　　②向晦：向晚。宴：安。宴息：休息，安歇。

【译文】

　　《象》说：泽中有雷动（泽随雷声而动），《随》卦之象。君子（效此）在向晚之时入室休息。

　　初九：官有渝[①]，贞吉，出门交有功[②]。

【注释】

　　①渝：帛《易》作"谕"，告谕，告示。

　　②交：交往。

【译文】

　　初九：官方有告示，守正则吉；出门交往，会获得成功。

《象》曰："官有渝"，从正"吉"也①。"出门交有功"，不失也②。

【注释】

①从正吉："初九"阳居阳位而得正，"官"亦为正，以正从正，故"从正吉"。

②不失："初九"得正上行而不失正道。

【译文】

《象》说："官方有告示"，随从（正道）就吉祥。"出门交往而有功"，（是因为）不失正道。

六二：系小子①，失丈夫②。

【注释】

①系：系属，倾心附从。小子：年轻人，此喻"初九"。

②丈夫：阳刚成人。古者男子二十而冠称丈夫。此喻"九五"。失丈夫："六二"柔居下卦，本当上应"九五"，却就近附从"初九"，故从正不专，乃系小失大之象。

【译文】

六二：倾心随从年轻小子，失掉了阳刚丈夫。

《象》曰："系小子"，弗兼与也①。

【注释】

①弗兼与："初九"阳刚在下为"小子"，"九五"在上为"丈夫"，"六二"依从"初九""小子"则会失去"九五""丈夫"。故二者不能兼而并有。戒人从正当专一。与：并、偕。

【译文】

《象》说："倾心随从年轻小子"，（丈夫与小子）不能兼而有之。

六三：系丈夫①，失小子②。随有求得③，利居贞。

【注释】

①丈夫：指"九四"。

②小子：指"初九"。

③随：从。

【译文】

六三：随从阳刚的丈夫，失掉年轻小子。随从于丈夫，有求必得，利于安居守正。

《象》曰："系丈夫"，志舍下也①。

【注释】

①志舍下：六三之柔志向是舍弃下位之初九。

【译文】

《象》说："随从阳刚的丈夫"，其志向是舍弃下位（初九）。

九四：随有获①，贞凶。有孚在道，以明②，何咎？

【注释】

①获：收获。

②明：显明。

【译文】

九四：被人随从而有所获，守正以防凶。心存诚信而合乎正道，以显明美德，有何灾害？

《象》曰："随有获"，其义凶也①。"有孚在道"，"明"功也②。

【注释】

①其义凶："九四"阳居阴位失正，又处多惧之地，近君而擅为人从，有违正之象，故其义有凶。

②功：功效。

【译文】

《象》说："被人随从而有所获"，其辞义有"凶"。"心存诚信而合乎正道"，（是为）显明功效。

九五：孚于嘉①，吉。

【注释】

①嘉：美善者。

【译文】

九五：广施诚信于善美者，吉。

《象》曰："孚于嘉吉"，位正中也①。

【注释】

①位正中："九五"阳居阳位得正，又处上卦正中。

【译文】

《象》说："广施诚信于善美者，吉"，其位正中。

上六：拘系之①，乃从；维之②，王用亨于西山③。

【注释】

①拘系：囚禁。
②维：以绳捆绑。
③亨：享，祭祀。

【译文】

上六：先拘禁强迫，才顺从；再用绳捆绑，君王祭享于西山。

《象》曰："拘系之"，上穷也①。

【注释】

①上穷："上六"居位极上，乘刚无应，随从之道穷尽，故曰"上穷"。

【译文】

《象》说："拘禁强迫"，上六（随从之道）穷极。

蛊卦第十八

☶ 巽下　艮上

蛊①：元亨，利涉大川。先甲三日，后甲三日②。

【注释】

①蛊：gǔ，卦名，有拯弊治乱之义。

②先甲三日，后甲三日：古代用甲、乙、丙、丁、戊、己、庚、辛、壬、癸十天干循环记日，甲前三日为辛日、壬日、癸日，而乙日、丙日、丁日为甲后三日。"先甲三日"指辛日，"后甲三日"指丁日。《汉书·武帝纪》："望见泰一，修天文禮，辛卯夜，若景光十有二明，易曰：'先甲三日，后甲三日。'朕甚念年岁未咸登，饬躬斋戒，丁酉拜况于郊。"所载祭日就是辛日与丁日。

【译文】

蛊：极大得亨通顺利，有利于涉越大河，（当以）甲前三日，甲后三日（为宜）。

【讲解】

《序卦传》曰："以喜随人者，必有事，故受之以蛊。蛊者事也。""蛊"是皿中的食物，腐败生虫，表象《随》卦之后，礼崩乐坏，以致腐败，所以必须痛下决心，拯弊治乱。

甲是十天干之首，表象为事件的开始，亦含"终而复始"之义，故取"甲日"作为"转化"弊乱、重新治理的象征。

甲的前三日是"辛"，同"新"，有自新的意思；甲的后三日为"丁"，有叮咛的意思。

甲前三日，表象事物发展到盛极而衰，将要崩溃的时刻。此时就应当奋起自新，励精图治。

甲后三日，表象事端刚刚开始，这时应居安思危，须反复叮咛观察，警醒自己不可重蹈覆辙，及时加以挽救。

总之，乐极生悲，盛极必衰，这是天道法则。前车覆后车戒，我们学《易》，就要观象内省，讲究谋篇布局，才能拨乱反正。

《彖》曰：蛊，刚上而柔下①，巽而止②，蛊。"蛊，元亨"，而天下治也。"利涉大川"，往有事也。"先甲三日，后甲三日"，终则有始，天行也③。

【注释】

①刚上而柔下：《蛊》卦艮阳为上卦，阳为刚，故曰"刚上"；巽阴在下卦，阴为柔，故曰"柔下"。

②巽而止：《蛊》卦下巽上艮，艮为止。

③天行：即天道。

【译文】

《象》说：蛊，阳刚居上位而阴柔居下位，逊顺而知止，所以为蛊。"蛊，极大地亨通"，而天下大治。"有利于涉越大河"，努力前往大有可为。"甲前三日（辛日），甲后三日（丁日）"，终结前事又开始新的发展，这是天道运行的规律。

《象》曰：山下有风①，蛊。君子以振民育德②。

【注释】

①山下有风：《蛊》下巽上艮，艮为山，巽为风。风遇山而回，则物皆散乱，故为有事（《蛊》）之象。

②振：救。

【译文】

《象》说：山下有风，《蛊》卦之象。君子（效此）当振济民众培养德性。

初六：干父之蛊①，有子，考无咎②。厉，终吉。

【注释】

①干：匡正、挽救。即《文言》释《乾》所谓"贞固足以干事"之"干"。蛊：弊乱。

②考：古人对活着的父亲或亡父皆称"考"，此指父辈。

【译文】

初六：匡正父亲的弊乱，有这样儿子，（则）父亲没有灾祸。即使有危险，最终得吉。

《象》曰："干父之蛊"，意承"考"也①。

【注释】

①意承"考"："初六"之意在顺承其父。"初六"为阴爻，故曰"承"。

【译文】

《象》说："匡正父辈的弊乱"，其意愿在顺承父辈（的成就）。

九二：干母之蛊，不可，贞。

【译文】

九二：匡正母亲的过失，（如果时机）不可，（则）守正（以待）。

《象》曰："干母之蛊"，得中道也①。

【注释】

①得中道："九二"居《蛊》内卦之中，故曰得中道。

【译文】

《象》说："匡正母的过失"，需得中道（才行）。

九三：干父之蛊，小有悔①，无大咎。

【注释】

①小有悔：多少有些后悔。小：少。悔：后悔。

【译文】

九三：匡正父亲的弊乱，虽多少有些后悔，（但却）无大过。

《象》曰："干父之蛊"，"终无咎"也①。

【注释】

①终无咎："九三"处内卦之终，故曰"终"；"九三"阳居阳位得正，故无咎。

【译文】

《象》说："匡正父的弊乱"，最终没有灾难。

六四：裕父之蛊①，往见吝②。

【注释】

①裕：宽裕、宽容。

②吝：惋惜。

【译文】

六四：宽容父亲的弊乱，往前（发展就会）出现（令人）惋惜（的局面）。

《象》曰："裕父之蛊"，往未得也①。

【注释】

①往未得："六四"为柔爻柔位，过于柔弱，故对父之蛊宽容，而未得其效。

【译文】

《象》说："宽容父亲的弊乱"，往前（发展）未能取得（结果）。

六五：干父之蛊，用誉①。

【注释】

①用：备受。誉：称誉。

【译文】

六五：宽容父亲的弊乱，备受称誉。

《象》曰："干父用誉"，承以德也①。

【注释】

①承以德：顺承以德正之。"六五"为阴爻柔顺，故曰"承"。六五居中，故曰"德"，

此指中德。

【译文】

《象》说："宽容父亲的弊乱，备受称誉"，（是因为）用德来顺承（父亲的意愿）。

上九：不事王侯①，高尚其事。

【注释】

①事：侍奉。

【译文】

上九：不侍奉王侯，高尚自守其事。

《象》曰："不事王侯"，志可则也①。

【注释】

①志可则："上九"阳刚居《蛊》卦最上，故其清高之志，可以效法。则：效法。

【译文】

《象》说："不侍奉王侯"，其志向值得效法。

临卦第十九

☷☱ 兑下 坤上

临①：元亨，利贞。至于八月有凶②。

【注释】

①临：本义为从高视下，引伸为监督、监察、领导、统治等。

②八月有凶：八月杀气浸盛，阳气日衰，阳衰阴盛，阴象征小人，小人开始得势，故

曰"有凶"。

【译文】

临：极大亨通顺利，利于守正，到八月将有凶事。

【讲解】

《临》卦，是十二辟卦之一，代表的是一年中的第十二月。此时，阳渐渐成长。

《临》是向《大壮》发展的，所以《临》有大的含义，指其阳爻的壮大发展。

我们可以领悟"欢迎大驾光临，欢迎光临……"

《彖》曰：临，刚浸而长[1]，说而顺[2]，刚中而应[3]，大"亨"以正，天之道也。"至于八月有凶"，消不久也[4]。

【注释】

①刚浸而长：《临》二阳爻居下，有上长趋势。刚：指《临》卦初、二两爻。浸：渐。

②说而顺：《临》卦下兑为说，上坤为顺。

③刚中：九二阳刚居中。 应：九二上应六五。

④消不久：消退不久就会到来。

【译文】

《彖》说：临，（初、二两爻）阳刚浸润而渐渐增长，喜悦而顺从，（九二）阳刚居中而有应（于六五），极大地"亨通"而能守正，这（就是）天道！"到了八月有凶事发生"，（是因为）消退不久就会到来。

《象》曰：泽上有地[1]，临。君子以教思无穷[2]，容保民无疆[3]。

【注释】

①泽上有地：《临》下兑上坤，坤为地，兑为泽。泽卑地高，高下相临。

②教思无穷：教化思恤民众无穷尽。不曰"教"而曰"教思"，意如兑泽之深。教：教化。《象》释《兑》："君子以朋友讲习"，《临》卦内卦为兑，故"教思无穷"。

③容：宽容。不徒曰"保民"而曰"容民"，意其度量如坤土之大。

【译文】

《象》说：泽上有地，《临》卦之象。君子（效此）当教化思恤民众无穷尽，宽容保护民众无穷尽。

初九：咸临①，贞吉。

【注释】

①咸：感。"初九"与"六四"阴阳相互感召。

【译文】

初九：以感化之心来指导民众，守正吉祥。

《象》曰："咸临贞吉"，志行正也①。

【注释】

①志行正："初九"与"六四"阴阳相互感召，"初九"阳爻刚毅，阳居阳位得正，不以威势，而以阳德使"六四"感动顺服，故而其行为纯正吉祥。

【译文】

《象》说："以感化之心指导民众守正吉祥"，（是因为初九）志向行为端正。

九二：咸临，吉，无不利。

【注释】

①咸：感。"九二"与"六五"阴阳相互感召。

【译文】

九二：以感化之心指导民众，吉无不利。

《象》曰："咸临吉无不利"，未顺命也①。

【注释】

①未顺命：《临》之"六五"虽居君位，但其为阴爻柔顺，而"九二"以刚正之阳德来感召"六五"柔顺，而非顺从"六五"柔顺之命，故曰"未顺命"。

【译文】

《象》说："以感化之心指导民众则吉无所不利"，（是因为刚正九二）未能顺从天命。

六三：甘临^①，无攸利。既忧之^②，无咎。

【注释】

①甘：甘言，即甜言蜜语，此指巧言佞语。

②既：既然。

【译文】

六三：只凭甜言蜜语督导民众，必无所利。既然知道（这个原因）而忧惧，就没有危害。

《象》曰："甘临"，位不当也^①。"既忧之"，"咎"不长也。

【注释】

①位不当：六三阴居阳位而不中，故"位不当"。

【译文】

《象》说："只凭甜言蜜语督导民众"，是说（六三）位不正当。"既然知此而忧之"，其危害不会长久。

六四：至临^①，无咎。

【注释】

①至：极，十分亲近。

【译文】

六四：至诚地督导民众，则无过失。

《象》曰："至临无咎"，位当也^①。

【注释】

①位当："六四"阴居阴位，位置正当，又与"初九"阴阳相应，故"无咎"。

【译文】

《象》说："至诚地督导民众而无过失"，（是因为六四）位置正当。

261

六五：知临①，大君之宜②，吉。

【注释】

①知：通智，聪慧明智。

②宜：适宜、合适、妥贴。

【译文】

六五：聪明睿智而督导民众，（这是）大君适宜（的领导方法），吉祥。

《象》曰："大君之宜"，行中之谓也①。

【注释】

①行中之谓："六五"以阴居中，在尊位而以柔顺的方法，委任"九二"之贤臣，故有行中之说。谓：说。

【译文】

《象》说："大君处事得当"，（是因为六五）有行中道之说。

上六：敦临①，吉，无咎。

【注释】

①敦：温柔敦厚。

【译文】

上六：以温柔敦厚督导民众，吉利，无过失。

《象》曰："敦临"之"吉"，志在内也①。

【注释】

①志在内：阴阳要相应，阴以阳为主。"上六"阴柔穷极，其志在内卦二阳，故其"志在内"。

【译文】

《象》说："以敦厚督导民众而吉"，（是因为阴爻上六的）志向在内卦（的两个阳爻）。

观卦第二十

坤下　巽上

观①：盥而不荐②，有孚颙若③。

【注释】

①观：有瞻仰、观察、考察的意思，由下往上看。

②盥：guàn，是指在祭典前洗手。荐：奉献酒食以祭。

③孚：诚信。颙（yóng）若：崇敬仰慕之貌。

【译文】

观：在祭祀时，还未进献祭品前就先洗手自洁，（心存）诚信而崇敬庄严。

《象》曰：大观在上①，顺而巽②，中正以观天下③。观，"盥而不荐，有孚颙若"，下观而化也④。观天之神道，而四时不忒。圣人以神道设教⑤，而天下服矣。

【注释】

①大观在上：《观》之"九五"在上，宏大壮观的气象总是呈现在崇高之处，故曰"大观在上"。"观"有宫殿之意，如北京的白云观，意为白云中的圣殿。

②顺而巽：《观》卦下坤上巽，坤为顺，故曰顺而巽。

③中正：九五居中而得正。

④下观而化：在下者通过观仰其上能够领受美好的教化。化，即"德博而化"之化。

⑤神道设教：古代帝王效法天道变化至神而建庙堂，供奉鬼神，举行祭祀，让人们敬畏服从，以此达到教育感化民众的目的。

【译文】

《象》说：（九五）宏大壮观（的气象）在上，顺从而逊让。（九五）又以中居正而观天下。观，"在祭祀时，还未进献祭品前就先洗手自洁，（心存）诚信而崇敬庄严"，下（阴）观示上（阳）而蒙受感化。观示天道之神妙的自然规律，且四时更替不出差错；圣人用神道来设立教化，天下万民皆能顺服。

《象》曰：风行地上①，观。先王以省方观民设教②。

【注释】

　　①风行地上：《观》下坤上巽，巽为风在上，坤为地在下，故"风行地上"，万物广受感化。风为天地之使者，有风才有情，植物的生育传播靠风，故曰风情万种。

　　②省方：巡狩省察四方（各地）之事。天圆地方，故以"方"来表象"地"。观民设教：观示民情而设立政教。

【译文】

　　《象》说：风行在地上，《观》卦之象。先王（效此）省察四方，观示民情以设教化。

初六：童观①，小人无咎，君子吝。

【注释】

　　①童观：幼稚得像儿童一样观看。

【译文】

　　初六：幼稚地观察（问题），对于（无知）小人不算过失，（但对于身负教化的）君子则是耻辱。

《象》曰："初六童观"，"小人"道也①。

【注释】

　　①小人道：阴为小人。"初六"以阴居下而失位，观视不明，未能高瞻远瞩，故曰"小人道"。

【译文】

　　《象》说："初六孩童般幼稚地观看"，乃"小人"之道。

六二：窥观[1]，利女贞。

【注释】

①窥：窥视，从门缝中向外偷看。

【译文】

六二：从门缝中窥视（美盛景物），利于女子守正。

《象》曰："窥观女贞"，亦可丑也[1]。

【注释】

①亦可丑："六二"阴居阴位，得位居中，上应九五，窥视朝美，但不能大观，故称亦可为丑辱。

【译文】

《象》说："从门缝中窥视（美盛景物），女子守正"，亦可为丑辱。

六三：观我生[1]，进退。

【注释】

①生：心生意念。

【译文】

六三：观省自己心生的念头，以定其进退。

《象》曰："观我生进退"，未失道也[1]。

【注释】

①未失道："六三"虽以阴居阳而不得位，但与"上九"阴阳相应，故未失观道。

【译文】

《象》说："观省自己心生的念头，以定其进退"，未失观道。

六四：观国之光^①，利用宾于王^②。

【注释】

①国之光：即一国的光辉圣治。

②宾：贵宾，即仕。古代德行之仕，前往朝廷，天子以宾客之礼相待。

【译文】

六四：观仰一国的光辉圣治，宜用宾主之礼朝见国王。

《象》曰："观国之光"，尚"宾"也^①。

【注释】

①尚：崇尚。

【译文】

《象》说："观仰一国的光辉圣治"，（就知道九五）崇尚宾士。

九五：观我生，君子无咎。

【译文】

九五：观省自己心生的念头，君子没有危害。

《象》曰："观我生"，观民也^①。

【注释】

①观民："九五"阳刚中正居尊位，下应"六二"阴柔之民，故曰"观民"。

【译文】

《象》说："观省自己心生的念头"，（就像）观示民众（一样而能知民风）。

上九：观其生^①，君子无咎^②。

【注释】

①其：指"六三"。

②君子无咎："上九"为阳德君子，高居《观》道终极，与"六三"阴阳相应，能下观"六三"所"生"之"进退"，故"无咎"。

【译文】

上九：观察六三所生（进退），（上九）君子没有过失。

《象》曰："观其生"，志未平也①。

【注释】

①志未平："上九"以阳居阴失位，处《观》卦之极，故其修美道德之志，未可安逸松懈。

【译文】

《象》说："观察六三所生（进退）"，（是因为上九）修美道德之志，未可安逸松懈。

噬嗑卦第二十一

震下　离上

噬嗑①：亨，利用狱②。

【注释】

①噬嗑（shìhé）：有咬合、刑罚之意。噬：啮，以齿咬物为"噬"。嗑：合，合口为"嗑"。噬嗑：用齿咬物合口咀嚼。

②亨：凡事不能亨通者，中间有障碍也；能将障碍咬碎，必致亨通。刑罚，就是铲除构成障碍的中间分子。狱：刑罚。

【译文】

噬嗑：亨通，利于施用刑罚。

《象》曰：颐中有物①，曰噬嗑。噬嗑而"亨"，刚柔分②，动而明③，雷电合而章④。柔得中而上行⑤，虽不当位⑥，"利用狱"也⑦。

【注释】

①颐：腮，此指口腔。物：指九四。

②刚柔分：刚柔相间，分居内外卦。

③动而明：《噬嗑》下震上离，震为动，离为明。

④雷电合而章：《噬嗑》下震为雷为动，上离为电，为明。动而明，雷电并起象，故为"合"。《淮南子·坠形》云："阴阳相薄，为雷，激扬为电。"章：明。

⑤柔得中而上行："六五"阴柔处上卦之中而上居尊位。柔：指六五。

⑥不当位："六五"以阴居阳位。

⑦利用狱：适合于处理刑狱之事。

【译文】

《象》说：口中含物，叫做噬嗑，噬嗑而能"亨通"，阳刚阴柔分布（内外），动而光明，雷电相合而彰明。（六五）阴柔得中位而上行，虽然它所处的爻位并不当位，但是"利于施用刑罚"。

《象》曰：雷电①，噬嗑。先王以明罚敕法②。

【注释】

①雷电：《噬嗑》下震上离，震为雷，离为电。

②敕：正、理。

【译文】

《象》说：电闪雷鸣，《噬嗑》卦之象。先王（效此）严明刑罚肃正法令。

初九：屦校灭趾①，无咎。

【注释】

①屦：即履。此指加在足上。校：古代木制刑具的通称，加于颈称"枷"，加于手称"梏"，加于足称"桎"。灭：伤害。

【译文】

初九：足带刑具伤害了脚趾，无灾。

《象》曰："屦校灭趾"，不行也①。

【注释】

①不行：不至于再前行重犯过失。

【译文】

《象》说："刑具加于足上伤害了脚趾"，不至于再往前行重犯过失。

六二：噬肤灭鼻①，无咎。

【注释】

①噬：咬。肤：肉。一般指柔软、肥美之肉，古代将此肉放在鼎中作为祭祀叫"肤鼎"。

【译文】

六二：（象）咬吃柔软的肉（一样施刑顺利），（即使）伤害了犯人的鼻子，也无过错。

《象》曰："噬肤灭鼻"，乘刚也①。

【注释】

①乘刚："六二"之阴柔乘凌"初九"之阳刚，。

【译文】

《象》说："噬肤灭鼻"，（是因为六二阴柔）乘凌（初九）阳刚之上。

六三：噬腊肉①，遇毒②，小吝，无咎。

【注释】

①腊肉：干肉，坚硬的肉干。
②毒：味道浓烈。

【译文】

六三：实施刑罚就像吃坚硬而味道浓烈的腊肉一样不顺，小有不适，但无祸害。

《象》曰："遇毒"，位不当也①。

【注释】

①位不当：六三以阴居阳，不中不正，故"位不当"。

【译文】

《象》说："遭遇味道浓烈"，（是因为六三）处位不恰当。

九四：噬干胏①，得金矢②，利艰贞，吉。

【注释】

①胏：zǐ，肉中有骨。"干胏"比"腊肉"还要坚硬。
②金矢：此指罪犯强硬。

【译文】

九四：实施刑罚就像吃带骨肉干时，吃到了铜箭头，（这预示着）宜于艰难中守正，则吉利。

《象》曰："利艰贞吉"，未光也①。

【注释】

①未光："九四"阳爻刚毅，宜以刚明之阳德行事，但因其以阳居阴失位，又遇到强硬的罪犯，故其阳德未能光大。

【译文】

《象》说："利于艰难中守正则有吉"，（是因为九四阳德）未能光大。

六五：噬干肉①，得黄金，贞厉，无咎。

【注释】

①干肉：干硬的肉脯。

【译文】

六五：实施刑罚就像吃干硬的肉脯时，吃到了黄金，（这预示着）宜于守正以防危，没有祸害。

《象》曰："贞厉无咎"，得当也①。

【注释】

①得当："六五"以居柔居尊位，且又处中，故曰"得当"。

【译文】

《象》说："守正防危而没有祸害"，（是因为六五）适中而得当。

上九：何校灭耳①，凶。

【注释】

①何：荷，带。

【译文】

上九：荷带刑具伤害了耳朵，凶。

《象》曰："何校灭耳"，聪不明也①。

【注释】

①聪不明："上九"以明居暗而失位，且又处本卦之极，表象不听劝告，罪大恶极，故"聪不明"。

【译文】

《象》说："荷带刑具伤害了耳朵"，（是因为）不听劝告、太不明智。

贲卦第二十二

 离下　艮上

贲①：亨，小利有攸往。

【注释】

①贲：bì，有修饰、文饰之义。《贲》卦是《噬嗑》卦的"综卦"，两者卦象上下相反，表象恶要罚，善要饰，扬善罚恶，交互为用。《序卦传》曰："物不可以苟合而已，故受之以《贲》。贲者，饰也。"物的聚合，必须要有秩序与模式；人的团体，则要有礼仪装饰。《贲》卦内"离"是明，外"艮"是止，以文明的制度，使每个人止于一定的分际，各守本分，这就是人类团体必需的装饰。不过"贲"只是加以必要的装饰，虽然美化，毕竟不过附属于实质而已；所以，不可太过以灭其质，亦不能担当大任，故曰"小利"。

【译文】

贲：亨通，有小利，可以前往。

《彖》曰：贲，"亨"，柔来而文刚①，故亨；分刚上而文柔②，故"小利有攸往"。刚柔交错，天文也；文明以止③，人文也。观乎天文，以察时变；观乎人文，以化成天下。

【注释】

①柔来而文刚：《贲》下卦《离》之阴柔来文饰上卦《艮》之阳刚。文：文饰，即阴阳相杂，纯阴纯阳无文可言。《系辞》："物相杂故曰文。"物：在《易》即爻，《系辞》："爻有等故曰物"。

②刚上：指《贲》《艮》之阳刚在上卦。文柔：指《贲》《离》之阴柔，离为火表象文明。

③文明以止：《贲》下《离》为文明，上《艮》为止。人类的文饰表现在"文明"而能止于礼仪。

【译文】

《彖》说：贲，"亨通"，阴柔（离）来文饰阳刚（艮），所以"亨通"。分出阳刚（艮）

在上而文饰阴柔，故"有小利而可以前往"。（日月）刚柔相互交错，为天文；得文明而知止（于礼仪），这是人文。观看天文从而察知时节变化，观察人文从而以教化促成天下。

【讲解】

四时之变，悬乎日月；圣人之化，成乎文章。

《论语·雍也》："子曰：质胜文则野，文胜质则史，文质彬彬，然后君子。"

《象》曰：山下有火，贲①。君子以明庶政②，无敢折狱③。

【注释】

①山下有火：《贲》卦下离上艮，艮为山，离为火，山下燃耀着火焰，山形焕新，象征文饰，故为《贲》象。

②明庶政：明察繁多政事。庶：众多。

③无敢折狱：古人称判决讼事曰折狱。此指不敢用文饰来判断讼事。折狱者，专用情实，有文饰则无情实。

【译文】

《象》说：山下有火照，《贲》卦之象。君子（效此）当明察众政，不敢轻易地判断讼狱。

初九：贲其趾①，舍车而徒②。

【注释】

①趾：脚趾。

②徒：徒步。

【译文】

初九：文饰其脚趾，弃车徒步而行。

《象》曰："舍车而徒"，义弗乘也①。

【注释】

①义弗乘：弗，不。文饰脚趾，脚趾用来行走，行走与行为相通，表象饰其当饰；脚趾是人体的最下部分，"初九"居卦下体，其位下贱，当洁身自爱，美化自己的行为，不应当乘坐与自己身份不符的豪车，故此爻辞义为不乘车。

【译文】

《象》说："舍弃车而徒步行走"，（是因为）按道义来说不该乘车。

六二：贲其须①。

【注释】

①须：胡须，面上须毛。

【译文】

六二：修饰其面毛胡须。

《象》曰："贲其须"，与上兴也①。

【注释】

①与上兴："六二"与"九三"均得位无应而两相亲比，故"六二"之阴上承"九三"，犹文饰三之美须，于是阴阳互贲，相得益彰。与：犹"亲、从"。

【译文】

《象》说："修饰面毛胡须"，（六二阴柔）与其上（九三阳刚）兴起（互为文饰）。

九三：贲如濡如①，永贞吉②。

【注释】

①如：语助词。濡：湿润而光泽。
②永：长久。贞：正固。

【译文】

九三：既得其饰，又得其润，永久守正可获吉祥。

《象》曰："永贞"之"吉"，终莫之陵也①。

【注释】

①终莫之陵："九三"虽陷于二阴之中，但因其阳居阳位而得正，又能下比"六二"，故最终未遭到凌侮。陵：通"凌"，凌辱。

【译文】

《象》说："永久守正可获吉祥"，最终不会受人凌侮。

六四：贲如皤如①，白马翰如②，匪寇婚媾③。

【注释】

①皤：pó，老人发白曰"皤"，此指未加文饰的白色。
②翰如：言马奔跑如鸟飞之疾。
③匪：即非。寇：盗寇。

【译文】

六四：修饰得如此素白淡美，坐下白马奔驰如飞，（前方的人）不是强盗，是来求婚的。

《象》曰："六四"，当位疑也①。"匪寇婚媾"，终无尤也②。

【注释】

①当位疑："六四"当位，但"四多惧"，同时其因乘"九三"之阳故可疑。
②终无尤：最终无怨尤。尤：怨。

【译文】

《象》说："六四"虽居正位而可疑，"不是强盗而是求婚的"，终无怨尤。

六五：贲于丘园①，束帛戋戋②，吝，终吉。

【注释】

①丘园：家园。
②帛：丝织品总称。戋戋：即残残，形容东西很少。

【译文】

六五：修饰家园，虽然只有很少的束帛，显得吝啬，但最终得吉。

《象》曰："六五"之"吉"，有喜也①。

【注释】

①有喜："六五"居中，与"上九"阴阳相互合志，故"有喜"。

【译文】

《象》说："六五"的"吉庆"，（是因为其）有喜事。

上九：白贲①，无咎。

【注释】

①白贲：素白无华的修饰。

【译文】

上九：素白无华的修饰，无灾。

《象》曰："白贲无咎"，上得志也①。

【注释】

①上得志："上九"以阳居上，与"六五"亲比相饰而得志。

【译文】

《象》说："素白无华的修饰"，在上位而得志。

坤下　艮上

剥①：不利有攸往。

【注释】

①剥：有剥落、剥灭、浸蚀之意。《序卦传》曰："致饰然后亨则尽矣，故受之以《剥》。剥者，剥也。"过于注重文饰，就会流于形式化，成为虚饰，只要实质一无所存，就难免产生剥落的现象。《剥》卦也是消息卦之一，代表九月。这一卦，阴盛阳衰，小人得势，君子困顿之象。但大势所趋，只有顺从，谨慎隐忍才是上策。内卦《坤》是顺，外卦《艮》为止，顺从而不行动，采取积极行动反而不利。

【译文】

剥：不宜有所往。

《象》曰：剥，剥也，柔变刚也①。"不利有攸往"，小人长也②。顺而止之③，观象也④。君子尚消息盈虚⑤，天行也。

【注释】

①柔变刚：《剥》五阴柔爻上长浸蚀改变阳刚的本质。变：剥落、浸蚀。

②小人：指五阴，阴为小人。

③顺而止之：《剥》下坤上艮，坤为顺，艮为止。

④观象：指《剥》卦顺而止，其意是在观察天象，即欲观其象，一要顺从，二要静视（止）。

⑤消息：消退与生息。盈虚：盈满与亏虚。

【译文】

《象》说：剥，剥落，阴柔浸蚀改变阳刚（本质）。"不宜有所往"，（是因为）小人（势力）正盛长。顺从（天道）而知止，这是在观察天象。君子崇尚阴阳的消息盈虚之理，这是顺天而行。

《象》曰：山附于地①，剥。上以厚下安宅②。

【注释】

　　①山附于地：《剥》下坤上艮。艮为山，坤为地。山在地上，故曰"山附于地"。附：依附。

　　②上以厚下安宅：在上位君子当以厚施于下位（庶民）而安居，这样上层才会安泰，避免剥落。正如刘牧所言："山以地为基，厚其地则山保其高。君以民为本，厚其下则君安于上。"（《周易费氏学》引）上：指在上位君子。下：指庶民。宅：居。

【译文】

　　《象》说：高山颓落委附于地面，《剥》卦之象。上位（君子效此）当以厚施于下位（庶民）而安其居。

初六：剥床以足，蔑贞①，凶。

【注释】

　　①蔑：通"灭"。《剥》之祸害开始，小人得志，蔑视正道。

【译文】

　　初六：剥蚀床先从床脚开始，（象征小人得志，开始）蔑视正道，凶。

《象》曰："剥床以足"，以灭下也①。

【注释】

　　①以灭下：初六以阴柔居下，以象床足，故剥床"以灭下"。下：指床脚。

【译文】

　　《象》说："剥蚀床先从床脚开始"，说明最先蚀灭下部基础。

六二：剥床以辨①，蔑贞，凶。

【注释】

　　①辨：床板。

【译文】

六二：剥蚀床已经剥到床板，蔑视正道，凶。

《象》曰："剥床以辨"，未有与也①。

【注释】

①未有与："六二"阴柔虽中正，但未与"六五"相应和。

【译文】

《象》说："剥蚀床已经剥到床板"，（是因为六二）未能与（六五）相应和。

六三：剥之①，无咎。

【注释】

①剥：剥蚀。

【译文】

六三：剥蚀而无灾。

《象》曰："剥之无咎"，失上下也①。

【注释】

①失上下："六三"上下四阴皆剥阳，独三应上，故与上下四阴相违背而失上下。

【译文】

《象》说："剥蚀而无灾"，（是因为六三）离开上下（群阴独应上九）。

六四：剥床以肤①，凶。

【注释】

①肤：床面。

【译文】

六四：剥蚀床已经剥到床面，凶。

《象》曰："剥床以肤"，切近灾也①。

【注释】

①切近灾："六四"近五，处多惧之地，而迫近灾祸。

【译文】

《象》说："剥蚀床已经剥到床面"，迫近灾祸。

六五：贯鱼以宫人宠①，无不利。

【注释】

①贯：穿。以绳穿物曰贯。贯鱼，即以绳穿鱼，此指依次而入。宫人：宫中嫔妾，众阴。

【译文】

六五：鱼贯而入，像率领内宫之人获宠于君王，无所不利。

《象》曰："以宫人宠"，终无尤也①。

【注释】

①终无尤：阳衰之时，"六五"居中以柔顺承阳可得宠，故终无怨尤。

【译文】

《象》说："以宫人而得宠"，终无怨尤。

上九：硕果不食，君子得舆①，小人剥庐②。

【注释】

①舆：车。
②剥庐：剥夺房屋。庐：房舍。

【译文】

上九：有硕大果实而不食，君子可得到车舆，小人则剥去屋舍。

《象》曰："君子得舆"，民所载也①。"小人剥庐"，终不可用也②。

【注释】

①民所载："上九"之阳为下众阴所载。"上九"阳为君子，下众阴为民。《剥》卦下为坤，五爻以下互体亦为坤，坤为众，为载。

②终不可用：若小人居上位，就会最终剥落，故"终不可用"。

【译文】

《象》说："君子得到车舆"，民众有所乘载。"小人剥夺房舍"，终不可用。

复卦第二十四

震干　坤上

复①：亨，出入无疾②，朋来无咎③。反复其道④，七日来复⑤，利有攸往。

【注释】

①复：复返，还归。《复》卦是《剥》卦的"综卦"，一剥一复，相互作用。《序卦传》曰："物不可以终尽剥，穷上反下，故受之以《复》。"一阴一阳之谓道，事物剥蚀到极点，又会反到下边复生出来，所以在剥卦之后接着是复卦。阴阳就这样循环往复，从而万物生生不息，所以亨通。《复》内卦《震》为动，外卦《坤》为顺，阳居下往上，所以出入没有妨碍，志同道合的朋友来，也没有灾难。

②疾：疾病。

③朋：朋友。

④反：返。复：还。

⑤七日来复：从"十二消息卦"看，一阴开始于五月的《姤》，阴气渐旺，到十月变成纯阴的《坤》卦，再到一阳复来的十一月《复》卦，前后经过七个爻，一爻为一日，凡经七

日，故曰"七日来复"。

【译文】

　　复：亨通，出入无疾病，朋友来无灾咎。返回复归有一定的运行规律，经过七日就会往者复来。利有所往。

　　《象》曰：复，"亨"，刚反[1]，动而以顺行[2]。是以"出入无疾，朋来无咎"。"反复其道，七日来复"，天行也。"利有攸往"，刚长也[3]。复，其见天地之心乎[4]？

【注释】

　　①刚反：《复》卦一阳居五阴之下，表象阳刚之气经阴剥落而复返于初。

　　②动而以顺行：《复》卦下震为动，上坤为顺。

　　③刚长：《复》卦一阳居下有上长之势。

　　④天地之心：指天地生万物之心，《系辞》云："天地之大德曰生"。天地生物之心在于动，"天地氤氲，万物化醇。"《复》卦一阳初动于下，故"复其见天地之心。"

【译文】

　　《象》说：复"亨通"，阳刚复返（于初）。动则顺时而行，所以"出入没有疾病，朋友来而无咎害"。"往来反复其道，经七日而来归于初"，这是天道运行（的规律）。"利有攸往"，（是因为）阳刚（日益）盛长。从《复》卦，可以看见天地运行的规律吗？

　　《象》曰：雷在地中[1]，复。先王以至日闭关[2]，商旅不行，后不省方[3]。

【注释】

　　①雷在地中：《复》下震上坤，震为雷在下，坤为地在上，故"雷在地中"。

　　②至日闭关：古俗至日（冬至、夏至）闭塞关口。冬至日阴之复，夏至日阳之复，故二至日有复象。而依卦气之说，《复》卦正当"冬至"。故曰"至日闭关"。

　　③商旅不行，后不省方：此是说在《复》卦一阳之微居下之时，上（君）下（商旅）安静。如《白虎通·诛伐篇》所言："冬至日所以休兵，不举事，闭关，商旅不行，何？此日阳气微弱。王者承天理物，故率天下静，不复行役，扶助微气，成万物也。"这就是天地人万物一体的易道思维模式。商：商人。资货而行曰商。旅：旅客。行于途者曰旅。后：指君。方：四方。

【译文】

《象》说：雷动在地中，《复》卦之象。先王（效此）在至日闭塞关口，商人旅客不得行走于途中，君王不省视四方。

初九：不远复，无祗悔①，元吉。

【注释】

①祗：qí，灾患。

【译文】

初九：起步不远就返回（正道），就没有灾患可以悔恨，大吉。

《象》曰："不远"之"复"，以修身也①。

【注释】

①以修身：初九一阳始生于下，表象知不善而复返，以此修身改过。即《系辞》所言："复以自知。"

【译文】

《象》说："起步不远就复返"，用来修正其身。

【讲解】

苦海无边，回头是岸。浪子回头金不换。

六二：休复①，吉。

【注释】

①休：美好。

【译文】

六二：圆满地复返正道，吉利。

《象》曰："休复"之"吉"，以下仁也①。

【注释】

①以下仁："六二"下比初阳，犹亲仁下贤。仁：指"初九"，阳刚表象仁、善。

【译文】

《象》说："圆满地复返正道，吉利"，（因为六二能）下顺仁人。

六三：频复①，厉，无咎。

【注释】

①频：通"颦"，皱眉状。

【译文】

六三：愁眉苦脸地勉强复返，有危厉，无过失。

《象》曰："频复"之"厉"，义"无咎"也①。

【注释】

①义无咎："六三"过中失位，处下体震动之极，故有危厉，但因能复返正道，故"无咎"。

【译文】

《象》说："愁眉苦脸地勉强复返"有"危厉"，其义为"无咎"。

六四：中行独复①。

【注释】

①中行："六四"居五阴之中，居中行正。

【译文】

六四：居中行正，独自返回。

《象》曰:"中行独复",以从道也①。

【注释】

①以从道:"六四"以阴居阴,得正应初,故可用顺从之道。坤为顺从。

【译文】

《象》说:"居中行正,独自返回",是为了遵从正道。

六五:敦复①,无悔。

【注释】

①敦:敦厚笃诚。

【译文】

六五:敦厚笃诚地复返,无悔恨。

《象》曰:"敦复无悔",中以自考也①。

【注释】

①中以自考:"六五"居中,故有中德而能察其过。考:察。

【译文】

《象》说:"敦厚笃诚地复返,无悔恨",(是因为六五)居中处尊而自我反省成就(复善之道)。

上六:迷复,凶,有灾眚①。用行师,终有大败。以其国君凶②,至于十年不克征③。

【注释】

①灾:天灾,自外来。眚:己过,由自作。

②以:及。

③不克征:不能出兵征战。

【译文】

上六：入迷途而不知复返，凶，有天灾人祸。用以行师作战，最终将有大败，危及国君凶，以至于十年不能出兵征战。

《象》曰："迷复"之"凶"，反君道也①。

【注释】

①反君道："上六"之阴居《复》卦极点，又是连续五个阴爻的顶点，远离初爻之阳，故"上六"与"初九"反道而行。"反君道"即与初阳之道反。

【译文】

《象》说："迷途而不知复返"有"凶"，（是因为上六）违背君道。

无妄卦第二十五

震下　乾上

无妄①：元、亨、利、贞。其匪正②，有眚③，不利有攸往。

【注释】

①无妄：不妄为，无希望。亦有意想不到之意。《序卦传》："复则不妄矣，故受之以无妄。"复归正道，重新开始就不妄为了。妄：虚妄，望，乱。

②匪：非。匪正：不守正道。

③眚：本指眼有疾，此指祸患。

【译文】

无妄：极大亨通利于守正。不守正道，则有祸患，不宜有所往。

《象》曰：无妄，刚自外来，而为主于内①，动而键②，刚中而应③，大"亨"以正，天之命也。"其匪正有眚，不利有攸往"，无妄之往，何之矣④？天命不祐，行矣哉⑤？

【注释】

①刚自外来，而为主于内：《无妄》"初九"之刚是从外卦《乾》而来而成为内卦之主。刚：指"初九"。外：外卦。外卦为《乾》，案《说卦》内卦震是乾坤交索得乾一阳而成，故"初九""自外来"。内：内卦。

②动而健：《无妄》下震上乾，震为动，乾为健。

③刚中而应："九五"之刚居中而应"六二"。

④何之：为何去。之：去、往。

⑤行矣哉：疑问句，指岂敢行？即不可以行。

【译文】

《象》说：无妄，阳刚（初九）自外（卦）来而主于内（卦），动而刚健，（九五）阳刚居中而应（六二），极大"亨通"而行正道，这是天的教命！"不守正道，则有祸患，不宜有所往"，没有希望的行动，为何要去呢？天命不保佑，岂敢妄行呢！

《象》曰："天下雷行①，物与②，无妄。先王以茂对时育万物③。"

【注释】

①天下雷行：《无妄》下震上乾，震为雷在下，乾为天在上，故曰"天下雷行"。

②物与：物类。与：类。冬季，万物潜藏，春季阳气始出而成雷，万物闻声而发育生长，即《说卦》所谓"万物出乎震"，"动万物者莫疾乎雷"，故卦象称"天下雷行，物与无妄"。

③茂：勤勉。对：遂，配合。

【译文】

《象》说："天下雷声振动，万物相应则类生，《无妄》之象。先王（效此）以勤奋顺合天时，养育万物。"

初九：无妄①，往吉。

【注释】

①无妄：不妄为。

【译文】

初九：不妄为，前往则吉。

《象》曰："无妄"之"往"，得志也①。

【注释】

①得志："初九"阳居阳位而得正，故曰"得志"。

【译文】

《象》说："不妄为而前往"，得正进取的意愿。

六二：不耕获，不菑畬①，则利有攸往。

【注释】

①菑：zī，田一岁曰"菑"，初垦的荒田。畬：yú，田三岁曰"畬"，亦即熟田。

【译文】

六二：不事耕耘，不图收获；不务开垦，不谋良田，（这才是不妄动妄求），则利于有所往。

《象》曰："不耕获"，未富也①。

【注释】

①未富：未曾谋求非分富贵。"六二"居中得正，故能谨守阴虚不实之道，而不谋求非分之富。《周易》多以阳为富，阴为不富。

【译文】

《象》说："不耕种则不图收获"，未曾谋求（非分之）富有。

六三：无妄之灾，或系之牛，行人之得，邑人之灾①。

【注释】

①邑：乡邑。

【译文】

六三：不妄为却也招致灾殃，比如系牛于此，（被）行人顺手偷得，邑人因此而有（失牛之）灾。

《象》曰："行人得"牛，"邑人灾"也。

【译文】

《象》说："行人得"牛，"邑人（有失牛）之灾。"

九四：可贞，无咎。

【译文】

九四：能守正就无咎灾。

《象》曰："可贞无咎"，固有之也①。

【注释】

①固有之："九四"以阳居阴而失位，但只要坚定而有所执守就可以无咎。

【译文】

《象》说："能守正就无咎灾"，（是因为六四能）坚定执守。

九五：无妄之疾①，勿药有喜。

【注释】

①疾：疾病。

【译文】

九五：没有希望的病，却不药而愈，这是喜庆之事。

《象》曰："无妄"之"药"，不可试也。

【译文】

《象》说：治"没有希望"的"药"，不可轻易试用。

上九：无妄行，有眚，无攸利。

【译文】

上九：无所希望而行动，则有灾眚，无利。

《象》曰："无妄"之"行"，穷之灾也①。

【注释】

①穷之灾："上九"居卦之上而穷极，必会有灾。

【译文】

《象》说："无所希望而有行动"，则穷极而有灾难。

【讲解】

《论语·颜渊》："子曰：'非礼勿视，非礼勿听，非礼勿言，非礼勿动'。与《无妄》卦遥相呼应，相映成趣。

大畜卦第二十六

☰ 乾下　艮上

大畜①：利贞。不家食②，吉。利涉大川。

【注释】

①大畜：畜有畜养、积聚、停止之义。大畜即大的蓄积。《大畜》卦是《无妄》卦的"综卦"，卦形上下相反，不妄为必然积善，积善必然不妄为，互为作用。《序卦传》曰："有无妄，然后可畜，故受之以《大畜》。"

②不家食：不食于家，而食禄于朝廷。

【译文】

大畜：利于守正，不在家吃饭，吉。利于涉越大河。

《象》曰：大畜，刚健笃实①，辉光日新②。其德刚上而尚贤③，能止健④，大正也。"不家食吉"，养贤也⑤。"利涉大川"，应乎天也⑥。

【注释】

①刚健笃实：《大畜》下乾上艮，乾为刚健，艮为山，有笃实之象。

②辉光：朝日为辉，日中为光。

③刚上：《大畜》"上九"阳刚居上。

④能止健：《大畜》下乾上艮，乾为健，艮为止。

⑤养贤：蓄养贤能。

⑥应乎天：指六五应乎乾。《大畜》内卦为乾。

【译文】

《象》说：大畜，刚健笃实，光辉日日增新，其德阳刚在上而尊尚贤人，能规正刚健，这就是大的正道。"不让贤人在家自食"，能蓄养贤士。"宜于涉越大河"，顺应天道。

《象》曰：天在山中①，大畜，君子以多识前言往行②，以畜其德。

【注释】

①天在山中：《大畜》下乾上艮，艮为山，乾为天，故曰"天在山中"。

②识：学习。往行：往圣事迹。

【译文】

《象》说：天在山中，《大畜》卦之象。君子（效此）当广泛学习前贤言行往圣事迹，以畜养自己的德行。

初九：有厉①，利已②。

【注释】

①厉：危厉。

②已：停止。

【译文】

初九：有危厉，宜于停止。

《象》曰："有厉利巳"，不犯灾也①。

【注释】

①不犯灾：《乾》健，《艮》止，刚健前进的《乾》卦三阳，被《艮》卦阻止，阻止的对象大，阻止的力量也大，"初九"之阳居下，力量尚不足，故"不犯灾"。

【译文】

·

《象》说："有危厉宜停止"，（初九）不冒犯灾难（前行）。

九二：舆说轻輹①。

【注释】

①舆：车。说：脱。

【译文】

九二：车身脱离车轴。

《象》曰："舆说輹"，中无尤也①。

【注释】

①中无尤："九二"居中，有刚中之德，无过尤。

【译文】

《象》说："车身脱离车轴"，有中德无过尤。

九三：良马逐①，利艰贞②，日闲舆卫③，利有攸往。

【注释】

①逐：奔逐。
②贞：正。
③闲：练习。

【译文】

九三：良马奔逐，宜艰难中守正。每日练习用车马防卫，宜有所往。

《象》曰："利有攸往，"上合志也①。

【注释】

①上合志："九三"与"上九"都阳刚积极，志向相合。

【译文】

《象》说："利于有所往"，（九三）与上九志向相投合。

六四：童牛之牿①，元吉。

【注释】

①童牛：无角小牛。此指"初九"。牿：gú，牛角上的横木，防牛伤人之用。

【译文】

六四：施牿于童牛角上（以防觝人），大吉。

《象》曰："六四元吉"，有喜也①。

【注释】

①有喜："六四"畜"初九"之阳于初，故有"喜"。

【译文】

《象》说："六四大吉"，是有喜事。

六五：豮豕之牙①，吉。

【注释】

①豮：fén，豕去势曰"豮"。

【译文】

六五：制约阉割过的猪的尖牙，吉。

《象》曰："六五"之"吉"，有庆也①。

【注释】

①有庆："六五"居中，能够抓住事物的关键，故"有庆"。

【译文】

《象》说："六五"之"吉"，（是因为其止健得法而）有福庆。

上九：何天之衢①，亨。

【注释】

①何：荷。衢：四通八达的大路。

【译文】

上九：肩荷苍天，使大路畅通无阻，亨通顺利。

《象》曰："何天之衢"，道大行也①。

【注释】

①道大行："上九"处《艮》卦之极，已经到了阻止的极点，不能再阻止刚健的下卦，不如让其自由通行，故天道大行。

【译文】

《象》说："肩荷苍天，使大路畅通无阻"，（这是上九畜德之）道大为通行。

颐卦第二十七

☶ 震下　艮上

颐①：贞吉。观颐，自求口实②。

【注释】

①颐：养，口中含物自养。《序卦传》曰："物畜然后可养，故受之以《颐》。颐者，养也。"万物蓄积之后才可以养，所以《大畜》卦之后是《颐》卦。《颐》卦的卦形，像是张开的口，上下牙齿相对，食物由口进入体内，供给营养，所以颐有养的含意。《颐》卦下震上艮有动止咀嚼之象，吃东西时，上颚不动下颚动，所以颐也有口的意义。

②口实：口中的食物。

【译文】

颐：守正吉祥，观察天地养育万物之理，以求自我养身、养德之道。

《彖》曰：颐，"贞吉"，养正则吉也。"观颐"，观其所养也。"自求口实"，观其自养也①。天地养万物，圣人养贤以及万民。颐之时大矣哉。

【注释】

①自养：自己养活自己。

【译文】

《彖》说：颐，"守正吉祥"，是说养人养己必须正当才能吉祥。"观颐"，是观察天地养育万物之理。"自求口食"，是观察自己养活自己之路。天地养育万物，圣人养育贤能并普及到万民百姓。颐时（包含的意义），太大啦！

《象》曰：山下有雷①，颐。君子以慎言语，节饮食。

【注释】

①山下有雷：《颐》下震上艮，艮为山在上，震为雷在下。故曰"山下有雷"。

【译文】

《象》说：山下有雷动，《颐》卦之象。君子（效此）当谨慎言语（以养德），节制饮食（以养身）。

【讲解】

祸从口出，病从口入。

初九：舍尔灵龟①，观我朵颐②，凶。

【注释】

①舍：舍弃。尔：你。灵龟：龟能咽息不食。"灵龟"喻明智而可以不求养于外。

②朵颐：欲食之貌。

【译文】

初九：舍弃你之灵龟（自养之道），观看我大快朵颐，凶。

《象》曰："观我朵颐"，亦不足贵也①。

【注释】

①贵：尊重。

【译文】

《象》说："观看我大快朵颐"，（初九求养行为）不值得尊重。

六二：颠颐①，拂经②，于丘颐③，征凶。

【注释】

①颠：倒。"六二"无应于"六五"，反向下求养于"初九"，有失"颐"养之道，故"颠"。

②拂：违。经：常。拂经：违反常理。

③丘：高地，此指"上九"。"六二"不能以柔顺中正自养，既"颠颐"求初，又违背"奉上"常理，向"上九"索取颐养，以此前往，必凶。

【译文】

六二：反过来向下乞求食物以获取奉养，是违背常理的，向高丘处乞食，则前进的途中必然遭遇凶险。

《象》曰："六二征凶"，行失类也①。

【注释】

①行失类："六二"上行，所遇皆阴，同性非类，阴阳相遇方为类，故"行失类"。

【译文】

《象》说："六二出征则有凶"，（是因为六二）前往必然失去同类。

六三：拂颐，贞凶。十年勿用，无攸利。

【译文】

六三：违背颐养之道，守正以防凶。十年之久无所用，没有什么利益。

《象》曰："十年勿用"，道大悖也[①]。

【注释】

①道大悖："六三"违中失正，处下震动之极，故曰"道大悖"。

【译文】

《象》说："十年不可以用"，与正道大相违背。

六四：颠颐，吉。虎视眈眈[①]，其欲逐逐[②]，无咎。

【注释】

①虎视眈眈：双眼威猛有神。
②逐逐：相继而不乏，连接不绝。

【译文】

六四：反过来向下乞求食物以获取奉养，可以获得吉祥；（因为这就像老虎要扑食那样，）虎视眈眈，专心致志，孜孜以求，（则必然能够达到目的，）当然也没有什么灾祸。

《象》曰："颠颐"之"吉"，上施光也[①]。

【注释】

①上施光："六四"在上体而得正，又得初之刚应，故在上而德施广大。

【译文】

《象》说："向下乞求食物以获取奉养"有"吉"，（是因为六四）在上而德施光大。

六五：拂经，居贞，吉；不可涉大川。

【译文】

六五：违背颐养的正道，（但是若能够）居而守正，（结果就）吉祥；（但是）不能够涉过大河。

《象》曰："居贞"之"吉"，顺以从上也①。

【注释】

①顺以从上："六五"无应于下，以柔顺可以服从"上九"之阳。

【译文】

《象》说："居而守正则吉"，（六五）柔顺可以服从上九（之阳）。

上九：由颐①，厉吉，利涉大川。

【注释】

①由：依赖。

【译文】

上九：依赖上九以养人，知危能慎，则吉，利于涉越大河。

《象》曰："由颐厉吉"，大有庆也①。

【注释】

①大有庆："上九"处外卦艮之上，以示颐养之德已成，故有福庆。阳为"大"，艮为成。

【译文】

《象》说："依赖上九以养人，知危能慎则吉"，（是因为）大有吉庆。

大过卦第二十八

☰ 巽下　兑上

大过①：栋桡②，利有攸往，亨。

【注释】

①大过：大的过度，非常行动。《大过》卦是《颐卦》的"错卦"，两卦阴阳爻完全相反，两卦交互为用，意为不一般的行动，需要不一般的给养。《序卦传》曰："不养则不可动，故受之以大过。"意思是不经过一番颐养，就不能有所行动。所以《颐》卦之后是《大过》卦。阳大阴小，从卦形看，四阳居中过盛，二阴处外虚弱，是大的过度的形象。所以，称作《大过》卦。

②栋桡：房屋栋梁弯曲。栋：房屋的主梁。桡：弯曲。

【译文】

大过：房屋的栋梁（受到重压而）弯曲，宜于有所往，亨通。

《象》曰：大过，大者过也①。"栋桡"，本末弱也②。刚过而中③，巽而说④，行。"利有攸往"，乃"亨"。大过之时大矣哉。

【注释】

①大：指阳而言，阳为大。过：过度。

②本末弱：《大过》初上首尾两端为阴爻，初为本，上为末，阴为柔弱，故"本末弱"。

③刚过而中：《大过》虽阳过，但二五两阳居中。

④巽而说：《大过》下巽上兑，兑为说。

【译文】

《象》说：大过，大（阳）盛过于（阴）。"栋梁弯曲"，（是因为）本与末都很柔弱。阳刚过盛而处中，逊顺喜悦而行动。"利于有所往"，所以"亨通"。《大过》之时（的含义）太伟大了！

【讲解】

《程传》："如立非常之大事，兴百世之大功，成绝俗之大德，皆'大过'之事也。"

《象》曰：泽灭木①，大过。君子以独立不惧，遁世无闷。

【注释】

①泽灭木：《大过》下巽上兑，兑为泽在上，巽为木在下，故有"泽灭木"之象。

【译文】

《象》说：泽水淹没树木，《大过》卦之象。君子（效此）当独自屹立而不畏惧，隐退于世而无所忧闷。

初六：藉用白茅①，无咎。

【注释】

①藉：铺垫。茅：茅草。

【译文】

初六：用白色茅草铺地（陈设祭品以示敬），无灾害。

《象》曰："藉用白茅"，柔在下也①。

【注释】

①柔在下："初六"以阴柔居卦之下。

【译文】

《象》说："用白茅草铺地（陈设祭品）"，（初六）阴柔处卦之下。

九二：枯杨生稊①，老夫得其女妻②，无不利。

【注释】

①稊：树木新生的嫩芽。

②女妻：少妻。

【译文】

九二：枯萎杨树生出嫩芽新枝，老汉娶得少妻，没有什么不利。

《象》曰："老夫女妻"，过以相与也①。

【注释】

①过以相与："九二"阳刚过甚，但能与"初六"阴柔相比相亲。"初六"为"女妻"，"九二"为"老夫"。

【译文】

《象》说："老夫（得）少妻"，（九二阳刚）过而与（初六阴柔）相互亲比。

九三：栋桡，凶。

【译文】

九三：栋梁被压弯曲，凶。

《象》曰："栋桡"之"凶"，不可以有辅也①。

【注释】

①不可以有辅："九三"以阳居阳，与"上六"相应，但"上六"为"末"而"弱"，故不可有阴相辅助。

【译文】

《象》说："栋梁压弯"之"凶"，不可以有（上阴）辅助。

九四：栋隆①，吉。有它吝②。

【注释】

①隆：隆起。
②有它：有应于他方，指"初六"。

【译文】

九四：栋梁隆起，吉利；但有应于他方则会悔吝。

《象》曰："栋隆"之"吉"，不桡乎下也①。

【注释】

①不桡乎下："九四"以阳居阳，过而不过，故隆而吉；但"九四"若趋下应初就会过柔。下：指"初六"。

【译文】

《象》说："栋梁隆起"之"吉"，（是因为九四）使栋梁不再往下曲折弯挠。

九五：枯杨生华①，老妇得其士夫②，无咎，无誉。

【注释】

①华：花。
②士夫：年轻丈夫。

【译文】

九五：枯萎杨树重新开花，老妇嫁得年轻丈夫，没有祸害，也不值得称道。

《象》曰："枯杨生华"，何可久也①？"老妇士夫"，亦可丑也②。

【注释】

①何可久："九五"虽与"上六"亲比，但因"上六"穷极，故不能长久。
②亦可丑："九五"在连续四个阳爻的最上方，过于刚胜，喻为壮男"上六"处卦之终极，喻为衰老之妇，老妇难与壮男匹配，故只能为丑辱。

【译文】

《象》说："枯萎杨树开了花"，怎么能长久？"老妇配年轻丈夫"，只能是羞丑。

上六：过涉灭顶①，凶，无咎②。

【注释】

①灭：淹没。顶：头顶。

②无咎："上六"处过极之地，才弱不足以济，然于义为无咎者，盖杀身成仁之事。视其"独立不惧"的就是毅力，虽凶无咎。

【译文】

上六：涉水过深，（以致水）淹没头顶，凶，但无灾害。

《象》曰："过涉"之"凶"，不可"咎"也①。

【注释】

①不可咎："上六"犹如栋梁末端，因过弱，不胜重负而下曲，当极力拯救仍未能承压之时，毅然自损其身，保存主体，大屋赖以不陷。时无可为，祸无可避，甘雁其凶。其举，就不可再致以责备了。

【译文】

《象》说："涉水过深"的"凶险"，就不可再"咎责"。

坎卦第二十九

坎下　坎上

习坎①：有孚维心②，亨，行有尚③。

【注释】

①坎：有陷、险之义。习：重复。习坎："卦辞"通常都是直接说出卦名，本卦加了一个"习"字，强调重重险难，即重坎。

②孚：诚信。维：维系。

③尚：赏。

【译文】

重重坎险，（然而）有诚系于心，亨通，行必有赏。

《彖》曰：习坎，重险也①。水流而不盈②，行险而不失其信③。"维心亨"④，乃以刚中也⑤。"行有尚"⑥，往有功也⑦。天险，不可升也；地险，山川丘陵也。王公设险，以守其国。险之时用大矣哉！

【注释】

①重险：《坎》上下皆坎，坎为险，故有两险相重之义。

②水流而不盈：《坎》阳动于阴中故曰流，阳陷入二阴之中故"不盈"。

③不失其信：是解释卦辞"有孚"。

④维心亨：有诚系之于心，亨通。

⑤刚中：二五之阳居中。

⑥尚：赏。

⑦功：是解释"行有尚"之"尚"。

【译文】

《彖》说：习坎，有双重危险。水流动而不盈溢，历尽危险而不失诚信，"维系于心，亨通"，这是因有刚中之德。"行动有奖赏"，前往必有功效。天险，无法升越；地险，指山川丘陵。王公（观象效此）设置险阻，来守卫自己的邦国。坎险时的功用太伟大了！

《象》曰：水洊至①，习坎。君子以常德行，习教事。

【注释】

①水洊至：《坎》下坎上坎，坎为水，下坎水方至，上坎水再至，水流不息之象。洊：再。

【译文】

《象》说：水流接连不断而来，《习坎》之象。君子（效此）当恒久保持道德品行，传习政教之事。

初六：习坎，入于坎窞①，凶。

【注释】

①窞：dàn，深坑。

【译文】

初六：重重坎险，入坎险深处，凶。

《象》曰："习坎入坎"，失道"凶"也①。

【注释】

①失道凶："初六"阴柔居重险之下而失正，上无应援，故失其出险之道而有凶。

【译文】

《象》说："重重涉坎险而入于坎中"，违失履险之道必"凶"。

九二：坎有险，求小得。

【译文】

九二：坎中有险，从小处谋求（脱险）必有所得。

《象》曰："求小得"，未出中也①。

【注释】

①未出中："九二"失位居两阴之中，故未出险中。

【译文】

《象》说："从小处谋求必有所得"，（说明九二此时尚）未脱出险中。

六三：来之坎坎①，险且枕②。入于坎窞，勿用。

【注释】

①之：往、去。

②枕：倚着未安之意。

【译文】

六三：来去都处在险陷之间，面临着危险，头枕着危险，落入坎险深处，不可轻举妄动。

《象》曰："来之坎坎"，终无功也①。

【注释】

①终无功："六三"处上下两坎之间，不中不正，进退皆坎，故"终无功"。

【译文】

《象》说："来往皆坎险"，终究难成行险之功。

六四：樽酒①，簋贰②，用缶，纳约自牖③，终无咎。

【注释】

①樽：zūn，古代酒器。

②簋：guǐ，古代装谷物的竹器。贰：二。

③约：信约。牖：yǒu，窗户。

【译文】

六四：一樽薄酒，两簋淡食，用质朴的瓦缶盛物（虔诚地分开奉献给尊者），通过窗户接纳信约，终无灾害。

《象》曰："樽酒簋贰"，刚柔际也①。

【注释】

①刚柔际："六四"之柔与"九五"之刚相比而交接。际：交接。

【译文】

《象》说："一樽薄酒两簋淡食"，（是说九五之）刚与（六四之）柔相互交接。

九五：坎不盈，祗既平①，无咎。

【注释】

①祗：小丘。

【译文】

九五：坎陷未满盈，小山头却被铲平，没有灾难。

《象》曰："坎不盈"，中未大也^①。

【注释】

①中未光大："九五"之刚居中，但陷于两阴之中，故平险之功未能广大。

【译文】

《象》说："坎水未满盈"，处险难之中，平险之功未能光大。

上六：系用徽纆^①，置于丛棘^②，三岁不得^③，凶。

【注释】

①系：捆绑。徽纆（mò）：均为绳索之名。
②丛棘：荆棘丛中。
③三岁：三年。

【译文】

上六：用绳索重重捆绑（罪人），置于荆棘丛中，（此人）三年不得（解脱），凶险。

《象》曰："上六"失道^①，"凶三岁"也^②。

【注释】

①上六失道："上六"阴柔居坎之终而失去济险之道。
②岁：年。

【译文】

《象》说："上六"失去济险之道，故"有三年凶险"。

离卦第三十

▤ 离下　离上

离①：利贞，亨。畜牝牛②，吉。

【注释】

①离：《离》卦是《坎》卦的"错卦"。《序卦传》曰："陷必有所丽，故受之以《离》。离者，丽也。"遇险必须攀附，攀附才能脱险，所以在坎卦之后接着是离卦。"离"是"依附"、"附着"的意思，依附就要靠近，这与"离"字的字面意思"分离、离开"是相反的。这就是易道的思维观，用显而易见的矛盾来显示易象、易理。因为附着的两物，必然是分离的，所以也有附、偶、合的含意。离卦，是中间的一个阴爻，附着于两个阳爻的形象；因而命名为离卦。离卦又象征火：火的内部空虚，外表光明，正相当于中间阴虚，外方阳实的卦形；而且，火又必定附着在燃烧的物体上。

②畜：养。牝：母。

【译文】

离，利于守正，亨通。畜养母牛，吉。

《彖》曰：离，丽也，日月丽乎天，百谷草木丽乎土①，重明以丽乎正②，乃化成天下，柔丽乎中正③，故"亨"，是以"畜牝牛吉"也。

【注释】

①土：亦作"地"，案：《易传》多以天地相称，故作"地"为胜。

②重明以丽乎正：《离》卦上下皆为离，离为明，故曰"重明"；内卦三爻皆得正位，故曰正。此是说外卦重明依附于内卦之正。

③柔丽乎中正：《离》卦"六二"、"六五"居中，"六二"得正。

【译文】

《彖》说：离，为附着。日月依附于天（而光明），百谷草木依附于地（而生长），（日月）重明而依附于正道，才能化育生成天下（万物）。阴柔依附于中正（之道），所以"亨通"。

因而"畜养母牛,吉祥"。

《象》曰:明两作①,离。大人以继明②,照于四方。

【注释】

①明两作:《离》卦上下皆离。离为明,故"明两作",即《象》所谓"重明"。作:起。

②继明:连续不绝的光明。

【译文】

《象》说:光明重重相继兴起普照下土,《离》卦之象。大人(效此)当以绵延永续的光明照临天下四方。

初九:履错然敬之①,无咎。

【注释】

①履:践行事物。错然:错落有致。敬之:郑重不苟。

【译文】

初九:践行事物错落有致,郑重不苟,无灾咎。

《象》曰:"履错"之"敬",以辟"咎"也①。

【注释】

①以辟"咎":"初九"以阳居明之初,象日出而升,当以恭敬则可避免灾咎。辟:避。

【译文】

《象》说:"践行事物错落有致"而"郑重不苟",以避"灾咎"。

六二:黄离,元吉①。

【注释】

①黄:黄色,黄色是土色,土五行居中。

【译文】

　　六二：附着在黄色上，大吉。

《象》曰："黄离元吉"，得中道也①。

【注释】

　　①得中道："六二"居中得正，故"得中道"。

【译文】

　　《象》说："附着在黄色上，大吉"，（是因为六二）能得中道。

九三：日昃之离①，不鼓缶而歌②，则大耋之嗟③，凶。

【注释】

　　①昃：太阳偏西。

　　②鼓：敲打。缶：瓦盆，可作乐器之用。

　　③耋：dié，老年人的通称。年八十曰"耋"，"大耋"极言年老。古人称老年人为"耋年"。
嗟：感叹声。

【译文】

　　九三：夕阳西下，不敲击瓦器而歌唱，老之将至则嗟叹不已，凶。

《象》曰："日昃之离"，何可久也①？

【注释】

　　①何可久："九三"过中，其明不能长久。

【译文】

　　《象》说："夕阳西下"，岂能长久？

九四：突如其来如①，焚如，死如，弃如。

【注释】

①突：突然。来：升起。

【译文】

九四：突然升起火红的太阳，犹如烈火燃烧，被烧尽、被舍弃。

《象》曰："突如其来如"，无所容也①。

【注释】

①无所容：无所附丽、容纳。

【译文】

《象》说："突然升起火红的太阳"，无所（附丽）容纳。

六五：出涕沱若①，戚嗟若②，吉。

【注释】

①沱若：滂沱状。喻泪满面如雨。若：样子。
②戚：忧伤。

【译文】

六五：泪如雨下，忧戚叹息，吉。

《象》曰："六五"之"吉"，离王公也①。

【注释】

①离王公："六五"居两阳之间，故有吉当依上下王公。离：依附。王公：九四、上九为阳称王公。

【译文】

《象》说："六五"之爻有"吉庆"，（是因为）依附王公而得助。

上九：王用出征，有嘉折首①，获匪其丑②，无咎。

【注释】

①嘉：嘉奖。折：折服。

②匪：非。丑：同类，随从者。

【译文】

上九：君王用兵出征，有令嘉奖折服首恶者，俘获的（俘虏）不是一般随从者，（故而）无咎。

《象》曰："王用出征"，以正邦也①。

【注释】

①以正邦："上九"以刚处离之上，刚断而明照，以察天下，故可以正邦国。

【译文】

《象》说："大王用兵出征"，以正定邦国。

下经

咸卦第三十一

䷞ 艮下　兑上

咸①：亨，利贞。取女，吉②。

【注释】

①咸：有感应、交感之意，引申为夫妇之道。为什么不直接用"感"这个字呢？这就是《易传》的奥妙！无心为咸，为自然感应，这是异性间既自然又必然的现象；有心为感，为人为感应，有心就有局限。《易传》字字珠玑，一字千理，能体悟到易道奥妙，必能"与天地准"。"咸"又有"皆"的意思，因为万物皆有感应。《咸》卦是下经的开门卦，从讲"天人感应"开始。

②取：娶。

【译文】

咸：亨通顺利，宜于守正。娶女，吉。

《象》曰：咸，感也①。柔上而刚下②，二气感应以相与③，止而说④，男下女⑤，是以"亨"，利贞，取女"吉"也。天地感，而万物化生；圣人感人心，而天下和平。观其所感，而天地万物之情可见矣。

【注释】

①感：感应。

②柔上而刚下：《咸》下艮上兑，艮为刚在下，兑为柔在上。

③与：助。

④止而说：《咸》之下卦《艮》为止为少男，上卦《兑》为说（悦）为少女，象征少男追求少女不能三心二意，应当坚定不移，以诚意使对方喜悦。男女相互感应，进而爱慕，是必然的自然现象，因而亨通。但动机必须纯正，婚姻才会吉祥。

⑤男下女：即男处女下，艮为少男在下，兑为少女在上，有聘士、亲迎之义。《荀子·大略》曰："咸，感也。以高下下，以男下女，柔上而刚下。聘士之义，亲迎之道，重始也。"《仪

314

礼·士昏礼》曰："凡纳采、问名、纳吉、纳征、请期、亲迎诸礼皆男下女之事。"男下女即指男先下于女。《礼记·郊特牲》曰："男子亲迎，男先于女，刚柔之义也。"

【译文】

《象》说：咸，感应。阴柔处上而阳刚处下，（阴阳）二气感应以相助，止而喜悦，男处女下，所以"亨通，宜于守正，娶女吉祥"。天地交感从而万物变化生成，圣人感化人心，从而天下和平。观察这一感应的法则，就可以发现天地万物之情了！

《象》曰：山上有泽①，咸。君子以虚受人②。

【注释】

①山上有泽：《咸》下艮上兑，兑为泽，艮为山。山高而在下承托上方的水泽，并吸收其水分；泽卑而在上，并滋润下面的山体。有山泽二气相通感应之象，故为咸。

②以虚受人：以谦虚之心受纳于人。此取泽水下润，山虚以受之象，亦是观象内化、天人感应的易道思维观。

【译文】

《象》说：山上有泽水，《咸》卦之象。君子（效此）当以谦虚之心受纳于人。

初六：咸其拇①。

【注释】

①拇：即大脚趾。

【译文】

初六：感应在大脚趾上。

《象》曰："咸其拇"，志在外也①。

【注释】

①志在外："初六"与"九四"相应，志在应外卦"九四"。外：外卦。

【译文】

《象》说："感应在大脚趾上"，其志向在外（卦九四）。

六二：咸其腓^①，凶。居吉。

【注释】

①腓：féi，腿肚子。

【译文】

六二：感应在腿肚子上，凶。安居守静，吉。

《象》曰：虽"凶居吉"，顺不害也^①。

【注释】

①顺不害："六二"阴柔得正居中，顺从柔顺的本性，才是交感之道。顺：柔顺。

【译文】

《象》说：虽有"凶险安居则吉"，（是因为六二能）顺从交感之道故不会有害。

九三：咸其股^①，执其随^②，往吝。

【注释】

①股：大腿。
②执：执意。

【译文】

九三：感应在大腿上，执意盲从泛随于人，前往就会蒙羞。

《象》曰："咸其股"，亦不处也^①。志在"随"人，所"执"下也^②。

【注释】

①亦不处："九三"阳刚居艮之上，多凶之位，阳盛性躁，相感不专。本当处，但因它与"上六"相应而感动，故"亦不处"。亦：指"六二"而言，"六二"与"九五"感应，故"不处"。处：静处。

②志在随人，所执下："九三"之阳与"六二"之阴相比，虽与上六感动"不处"，但其心志在于随从，故执意而为下六二之阴，是君子悦小人之象。下：指二。

【译文】

《象》说："感应在大腿上"，亦不能安居静处；志在"随从"别人，（九三）所"执意"为下（六二之阴）。

九四：贞吉，悔亡。憧憧往来①，朋从尔思②。

【注释】

①憧憧：心意不定，往来不绝。

②尔：你。

【译文】

九四：守正则吉，悔事消亡。往来心意不定，朋友们顺从你的想法。

【讲解】

天下万物都是相互影响、相互感应，朋友的所思所想，与自己的心思会有莫大关系。这就是"同声相应，同气相求。"《咸》卦六爻阴阳上下相呼应，正是"憧憧往来"之貌；中间三个阳爻相连，恰乃"朋"之象。学《易》，必从文象入手，二者偏一则非。文者，文以载道也；象者，象其物宜也。文以载道，故能开发人类左脑（逻辑思维）；象其物宜，故能开发人类右脑（形象思维）。一左一右，一阴一阳，道乃成矣！文象互应，实乃中华文化之神韵所在，此言不虚！

《象》曰："贞吉悔亡"，未感害也①。"憧憧往来"，未光大也②。

【注释】

①未感害："九四"居上而在三阳爻之中心，为交感之中枢，心中正直，故未因交感而遭害。

②未光大："九四"失正，故其交感之道不能光大。

【译文】

《象》说："守正则吉，悔事消亡"，（九四）未因交感而遭害。"往来心意不定"，（九四交感之道）未能光大。

九五：咸其脢①，无悔。

【注释】

①脢:méi,背脊肉。

【译文】

九五:感应在背脊肉上,无悔。

《象》曰:"咸其脢",志末也①。

【注释】

①志末:"九五"与"上六"相比,"九五"志向在于与"上六"相感。末:此指"上六"。《系辞》"其初难知,其上易知,本末也",《象》释《大过》曰:"本末弱也。"其"末"均指上爻。

【译文】

《象》说:"感应在背脊肉上",志向是与(上六)之末感应。

上六:咸其辅、颊、舌①。

【注释】

①辅:颊,唇齿相辅之意。颊:面颊。

【译文】

上六:感应在颊、面颊、舌头上。

《象》曰:"咸其辅、颊、舌",滕口说也①。

【注释】

①滕:通"腾"。腾:马奔腾。滕:水沸腾。兑为口,有悦言、口舌之象,而颊、颊、舌都是用来说话的。

【译文】

《象》说:"感应在颊、面颊、舌头上。"是宣扬空言取悦于人。

【讲解】

《咸》卦于人之身体而言，上六阴爻为口，中三阳为腹背，下二阴为腿脚。这就是形象思维！

《易》者，象也！离象，无《易》！离象，解《易》，必然差之毫厘，谬以千里！关于《咸》卦，自古有多解，然偏颇者甚多！何故？

缺少古圣的大局观，尤其是缺少易道天地人万物一体的思维架构。《乾》、《坤》两卦是整个六十四卦的开门卦，《屯》、《蒙》两卦是《周易·上经》的开门卦，上经重点讲天地万物运行的规律。前面我们反复强调，谈天说地的目的是什么？是文化！什么是文化？以文化人！

以文化人，不能没有人本，必须以人为本。谈天说地，到最后必须落实到人身上，否则就是空谈，就是大话、空话、套话。以人为本的极致，就是天地人三才之道，就是天地人万物一体的思维架构。《易》与天地准！有天道焉，有地道焉，有人道焉。上经讲了天道、地道，下经就开始讲人道了。

《咸》、《恒》两卦就是下经的开门卦，尤其是《咸》卦，主要是讲夫妇感应之道。所以，在注解的时候，如果不能把握这一点，就必定会失之偏颇！学《易》有门有捷径。

恒卦第三十二

 巽下　震上

恒①：亨，无咎。利贞，利有攸往。

【注释】

①恒：恒久，恒常。《恒》卦是《咸》卦的"综卦"。《序卦传》曰："夫妇之道，不可以不久也，故受之以《恒》。恒者，久也。"感应短暂，恒久长远，暂与久相互为用，所以在表示夫妇之道的《咸》卦之后便是《恒》卦。下卦"巽"为长女，上卦"震"为长男。《咸》卦男下女上，女尊男卑，象征男女、阴阳相互感应的道理；《恒》卦男上女下，男尊女卑，象征夫妇的常理，所以，命名为"恒"。

【译文】

恒：亨通，无咎，宜于守正，利有所往。

《象》曰：恒，久也。刚上而柔下①，雷风相与②，巽而动③，刚柔皆应④，恒。恒，"亨，无咎，利贞"，久于其道也⑤。天地之道恒久而不已也⑥。"利有攸往"，终则有始也。日月得天而能久照，四时变化而能久成，圣人久于其道而天下化成。观其所恒，而天地万物之情可见矣。

【注释】

①刚上而柔下：从内外卦看，《恒》下巽上震，震为刚在上，巽为柔在下。从爻画看，《恒》卦"九四"之刚自下而上，"初六"之柔自上而下。故曰"刚上而柔下"。

②雷风相与：《恒》卦上震为雷，下巽为风，雷风相助。

③巽而动：《恒》下巽上震，震为动。

④刚柔皆应：《恒》卦初四、二五、三六刚柔皆相应。

⑤久于其道：长久保持恒道。

⑥不已：不停止。

【译文】

《象》说：恒，恒久。阳刚处上而阴柔处下，雷风相助，巽顺而动，阳刚与阴柔皆相互应和，故为恒。恒，"亨通，无咎，利于守正"，（因为）长久恒守其道！天地之道，恒久而不止。"利有所往"，终则必有新的开始。日月得天才能长久地照耀，四季交替变化才能长久地运行，圣人能长久地恒守其道，天下（德风美俗）才能化育而成。观察这一恒久的道理，则天地万物的情状就可以显现了！

《象》曰：雷风①，恒。君子以立不易方②。

【注释】

①雷风：《恒》下巽上震，震为雷，巽为风。

②方：犹"道"。

【译文】

《象》说："雷风（长相助），《恒》卦之象。君子（效此）当树立恒久不变的正确思想。"

初六：浚恒①，贞凶，无攸利。

【注释】

①浚：jùn，疏通，挖深。是指渠道、河流、井堵塞之后，将之疏通。浚恒：疏通太久。

疏通就好了，但持久不断地疏通，以致水倒流而回，就凶了。

【译文】

初六：疏通太久，守正也凶，不吉利。

《象》曰："浚恒"之"凶"，始求深也①。

【注释】

①始求深："初六"处卦之下，故有始求深之义。初下为深。

【译文】

《象》说："疏通太久"之"凶"，（在于）开始就追求深远。

九二：悔亡①。

【注释】

①亡：消亡。

【译文】

九二：悔事消亡。

《象》曰："九二悔亡"，能久中也①。

【注释】

①能久中："九二"居中，能恒久行中道。

【译文】

《象》说："九二悔事消亡"，（是因为九二）能久行中道。

九三：不恒其德，或承之羞①，贞吝。

【注释】

①承：蒙受。

【译文】

九三：不能恒守其德，不时蒙受羞辱，守正亦吝。

《象》曰："不恒其德"，无所容也①。

【注释】

①无所容："九三"阳居阳位得正，又居三阳之中，过于刚强躁动，不能坚守恒久之道，为天地所不容。

【译文】

《象》说："不能恒守其德"，无所容身。

九四：田无禽。

【译文】

九四：田中无禽兽。

《象》曰：久非其位①，安得"禽"也？

【注释】

①久非其位："九四"以阳居阴而失位，故曰"久非其位"。

【译文】

《象》说：（九四）久居不当之位，怎么能获取"禽兽"？

六五：恒其德，贞。妇人吉，夫子凶①。

【注释】

①夫子：指男人。

【译文】

六五：恒守其德，则正。妇人吉，（而）男人则凶。

《象》曰："妇人贞吉"，从一而终也①。"夫子"制义②，从妇"凶"也。

【注释】

①从一而终："六五"应"九二"，以"六五"阴从"九二"阳，终其身而不改。

②"夫子"制义：夫子裁制事宜。制：裁制。义：指夫子在外处世的原则。

【译文】

《象》说："妇人守正则吉"，（妇）终身跟从一夫。"夫子"必须裁制事宜，一味盲目顺从妇人则有凶险。

上六：振恒，凶。

【译文】

上六：震动太久，凶。

《象》曰："振恒"在上①，大无功也②。

【注释】

①振恒在上："振恒"之辞在卦之上爻。

②大无功："上六"处《恒》上体震动之极，不能守恒，故"大无功"。

【译文】

《象》说："震动太久"处在上位，大无功效。

遯卦第三十三

☷ 艮下　乾上

遯①：亨②，小利贞③。

【注释】

①遯：隐退、逃避。《序卦传》曰："物不可以久居其所，故受之以《遯》。遯者，退也。"可见，在本卦中，"遯"主要是"隐遯"之义。《遯》卦也是"十二消息卦"之一，代表六月。从卦象看，是二阴四阳，实质上是阴爻步步上长，阳爻渐渐后退，阴长阳消，阴爻进逼，阳爻隐遯。

②亨：阴长阳消是自然规律，有利于万物的生长，故"亨"。

③小利贞：阴长阳消利于万物生长的正常规律。小：指阴气渐长。 贞：正固。万物生长的正常规律。

【译文】

遯：亨通，阴气（渐长）有利于（万物生长的）正常（规律）。

《彖》曰：遯，"亨"，遯而亨也。刚当位而应①，与时行也。"小利贞"，浸而长也②。遯之时义大矣哉！

【注释】

①刚当位而应：《遯》卦"九五"得位居中而与"六二"相应。

②浸而长：《遯》卦二阴居四阳之下，有浸润而渐长之势。

【译文】

《彖》说：遯，"亨通"，（阳气）隐退而有亨通。（九五）阳刚居正当位而应（六二阴柔），因时而运行。"阴气（渐长）有利于（万物生长的）正常（规律）"，（是说阴气）浸润而逐渐盛长。《遯》卦所启示的时间意义，太伟大了！

《象》曰：天下有山①，遁。君子以远小人②，不恶而严。

【注释】

①天下有山：《遁》卦下艮上乾，乾天在上，艮山在下，故"天下有山"，象征着隐让退避。因为山有多高，天就有多高，似乎山在逼天，而天在步步后退，但天无论怎样后退避让，却始终高踞在山之上。

②远：疏远。

【译文】

《象》说：天下有山，《遁》卦之象。君子（效此）当远避小人，不予憎恶而有威严。

初六：遁尾，厉①，勿用有攸往。

【注释】

①厉：危险。

【译文】

初六：退避不及落在末尾，（当然）危险，（但）不可采取积极向前的行动。

《象》曰："遁尾"之"厉"，不往何灾也①?

【注释】

①不往何灾："初六"居《艮》体，《艮》为止，故不往则可以免于灾。此句用来解释"勿用有攸往"。

【译文】

《象》说："退避不及落在末尾"而有"危险"，不前往能有什么灾呢?

六二：执之用黄牛之革①，莫之胜说②。

【注释】

①执：缚。革：皮。

②说：脱。

325

【译文】

六二：用黄牛皮制的革带捆缚它，没有人能使之解脱。

《象》曰："执用黄牛"，固志也①。

【注释】

①固志："六二"居中得正，又处下体艮，艮为止，故曰"固志"。

【译文】

《象》说："用黄牛（皮绳）捆缚"，固守其志。

九三：系遁①，有疾厉；畜臣妾②，吉。

【注释】

①系遁：心怀系恋，不能及时退避。系：系恋。
②畜臣妾：畜养仆人和侍妾。

【译文】

九三：心怀系恋，不能退避，（就像）得了厉害的疾病（一样）危险；畜养仆人和侍妾则吉利。

《象》曰："系遁"之"厉"，有疾惫也①。"畜臣妾吉"，不可大事也②。

【注释】

①有疾惫："九三"居下艮之上，为阴所系而不能去，当退不退，充满矛盾，故必疲惫。惫：疲惫。
②不可大事：不可做大事。"九三"之阳系于下阴，阴为小，故"不可大事"。

【译文】

《象》说："心怀系恋，不能退避"而有"危厉"，（是因为）有疾病一样的疲惫。"畜养臣妾有吉"，不可以作大事。

九四：好遁^①，君子吉，小人否。

【注释】

　①好：善，适时。

【译文】

　九四：能适时隐遁，君子吉利，小人不吉利。

《象》曰："君子好遁，小人否也。^①"

【注释】

　①君子好遁，小人否："九四"以阳居阴失位，正是阳气（君子）隐遁之时；而阴气（小人）正长，故不能隐遁。

【译文】

　《象》说："君子正好隐遁，小人则不能（隐遁）。"

九五：嘉遁，贞吉^①。

【注释】

　①嘉：善美。

【译文】

　九五：嘉美而退，守正吉祥。

《象》曰："嘉遁贞吉"，以正志也^①。

【注释】

　①以正志："九五"居中得正，与时同行，退而得正位，故曰"以正志"。用来解释"嘉遁贞吉"之"贞吉"。

【译文】

　《象》说："嘉美而退，守正吉祥"，以中正守志。

上九：肥遁①，无不利。

【注释】

①肥：宽松，从容。

【译文】

上九：从容而退，没有不利的。

《象》曰："肥遁无不利"，无所疑也①。

【注释】

①无所疑："上九"处《遁》卦之极，退避已成必然，心中毫无疑虑。

【译文】

《象》说："从容而退，没有不利的"，心中无所疑虑。

乾下　震上

大壮①：利贞。

【注释】

①大壮：盛大、健壮、强壮、雄壮。《大壮》卦是《遁》的卦"综卦"，《遁》卦的逃避是消极手段，而壮大则积极有为。《序卦传》曰："物不可以终遁，故受之以《大壮》。"《大壮》卦也是"十二消息卦"之一，代表二月。卦中连续四个阳爻，表象阳气成长壮大。君子壮大，当然亨通，无往不利。但是必须严守纯正，否则就会恃强凌弱。

【译文】

大壮：利于守正。

《象》曰：大壮，大者壮也①。刚以动②，故壮。"大壮利贞"，大者正也③。正大，而天地之情可见矣。

【注释】

①壮：《大壮》四阳盛长过中，故曰"壮"。

②刚以动：《大壮》下乾上震，乾为刚，震为动。

③大者正也：大的静态为正，动态为壮。

【译文】

《象》说：大壮，（阳刚）大而壮。刚健而动，故称壮。"大壮宜于守正"，（是说）大就是正（的意思）。能正其大，天地之情便可以显现了。

《象》曰：雷在天上①，大壮。君子以非礼弗履②。

【注释】

①雷在天上：《大壮》下乾上震，震为雷在上，乾为天在下，故"雷在天上"，刚强威盛。

②非礼弗履：非礼事而不行。即孔子所谓："非礼勿视，非礼勿听，非礼勿言，非礼勿动。"（《论语·颜渊》）履：践行。

【译文】

《象》说：雷在天上，《大壮》卦之象。君子（效此）不履行非礼之事。

初九：壮于趾①，征凶，有孚。

【注释】

①壮：强壮。趾：脚趾。

【译文】

初九：强壮（只）在脚趾，出征有凶，要有诚信。

《象》曰："壮于趾"，其"孚"穷也①。

【注释】

①其孚穷："初九"居下，上进而无应，其诚信必穷困。

【译文】

《象》说："强壮（只）在脚趾"，其"诚信"困穷。

九二：贞吉。

【译文】

九二：守正吉。

《象》曰："九二贞吉"，以中也①。

【注释】

①以中：用中。以：用。"九二"居中，故"以中"。

【译文】

《象》说："九二守正则吉"，因用中道。

九三：小人用壮，君子用罔①，贞厉。羝羊触藩②，羸其角③。

【注释】

①罔：通"无"。

②羝（dī）羊：很强壮的公羊。藩：篱。

③羸：léi，拘系缠绕。

【译文】

九三：小人以盛壮骄人，君子用无为处世，守正以防危。公羊觝藩篱，被缠住了角。

《象》曰："小人用壮，君子罔"也①。

【注释】

①"九三"处下体乾之极，以阳居阳，过刚不中，小人用之以强壮骄人，君子则以无为处世。

【译文】

《象》说："小人用壮（骄人），君子用无（处世）"。

九四：贞吉，悔亡。藩决不羸①，壮于大舆之輹②。

【注释】

①决：决口，决裂，破裂。

②舆：车。

【译文】

九四：守正则吉，悔事消亡。藩篱（被公羊）觝裂，不再缠绕，（此时）强壮得好像大车之輹。

《象》曰："藩决不羸"，尚往也①。

【注释】

①尚往："九四"处震动之下，决意前往，故曰"尚往"。

【译文】

《象》说："藩篱（被公羊）觝裂，不再缠绕"，（六四）决意前往。

六五：丧羊于易①，无悔②。

【注释】

①易：通"移"，即移动。"六五"处上卦震之中，震为动。

②无悔："六五"处《大壮》之君位，敢作敢为，故"无悔"。

【译文】

六五：丧失羊于移动中，无悔。

《象》曰："丧羊于易"，位不当也①。

【注释】

　　①位不当："六五"以阴居阳，其位不正当。

【译文】

　　《象》说："丧失羊于移动中"，（六五）位不正当。

　　　　上六：羝羊触藩，不能退，不能遂^①，无攸利，艰则吉。

【注释】

　　①遂：进。

【译文】

　　上六：公羊觚藩篱（角被缠住）既不能退，也不能进，无所利，艰难（守正）则吉。

　　　　《象》曰："不能退，不能遂"，不详也^①。"艰则吉"，咎不长也^②。

【注释】

　　①详：周详审慎。
　　②咎不长："上六"处《大壮》之终，终则有变，能艰难守正，妄动之咎不会长久。

【译文】

　　《象》说："既不能退，又不能进"，（是因为）不能周详审慎。"艰难（守正）则吉"，咎害不会长久。

晋卦第三十五

　　坤下　离上

　　晋^①：康侯用锡马蕃庶^②，昼日三接^③。

【注释】

①晋：明以进，晋升，前进。郭雍曰："象传云：晋，长也。杂卦云：晋，昼也。可知晋之意不止于进，乃言明以进也。大有，火在天上，君道也；晋，明出地上，臣道也。"《晋》上卦离为太阳为依附，下卦坤为地为柔顺，象征太阳普照大地，万物柔顺依附的形象。以人事来说，象征下属恭顺的依附长官，忠于职守，就能被赏识，使其晋升，飞黄腾达。

②康侯：指使国家安康的侯爵。锡：通"赐"。蕃庶：众多。

③接：接见。

【译文】

晋：康侯蒙受（天子）赏赐众多车马，一日之内（荣获）三次接见。

《象》曰：晋，进也。明出地上①，顺而丽乎大明②，柔进而上行③，是以"康侯用锡马蕃庶，昼日三接"也。

【注释】

①明出地上：《晋》卦下坤上离，坤为地，离为明。

②顺而丽乎大明：《晋》下坤为顺，上离为日，日为大明。

③柔进而上行："六五"阴居阳位，用以喻示能臣以柔顺之道事上，则能受宠于君王。

【译文】

《象》说：晋，是前进的意思。光明出现地上，逊顺而依附太阳，阴柔进长而升上，所以"康侯蒙受（天子）赏赐众多车马，一日之内（荣获）三次接见"。

《象》曰：明出地上①，晋。君子以自昭明德②。

【注释】

①明出地上：《晋》卦下坤上离，离为明在上，坤为地在下。李道平曰："日出于地，进升于天，而返照于地，故曰明出地上。"

②自昭明德：自我昭著，完善德性。昭：明。

【译文】

《象》说：光明出现地上，《晋》卦之象。君子（效此）当以自我昭示光明之德。

【讲解】

程颐曰："君子观晋卦明出地上，其明益盛之象，而能去蔽致知，以昭明德于己也。""昭明德"即《大学》之"明明德"。

《大学》曰："大学之道，在明明德……古之欲明明德于天下者，先治其国；欲治其国者，先齐其家；欲齐其家者，先修其身；欲修其身者，先正其心；欲正其心者，先诚其意；欲诚其意者，先致其知。致知在格物。"

"明明德"的关键在"格物"！格物是什么意思？通常人翻译为"格除物欲"，造成的流弊就是：误以为把自己"修炼"成植物人一般的"无欲无求"，就能"明明德"，就能"治国平天下"了。

那么格物的真实含义是什么呢？格是推究、参究的意思。格物就是去观察、分析、研究万事万物运行变化的道理，"仰则观象于天，俯则观法于地观鸟兽之文，与地之宜……"

"格物，致知，修身，齐家，治国，平天下"，这就是"明明德"，这就是"自昭明德"。

初六：晋如^①、摧如^②，贞吉。罔孚^③，裕无咎^④。

【注释】

①晋：前进。
②摧：挫折，受阻，毁坏。
③罔孚："初六"阴居阳位失正，且处《晋》底位，暂时还得不到别人的信任。
④裕：宽容。

【译文】

初六：前进受阻，守正吉。（暂时还不能）取信于人，宽容处之方能无咎。

《象》曰："晋如摧如"，独行正也^①。"裕无咎"，未受命也^②。

【注释】

①独行正："初六"居下以应"九四"，而行正道。独：只要。
②未受命："初六"居下，其位卑贱，未受任命，故进退皆可。

【译文】

《象》说："前进受阻"，当独行正道。"宽容处之无咎"，未受到任命。

六二：晋如愁如，贞吉。受兹介福于其王母①。

【注释】

①兹：此。介：大。王母：祖母，此指"六五"。二、五虽非正应，但同质而俱有中德，犹二之王母。

【译文】

六二：前进忧愁，守正吉。所承受的弘大福泽，来自祖母那里。

《象》曰："受兹介福"，以中正也①。

【注释】

①以中正："六二"居中得正，故"以中正"。

【译文】

《象》说："承受大福"，（是因为六二）中正。

六三：众允①，悔亡②。

【注释】

①允：信。
②亡：无。

【译文】

六三：众人信任，悔事消亡。

《象》曰："众允"之，志上行也①。

【注释】

①上行："六三"与"上九"相应，故"上行"。

【译文】

《象》说："众人信任"，其志上行（以应上九）。

九四：晋如鼫鼠①，贞厉。

【注释】

①如：似。鼫（shí）鼠：硕鼠，即身无专技的大鼠。

【译文】

九四：进如硕鼠，守正防危。

《象》曰："鼫鼠贞厉"，位不当也①。

【注释】

①位不当："九四"以阳居阴，不中不正，又处多惧之地，故"位不当"。

【译文】

《象》说："硕鼠守正防危"，（是因为九四）处位不当。

六五：悔亡，失得勿恤①，往吉，无不利。

【注释】

①恤：忧虑。

【译文】

六五：悔事消亡，得失都不必忧愁，前往则吉，无所不利。

《象》曰："失得勿恤"，往有庆也①。

【注释】

①往有庆："六五"居尊，处离明之中，以大明之德得天下之附，前往必有福庆。"庆"字于《周易》中很少见，故很难得，可见处尊得中对晋升的重要。

【译文】

《象》说："得失都不必忧愁"，前往则有福庆。

上九：晋其角，维用伐邑^①，厉吉，无咎，贞吝。

【注释】

①维：唯。

【译文】

上九：进其锐角，用来讨伐城邑，虽危厉而可得吉，无灾，守正防吝。

《象》曰："维用伐邑"，道未光也^①。

【注释】

①道未光："上九"处《晋》之终，《离》之极。日之偏，光明将息，其道未能光大。

【译文】

《象》说："只宜征伐邑国"，其道未能光大。

明夷卦第三十六

☷ **离下 坤上**

明夷^①：利艰贞。

【注释】

①明夷：夷，通"痍"，为伤。离为日为明，明夷即光明损伤。

【译文】

明夷：宜于艰难中守正。

《象》曰：明入地中^①，明夷。内文明而外柔顺^②，以蒙大难^③，文王以之^④。"利艰贞"，晦其明也^⑤，内难而能正其志^⑥，箕子以之。

【注释】

①明入地中：《明夷》下离上坤，离为明在下，坤为地在上，故"明入地中"。明入地中，以示光明被遮而受伤。故为明夷。

②内文明而外柔顺：《明夷》内卦离为文明，外卦坤为柔顺。

③蒙：遭受。大难：指大的灾难。此指文王遭囚禁。

④文王以之：文王有此道，即文王内怀文明之德而外有柔顺之性，蒙受纣王囚禁之大难。

⑤晦其明：《明夷》上坤为晦，下离为明。自我隐晦光明。

⑥内难而正其志：箕子为纣王叔父，纣王昏暗，故曰"内难"。《明夷》离日在内，且离三爻各得正，故曰"正其志"。

【译文】

《彖》说：光明进入地中，（这就是）明夷。内（卦有离卦的）文明而外（卦有坤卦的）柔顺，以此蒙受大难，只有文王能够做到。"宜于在艰难中守正"，是自我隐晦光明。内有险难而能正其志向情操，只有箕子能够做到。

《象》曰：明入地中，明夷。君子以莅众，用晦而明①。

【注释】

①晦：隐晦。

【译文】

《象》说：光明进入地中，《明夷》之象。君子（效此）当莅临治众，自我晦藏明智而更显道德光明。

初九：明夷于飞，垂其翼；君子于行，三日不食；有攸往，主人有言①。

【注释】

①言：即责备之言，闲言闲语。

【译文】

初九：天暗了，飞鸟都垂下了翅膀；君子在路上行走，三日吃不到饭；（虽）有所往，但受到主人责备。

《象》曰："君子于行"，义"不食"也①。

【注释】

①义：正义。

【译文】

《象》说："君子所行"，坚持正义，不接受不正当的食物。

六二：明夷，夷于左股①，用拯马壮②，吉。

【注释】

①股：腿。
②拯：拯救。

【译文】

六二：天暗了，伤了左腿，用强壮的马救之，吉。

《象》曰："六二"之"吉"，顺以则也①。

【注释】

①顺以则："六二"之阴居中得正，故"顺以则"。阴为"顺"，中正之道为法则。

【译文】

《象》说："六二"有"吉祥"，（是因为其）顺从中道法则。

九三：明夷于南狩，得其大首，不可疾贞①。

【注释】

①疾：急。

【译文】

九三：光明受阻之时到南方巡狩，捉得（对方）元首，（但）不可操之过急，要坚守正道。

《象》曰："南狩"之志，乃大得也①。

【注释】

①乃大得："九三"以阳应"上六"之阴，前往必得"大首"。"上六"为坤阴之首，故为"大首"。获大首为"大得"。

【译文】

《象》说："南方巡狩"之志，在于大有所得。

六四：入于左腹①，获明夷之心，于出门庭。

【注释】

①腹：古代半地下式房屋的复室。左腹：就是左室，这里指隐居之处。

【译文】

六四：进入隐居之处，产生了归隐的念头，一出门就想返回（隐居之处）。

《象》曰："入于左腹"，获心意也①。

【注释】

①获心意："六四"以阴处于坤卦纯阴之底位，故有归隐之心。此句解释"六四"之"获明夷之心"。

【译文】

《象》说："进入隐居之处"，而获归隐之心。

六五：箕子之明夷①，利贞。

【注释】

①箕子之明夷：箕子向纣王进谏而不被采纳，于是"被发佯狂而为奴"，"隐而鼓琴以自悲"（《史记·宋微子世家》)，故意伤害自己以避祸。

【译文】

六五：箕子那种自掩其聪明才智的做法，有利于坚守正道。

《象》曰："箕子"之"贞"，"明"不可息也①。

【注释】

①明不可息："六五"虽处昏暗之中，但光明中德不可熄灭。《明夷》上坤为昏暗。

【译文】

《象》说："箕子的守正"，（说明）光明（之德）不可熄灭。

上六：不明晦①，初登于天②，后入于地。

【注释】

①晦：不明。
②登：升。

【译文】

上六：天空晦暗不明，开始日升于天，后入于地中。

《象》曰："初登于天"，照四国也①。"后入于地"②，失则也③。

【注释】

①照四国："上六"居卦之上，当光照四国。《明夷》由《晋》而来。《序卦》："晋者，进也，进必有所伤，故受之以明夷。"此指《晋》时明在地上。故"照四国"。
②后入于地：《明夷》日进入地中。
③失则：《晋》变《明夷》，《晋》"上九"变成《明夷》"上六"，阳被阴代替，而失去法则。

【译文】

《象》说："初之光明升天"，以照四方众国。"后没入地中"，失去法则而无光。

家人卦第三十七

≣ 离下　巽上

家人①：利女贞。

【注释】

　　①家人：一家之人，家庭。本卦专门讲家庭中的事。

【译文】

　　家人：宜于女人守正。

　　《彖》曰：家人，女正位乎内①，男正位乎外②。男女正，天地之大义也。家人有严君焉③，父母之谓也。父父、子子、兄兄、弟弟、夫夫、妇妇，而家道正。正家而天下定矣。

【注释】

　　①女：女主人，指"六二"之阴，居中得正。内：内卦。
　　②男：男主人，指"九五"之阳，居中得正。外：外卦。
　　③严君：尊严的君长，即父母。严犹尊。《学记》"严师为难"。注："严，尊敬也。"

【译文】

　　《彖》说：家人，女人正位在内，男人正位于外，男女各正其位，这是天地的大义！家人有尊严的君主，这就是父母。做父亲的尽父道，做儿子的尽孝道，做兄长的像兄长，做弟弟的像弟弟，做丈夫的尽到丈夫职责，做妻子的尽到妻子职责，因而家道得正。家道正则天下安定。

　　《象》曰：风自火出①，家人。君子以言有物②，而行有恒③。

【注释】

①风自火出：《家人》下离上巽，巽为风在外卦，离为火在内卦，火燃烧时，空气遇热而流动，就形成了风，故曰"风自火出"。

②物：事实根据。

③恒：常度法则。

【译文】

《象》说：风从火出，《家人》卦之象。君子（效此）当说话有事实根据，而行动则恒守其德。

初九：闲有家①，悔亡。

【注释】

①闲：防患于未然。

【译文】

初九：家中有备，悔事可消亡。

《象》曰："闲有家"，志未变也①。

【注释】

①志未变："初九"阳居阳位而得正，故家人之志向未变。

【译文】

《象》说："家中有备"，（是说）家人之志未变。

六二：无攸遂①，在中馈②，贞吉。

【注释】

①遂：目的、愿望。

②馈：供应食物。中馈：家中饮食事宜。

【译文】

六二：无所抱负，在家中做饭，纯正则吉。

《象》曰："六二"之"吉"，顺以巽也①。

【注释】

①顺以巽："六二"之阴居中得正故"顺以巽"。巽：谦逊。

【译文】

《象》说："六二"之"吉"，（是因为）柔顺而又谦逊。

九三：家人嗃嗃①，悔厉，吉。妇子嘻嘻②，终吝。

【注释】

①嗃嗃（hè）：严厉叱责声，喻治家严厉。
②嘻嘻：骄佚喜笑之貌，喻家道不严。

【译文】

九三：家人经常受到严厉斥责，（使人）悔而危厉，（最终）吉。妇女孩子嘻嘻笑笑，最终导致羞吝。

《象》曰："家人嗃嗃，未失也①。"妇子嘻嘻"，失家节也②。

【注释】

①未失："九三"阳刚得位，刚严治家而得正，故未失家道。
②失家节："九三"阳刚过中，以示失家节而有难。

【译文】

《象》说："家人受到严厉斥责"，（治家）未失其道。"妇人和孩子骄佚喜笑"，则失去家节。

六四：富家，大吉。

【译文】

六四：使家庭富裕，大吉。

《象》曰："富家大吉"，顺在位也①。

【注释】

①顺在位："六四"上承"九五"而得位。"六四"之阴为"顺"，"六四"以阴居阴为"在位"。

【译文】

《象》说："家庭富裕大吉大利"，（是因为六四）以柔顺居守正位。

九五：王假有家①，勿恤，吉。

【注释】

①王假有家：沙少海解说："假，这里当假为格，训到。有，这里用法同于。家，这里指家庙，同于《萃》《涣》卦中'王假有庙'之'庙'；因本卦名《家人》。故改'庙'称'家'。家庙是人们祭祖先的地方。"此说颇有理，今从之。假：通"格"，至，来。有：于。家：家庙。

【译文】

九五：君王到家庙（中祭祀祖先），不必忧虑，吉利。

《象》曰："王假有家"，交相爱也①。

【注释】

①交相爱："九五"居尊位下应"六二"，五、二交相爱。

【译文】

《象》说："君王到家庙（中祭祀祖先）"，（人人）交相爱慕。

上九：有孚威如①，终吉。

【注释】

①威如：威严的样子。

【译文】

上九：有诚信而又威严，最终得吉。

《象》曰："威如"之"吉"，反身之谓也①。

【注释】

①反身之谓：《家人》卦诸爻皆正，独"上九"不正，君子于此，当反身求正。

【译文】

《象》说："威严"之"吉"，在于能反身求正。

睽卦第三十八

 兑下　离上

睽①：小事吉。

【注释】

①睽：kuí，原义为目不相视，引申为违背、乖异、隔膜、离散。《睽》卦是《家人》卦的"综卦"，家和万事兴，不和则一切乖离，两卦连接得非常巧妙。《序卦传》曰："家道穷必乖，故受之以《睽》。睽者，乖也。"

【译文】

睽：小事吉利。

【讲解】

凡物相睽，必须用柔顺的方法，小心寻求其中可合之处，才能转"乖睽"为"谐和"。

《彖》曰：睽，火动而上，泽动而下①。二女同居②，其志不同行③。说而丽乎明④，柔进而上行⑤，得中而应乎刚⑥，是以"小事吉"。天地睽而其事同也⑦，男女睽而其志通也⑧，万物睽而其事类也⑨。睽之时用大矣哉！

【注释】

①火动而上，泽动而下：《睽》卦下兑上离，兑为泽，离为火。泽动而下润，火动而炎上。

②二女同居：《睽》兑为少女，离为中女。故《睽》为"二女同居"。

③志不同行：志向不相同。马其昶曰："《诗》云：'女子有行，远父母兄弟，女各有家'。故不同行。"

④说而丽乎明：兑为说，离为丽、为明。

⑤柔进而上行："六五"以柔而上进而行在尊位。

⑥得中而应乎刚："六五"居中而应"九二"之刚。刚：指"九二"。

⑦事同：生育万物之事相同。

⑧志通：男女交感之志相通。

⑨事类：生成事因类同。如程氏所言："生物万殊，而得天地之和，禀阴阳之气则类也。"

【译文】

《彖》说：睽，火动而炎上，泽动而润下，（离兑）二女住在一起，志向不同，行为乖背。喜悦而附之以文明，（六五）阴柔进而上行于（外卦），得中而应（九二）阳刚，所以"小事吉利"。天地虽有差异，但养育万物之事相同；男女性别不同，但其心志相通；万物形态各异，但各有其相同的事类。《睽》卦的时势功用太伟大了！

《象》曰：上火下泽①，睽。君子以同而异②。

【注释】

①上火下泽：《睽》下说上离，离为火，兑为泽。火性炎上，水性润下，二者相违悖，故为《睽》之象。

②同而异：道同而事异。即"天下同归而殊途"。

【译文】

《象》说：上为火，下为泽，《睽》卦之象。君子（效此）当取道同而存事异。

初九：悔亡。丧马勿逐①，自复，见恶人，无咎。

【注释】

①逐：追。

【译文】

初九：悔事消亡，丧失的马不必追寻，自己会返回，见恶人，无咎害。

《象》曰："见恶人"，以辟"咎"也①。

【注释】

①辟：避免。

【译文】

《象》说："见恶人"，（是）为了避免乖睽激化的咎害。

【讲解】

王申子曰："失马逐之则愈逐愈远，恶人激之则愈激愈睽，故勿逐而听其自复，见之而可以免咎也，处睽之初，其道当如此。不然睽终于睽矣。"

九二：遇主于巷①，无咎。

【注释】

①巷：小街道。

【译文】

九二：在小巷中遇见主人，没有咎害。

《象》曰："遇主于巷"，未失道也①。

【注释】

①未失道："九二"阳居阴位失正，但上应"六五"而得援，故"未失道"。

【译文】

《象》说："在小巷中遇见主人"，尚未失道。

六三：见舆曳，其牛掣①，其人天且劓②，无初，有终。

【注释】

①见舆曳，其牛掣："六三"前往与"上九"相应，但其本身阴柔，又受到前后两个刚爻的牵制，就像自己的车，后方被"九二"拖住，车前拉车的牛，又被"九四"阻止，因而使"六三"与"上九"背离。舆：车。曳：yè，拖曳。掣：chè，拉，牵制。

②天：颠，顶。此指跌倒，摔跟头。劓：yì，鼻子受伤。

【译文】

六三：看见车被拖曳，牛被牵制，赶车人摔倒又伤了鼻子，起初乖睽，终将欢合。

《象》曰："见舆曳"，位不当也①。"无初有终"，遇刚也②。

【注释】

①位不当："六三"阴居阳位而又不中。

②遇刚："六三"与"上九"阳刚相应，故曰"遇刚"。

【译文】

《象》说："见大车被拖曳"，（六三）位不正当。"初不利而有好的结果"，（六三阴柔）遇到阳刚。

九四：睽孤，遇元夫①，交孚，厉，无咎。

【注释】

①元夫：大丈夫，此指"初九"。

【译文】

九四：乖异孤独（之际），遇到大丈夫，交之以诚信，（虽）危厉，无咎害。

《象》曰："交孚无咎"，志行也①。

【注释】

①志行："九四"阳居阴位失正，又处多惧之地，故"志行"。

【译文】

《象》说："诚信相交无咎"，志在践行（济睽之道）。

六五：悔亡。厥宗噬肤①，往，何咎?

【注释】

①厥：其。噬：吃。肤：柔软的肉。

【译文】

六五：悔事消亡，与其宗人吃肉，前往，有何灾害？

《象》曰："厥宗噬肤"，"往"有庆也。

【译文】

《象》说："与其宗人一起吃肉"，"前往"有福庆。

上九：睽孤，见豕负涂①，载鬼一车。先张之弧，后说之弧②，匪寇婚媾。往遇雨，则吉。

【注释】

①豕：猪。涂：泥土。
②说：脱。

【译文】

上九：乖异孤独之时，见猪满身泥土，又有一车鬼。先张弓欲射，后又将弓放下，不是盗寇，是求婚的。前往遇到雨，则吉利。

《象》曰："遇雨"之"吉"，群疑亡也①。

【注释】

①群疑：指所谓爻辞中"见豕负涂，载鬼一车"及"先张之弧，后说之弧"。

【译文】

《象》说："遇到雨"有"吉利"，众多疑惑消失。

蹇卦第三十九

艮下　坎上

蹇^①：利西南，不利东北^②。利见大人^③，贞吉。

【注释】

①蹇：原义为跛，引申为行动不便，有险难之意。《序卦传》曰："乖必有难，故受之以《蹇》。蹇者，难也。"

②利西南，不利东北：西南为坤为平地，所以往西南去有利行走；东北为艮为山，所以往东北去不利行走。

③利见大人：蹇是困难，克服困难，需要大人物协助。

【译文】

蹇：利西南，不利东北。利于见大人，守正则吉。

《象》曰：蹇，难也，险在前也^①。见险而能止^②，知矣哉。蹇，"利西南"，往得中也^③。"不利东北"，其道穷也^④。"利见大人"，往有功也^⑤。当位"贞吉"^⑥，以正邦也^⑦。蹇之时用大矣哉！

【注释】

①险在前：《蹇》上卦坎为险。

②止：《蹇》下卦艮为止。

③往得中：西南为坤方，坤为顺，前往必顺，又外卦"九五"居中，故前"往得中"。

④其道穷：东北为艮方，艮为山、为止，故往东北为山所止难行，故前往是道穷而不能。

⑤往有功：五多功，故前往必有功。

⑥当位："九五"以阳居阳。

⑦正邦：正定邦国。

【译文】

《彖》说：蹇，（是）艰难（的意思），危险在前面。见到危险而能停止，多么明智啊！蹇，"利于西南"，前往可得中道；"不利东北"，（因其是）穷途末路。"宜见有权势的人"，前往必立功业；居位正当"守正则吉"，可以正定邦国。《蹇》卦的时势功用太伟大了！

《象》曰：山上有水①，蹇。君子以反身修德②。

【注释】

①山上有水：《蹇》下艮上坎，艮为山在下，坎为水在上，故曰"山上有水"。
②反身修德：反求于己，修养其德。

【译文】

《象》说：山上水积，《蹇》卦之象。君子（效此）当以反省自身而修养道德。

初六：往蹇，来誉①。

【注释】

①往蹇来誉：前往遇险难，回来则得荣誉。坎水为险，艮山为止，君子见险而止，故"往蹇来誉"。

【译文】

初六：前往遇险阻，返回获得荣誉。

《象》曰："往蹇来誉"，宜待也①。

【注释】

①宜待：适宜待时。"初六"阴柔才弱，且失位，前有险难，见险而止，待时而进。

【译文】

《象》说："前往有险难，返回获荣誉"，适宜等待时机（而进）。

六二：王臣蹇蹇，匪躬之故①。

【注释】

①匪：非。躬：自身。

【译文】

六二：王和臣子，历尽重重艰险，不是为了自身的缘故。

《象》曰："王臣蹇蹇"，终无尤也①。

【注释】

①终无尤：王臣皆在险中而最终无忧。"六二"居中得正，上应患难"九五"之君，故终无忧。尤：忧。

【译文】

《象》说："王臣皆在险难中"，最终无忧。

九三：往蹇，来反①。

【注释】

①反：返。

【译文】

九三：前往遇险难，（不如）返回。

《象》曰："往蹇来反"，内喜之也①。

【注释】

①内喜：内卦阴柔者都喜欢"九三"返回。

【译文】

《象》说："往遇险难而返回来"，内部都欣喜。

六四：往蹇，来连①。

【注释】

①连：接连不断之意。

【译文】

六四：往遇险难，来亦险难。

《象》曰：“往蹇来连”，当位实也①。

【注释】

①当位实："六四"以阴居阴为"当位"，上下皆阳故为"实"。

【译文】

《象》说："往有险难，来亦险难"，（六四）当位（上下）皆为阳实。

九五：大蹇，朋来。

【译文】

六五：大难中，朋友来相助。

《象》曰：“大蹇朋来”，以中节也①。

【注释】

①中节："九五"以阳居中，有中正节气。节：节操。

【译文】

《象》说："大难中朋友来相助"，保持中正节气。

上六：往蹇，来硕①，吉。利见大人。

【注释】

①硕：丰大。

【译文】

上六：往遇险难，返回就有丰硕的成就，吉。宜于见大人。

《象》曰："往蹇来硕"，志在内也①。"利见大人"，以从贵也②。

【注释】

①志在内："上六"处外卦而与内卦"九三"相应，故"志在内"。

②以从贵："上六"与"九五"相比，故可以顺从"九五"。"九五"位尊故曰"贵"。

【译文】

《象》说："前往遇险难，返回则丰硕"，其志向在内。"宜见有权势的人"，（上六）附从尊贵。

解卦第四十

 **坎下　震上**

解①：利西南。无所往，其来复，吉。有攸往②，夙吉③。

【注释】

①解：解除，缓解。《杂卦》："解，缓也。"

②攸：所。

③夙：早。

【译文】

解：宜于西南。无可往之处，（只能）回到原处，吉。（若）有所往，（行动）早则吉。

《象》曰：解，险以动①，动而免乎险，解。解，"利西南"，往得众也②。"其来复吉"，乃得中也③。"有攸往，夙吉"，往有功也。天地解而雷雨作④。雷雨作，而百果草木皆甲坼⑤。解之时大矣哉！

【注释】

①险以动：《解》下坎上震，坎为险，震为动，动在险外，故有"解"之义。

②往得众：西南为坤方，坤为众，故"往得众"。

③乃得中："九二"居中。

④雷雨作：《解》下坎为雨，上震为雷。雷雨交织而兴起。作：兴起。

⑤甲：植物种子的皮壳。此指发芽。坼：通"宅"，此指扎根。

【译文】

《象》说：解，处险境而能振作，因振作而免去危险，故称解。解，"利西南方向"，前往可以得到民众（归服）。"返回原来地方吉利"，因为得到了中道。"有所往，早行动则吉"，前往可建功业。天地（阴阳）交感而雷雨大作，雷雨大作而百果草木皆发芽生根。《解》卦时势的功用太伟大了！

《象》曰：雷雨作，解。君子以赦过宥罪①。

【注释】

①赦：赦免。宥：宽宥。过轻则赦，罪重则宥，皆有缓解之义。

【译文】

《象》说：雷雨交作，《解》卦之象。君子（效此）当赦免过失者，宽宥罪恶者。

初六：无咎。

【译文】

初六：无灾害。

《象》曰：刚柔之际，义"无咎"也①。

【注释】

①刚柔之际："初六"之阴柔与"九二"之阳刚相比，故有刚柔交接之义。际：接。

【译文】

《象》说：阳刚与阴柔交接，其义"无咎"。

九二：田获三狐①，得黄矢②，贞吉。

【注释】

①田：田猎。

②黄矢：金色箭头的箭。

【译文】

九二：田猎获三只狐狸，（又）得金色箭头，守正则吉。

《象》曰："九二贞吉"，得中道也①。

【注释】

①得中道："九二"居中而"得中道"。

【译文】

《象》说："九二守正则吉"，（九二）得中道。

六三：负且乘①，致寇至，贞吝。

【注释】

①负：肩负。

【译文】

六三：肩负东西而又乘车，招致了盗寇来（打劫），守正以防吝。

《象》曰："负且乘"，亦可丑也①。自我致戎，又谁咎也②？

【注释】

①亦可丑："六三"之阴失位而不中，且以柔乘刚，故亦可为丑辱。

②又谁咎：贼寇是咎由自取，非他人之咎，故曰"又谁咎"。

【译文】

《象》说："肩负物而乘车"，也为可丑。自己招致兵戎（来伐），又是谁的过错？

九四：解而拇①，朋至斯孚②。

【注释】

①拇：大脚趾。

②斯：此。

【译文】

九四：解开被缚的脚拇指，朋友至此才会诚信。

《象》曰："解而拇"，未当位也①。

【注释】

①未当位："九四"阳居阴位。

【译文】

《象》说："解开被缚的脚拇指"，（九四）未当其位。

六五：君子维有解①，吉。有孚于小人。

【注释】

①维：指捆缚。

【译文】

六五：君子被捆缚又得解脱，吉利。得到小人相信。

《象》曰："君子有解"，"小人"退也①。

【注释】

①"六五"居尊得中，已离开坎险，故曰"君子有解"。但"六五"为阴，又像小人自退。前者就爻位言，后者就爻而言。

【译文】

《象》说："君子解脱"，"小人"自退。

上六：公用射隼于高墉之上①，获之，无不利。

【注释】

①公：古代分公、候、伯、子、男五等。隼：sǔn，鸷鸟，很凶猛的飞禽。墉：城墙。

【译文】

上六：王公射鹰隼于城墙之上，获得它，无所不利。

《象》曰："公用射隼"，以解悖也①。

【注释】

①以解悖："上六"居卦之上而得正，故能解除悖逆。

【译文】

《象》说："王公射隼鸟"，（是为了）解除悖逆。

损卦第四十一

 兑下　艮上

损①：有孚，元吉，无咎，可贞，利有攸往。曷之用②？二簋可用享③。

【注释】

①损：减损。《损》卦自《泰》卦而来，《泰》下卦减少一个阳爻，增加到上卦，就成了《损》卦，亦即损下益上，重点在于减损。与本卦相对的《益》卦，是损上益下，但仍然以下为准。

②曷：何。

③簋：guǐ，古代盛黍稷的方形器具。享：祭祀鬼神。

【译文】

损，有诚信，开始即吉，无咎害，可以守正。宜有所往，用什么（祭祀鬼神）？二簋食

品即可用于享祀。

《彖》曰：损，损下益上①，其道上行②。损而"有孚，元吉，无咎，可贞，利有攸往，曷之用，二簋可用享"，二簋应有时③，损刚益柔有时④，损益盈虚，与时偕行⑤。

【注释】

①损下益上：减损内卦一阳而增加到外卦。内为下，外为上，即损三爻而益上爻。

②其道上行：其阳道行到卦之上爻。道：指阳道。上：指上爻。

③二簋应有时：是说在祭品不足的情况下，只要有诚信，二簋至薄祭品亦合礼。二簋：比喻减损之道。时：指一定条件，即当减损之时。

④损刚益柔：其义与"损下益上"相类似，即减损下刚而增益上柔。

⑤偕：俱。

【译文】

《彖》说：损，减损下（阳）而增益到上，阳道上行。虽然受损而"有诚信，开始即吉，无咎灾，可以守正，宜有所往，用什么（祭祀），只需二簋的（祭品）即可用来亨祀"，二簋（祭品）应有时，减损（下）阳刚而增益（上）阴柔也应当顺应其时。或损或益，或盈或虚，皆因时机而一起行动。

《象》曰：山下有泽①，损。君子以惩忿窒欲②。

【注释】

①山下有泽：《损》下兑上艮，艮为山在上，兑为泽在下，故为"山下有泽"。

②惩：抑制、惩戒。忿：忿怒，过激的行为。窒：止、堵塞。

【译文】

《象》说：山下有泽，《损》卦之象。君子（效此）当制止忿恨窒塞情欲。

初九：巳事遄往①，无咎；酌损之②。

【注释】

①巳：通祀，祭祀。遄：chuán，速。

②酌损之：斟酌自损钢质以益六四之柔。酌：斟酌。

【译文】

初九：祭祀的事要速往，不会有咎害，但要酌情自损。

《象》曰："巳事往遄往"，尚合志也①。

【注释】

①尚合志："初九"与"六四"正应而合志。尚：上，指"六四"。

【译文】

《象》说："祭祀之事要速往"，与上（六四）其志合。

九二：利贞，征凶，弗损①，益之。

【注释】

①弗：不。

【译文】

九二：宜于守正，征讨则凶，不要损减，而要增益。

《象》曰："九二利贞"，中以为志也①。

【注释】

①中以为志："九二"失位居中，虽与"六五"相应，但因失位而利守中，故"中以为志"。

【译文】

《象》说："九二利于守正"，守中以为其志。

六三：三人行则损一人，一人行则得其友。

【译文】

六三：三人一同出行，（因不能同心）则一人离去，一人独行（则可）得到朋友。

《象》曰："一人行"，"三"则疑也①。

【注释】

①三则疑：一阴一阳之谓道，天下万事万物都是由阴阳组合而成。故一人独往，必定会遇到情投意合的朋友；三人前往，就会猜疑，不知道应该与另外两人中的哪个相合。这就是损有余、益不足的法则。

【译文】

《象》说："一人行（可得其友）"，"三"（人行）则互相猜疑。

六四：损其疾①，使遄有喜②，无咎。

【注释】

①疾：疾病，引申为缺点。
②使：假使。

【译文】

六四：减损自己的缺点，假使速办（则）有喜，无咎害。

《象》曰："损其疾"，亦可"喜"也①。

【注释】

①亦可喜："六四"与"初九"相应，"六四"赖"初九"而损疾，故"有喜"。

【译文】

《象》说："减损缺点"，亦可欢喜。

六五：或益之十朋之龟①，费克违，元吉。

【注释】

①或：有人。益：进献、增益。十朋之龟：价值十朋的宝龟。朋：货币单位。贝币两枚，即两贝为朋，也有说十贝为"朋"的。古代龟甲也可作为货币，又可用于占卜。

【译文】

六五：有人进献价值十朋的宝龟，无法辞谢，极为吉祥。

《象》曰："六五元吉"，自上祐也①。

【注释】

①自上祐："六五"以柔居尊，虚中谦受，为自损而不自益之象，故天下纷纷益之，必得到上天保佑。

【译文】

《象》说："六五至为吉祥"，（是因为）来自上天保佑。

上九：弗损，益之①，无咎，贞吉②，利有攸往。得臣无家。

【注释】

①弗损，益之："上九"处在"损下益上"之终，受下之益已极，故而欲自损以益人也。然居上而益下，有所谓惠而不费者，不待损己，然后可以益人也。《论语·尧曰》："因民之所利而利之，斯不亦惠而不费乎？"

②贞吉："上九"阳居阴位失正，且居卦之终，故宜循正从吉。

【译文】

上九：不用自损，（就能）施惠他人，无咎害，守正则吉，宜有所往。得到广大臣民的拥戴而不限于一家。

《象》曰："弗损益之"，大得志也①。

【注释】

①大得志："上九"自上而下，毋须自损便有以施惠其下，故"大得志"。

【译文】

《象》说："不用自损，（就能）施惠他人"，大得施惠天下的心志。

益卦第四十二

震下　巽上

益^①：利有攸往，利涉大川。

【注释】

①益：增益，收获，富裕。《益》卦，是将《否》的上卦，减少一个阳爻，增加到下卦而成的，为损上益下，重点是增益。

【译文】

益：宜有所往，宜涉越大河。

《彖》曰：益，损上益下^①，民说无疆^②，自上下下^③，其道大光^④。"利有攸往"，中正有庆^⑤。"利涉大川"，木道乃行^⑥。益动而巽，日进无疆。天施地生，其益无方^⑦。凡益之道，与时偕行。

【注释】

①损上益下：《益》减损外卦一阳而增益到内卦，内为下，外为上，即损四爻而益初爻。

②说：喜悦。

③自上下下：《益》一阳爻自上而下居初。

④大光：盛大光明。

⑤中正："九五"之阳居中得正。

⑥木道乃行：《益》上巽为木，下震为动，动即行，木道，指舟楫。

⑦无方：没有固定方位，遍及万方。

【译文】

《彖》说：益，减损上（一阳）而增益至下，民众喜悦无穷，（一阳）自上而居下（初），其道盛大光明。"利于有所往"，（九五与六二）居中得正而有吉庆。"利于涉越大河"，有木舟渡水而行。增益（震）动而（外巽）顺，日日增进无穷。天施惠而地化生（万物），增益无尽。凡增益之道，皆与时并行。

《象》曰：风雷①，益。君子以见善则迁②，有过则改。

【注释】

①风雷：《益》下震上巽，震为雷，巽为风。风烈则雷迅，雷激则风怒，二物相益者也。

②见善则迁：见善行则从之。迁：徙。

【译文】

《象》说：风雷（交助），《益》卦之象。君子（效此）见善行则迁徙顺从，有过失则改正。

初九：利用为大作，元吉，无咎①。

【注释】

①"初九"虽处卦下极，然正当益下之时，不可徒然受益而无所报效，故"利用为大作"，必"元吉"，方得"无咎"。大作：大有作为。

【译文】

初九：利于大有作为，（能做到）至为吉祥，则无灾咎。

《象》曰："元吉，无咎"，下不厚事也①。

【注释】

①下不厚事："初九"处位卑下，本来不能担当大事，只能利用这个机会做到"至为吉祥"，方可"无咎"。厚事：大事。下："初九"。

【译文】

《象》说："（能做到）至为吉祥则无咎"，（是因为初九）本来不能担当大事。

六二：或益之十朋之龟，弗克违，永贞吉①。王用享于帝②，吉。

【注释】

①永：永远。贞：正。

②享：享祭。

【译文】

六二：有人进献价值十朋的宝龟，无法辞谢，永远守正则吉，王用此享祭上帝，吉。

《象》曰："或益之"，自外来也①。

【注释】

①自外来："损上益下"之时，内卦"六二"上应外卦"九五"而有所增益，故曰"自外来"。

【译文】

《象》说："有人进献"，是从外部而来的。

六三：益之，用凶事①，无咎。有孚中行，告公用圭②。

【注释】

①凶事：古人指饥馑、战乱、灾疫等事。
②孚：诚信。圭：用玉制成，方正有棱角，以象征诚信。古代国家发生凶事时，求援的使者带着玉圭前往告急。

【译文】

六三：把增益施用于凶事，无灾咎。（当发生凶事时）应心存诚信，中道而行，执玉圭告急于王公。

《象》曰："益用凶事"，固有之也①。

【注释】

①固有之："六三"阴柔不中不正，故"凶事"为此爻本来就有。固：本来。

【译文】

《象》说："把增益用于凶事"，（乃是六三）本来就有的。

六四：中行，告公从①，利用为依，迁国②。

【注释】

①公：公众，民众。从：认从、支持。

②利用为依：把对百姓的利益，用作为依据。迁国：指迁移国家。古时若遇到战乱、洪水灾害等，则举国迁移，以避其害。"六四"处多惧之地，故"迁国"。

【译文】

六四：执中慎行，告令公众能够服从，把对百姓的利益，作为依据，完成迁国益民的大事。

《象》曰："告公从"，以益志也①。

【注释】

①以益志：四本为阳，益下而为阴，"损上益下""以益志"。以：用。

【译文】

《象》说："告令公众服从"，以增益其志。

九五：有孚①，惠心②，勿问，元吉；有孚③，惠我德。

【注释】

①有孚："九五"为君王，有诚信。

②惠：仁爱、恩赐、和顺。

③有孚：此指百姓有诚信。

【译文】

九五：有诚信，有施惠（天下）之心，不用问，至为吉祥；（百姓）有诚信，（就可以）受惠我恩德。

《象》曰："有孚惠心"，"勿问"之矣。"惠我德"，大得志也①。

【注释】

①大得志："九五"居中得正，故"大得志"。

【译文】

《象》说："有诚信施惠（天下）之心"，"勿"需多"问"。"受惠我恩德"，（九五）大得（增益天下之）志向。

上九：莫益之①，或击之②，立心勿恒③，凶。

【注释】

①莫：无、得不到。

②或：有、有人。

③恒：恒常。

【译文】

上九：得不到增益，（反而）受到人攻击，立心无恒常，凶。

《象》曰："莫益之"，偏辞也①。"或击之"，自外来也②。

【注释】

①偏辞："上九"处《益》卦最上，以阳居阴失正，又凌驾于"九五"君王之上，背离了益卦损己益人的宗旨，由损上益下变为损下益上，必然遭到世人的唾弃，他要求受益的呼声就只能是一厢情愿之偏辞了。

②自外来："上九"处《益》外卦最上，受到攻击，一定来自外部。

【译文】

《象》说："得不到增益，"（因为上九这一要求是）偏见之辞；"或许有人攻击"，自外部而来。

夬卦第四十三

☱ 乾下　兑上

夬①：扬于王庭②，孚号有厉③。告自邑④，不利即戎⑤，利有攸往。

【注释】

①夬：决断，果决。《序卦传》曰："益而不已，必决，故受之以《夬》。夬者，决也。"增益不止一定会决口。《夬》卦五阳一阴，是强大的阳将阴切断的形象。也是"十二消息卦"之一，代表三月，阳长阴消，消到最后一个阴爻了。

②扬：宣扬、张扬、公布。

③孚号有厉：竭诚大呼有危厉。厉：指"上六"还在抵抗，不愿轻易被阳决断消退。

④邑：城邑。

⑤戎：兵，此引申为用兵。

【译文】

夬：在王庭上宣扬，竭力疾呼存在危险。告诫自己封邑内的人，不宜于立即动武，利有所往。

【讲解】

大凡夬旁的字，都有离的含意。如：水分流为决；分物为抉；器裂口叫缺；玉璧有缺叫玦；解决问题突破口叫诀；二人分手叫分袂等。

《象》曰：夬，决也，刚决柔也①。健而说②，决而和③。"扬于王庭"，柔乘五刚也④。"孚号有厉"，其危乃光也⑤。"告自邑，不利即戎"，所尚乃穷也⑥。"利有攸往"，刚长乃终也⑦。

【注释】

①刚决柔：《夬》五阳一阴，五阳盛长决去一阴。

②健而说：《夬》下乾上兑，乾为健，兑为说。

③和：和悦。

④柔乘五刚：《夬》卦一阴居五阳之上。

⑤其危乃光："上六"阴柔乘五阳刚，故"危"。但因居卦之上，其害尚广，故曰"光"。
光：广。

⑥所尚乃穷：《夬》阳刚盛长，阴柔消退，卦上只有坤一阴，象坤众渐散，此时聚众兴兵，
必困穷。

⑦刚长乃终：阳刚盛长，一阴就会终结。

【译文】

《象》说：夬，决去。阳刚决去阴柔。刚健而喜悦，决去而又和谐。"宣扬于王庭"，（一）
阴柔乘凌（五）阳刚。"以诚心疾呼有危厉"，其危厉已很普及广大。"告诫自己封邑内的人，
不宜立即动武"，所崇尚（的武力）已是穷途末路。"利于有所往"，阳刚盛长，（一阴）就会
终结。

《象》曰：泽上于天①，夬。君子以施禄及下，居德则忌②。

【注释】

①泽上于天：《夬》卦下乾上兑，兑为泽在上，乾为天在下，故"泽上于天"。

②居德：居功自傲。

【译文】

《象》说：泽水上于天，《夬》卦之象。君子（效此）当施其禄泽于下民，居功自傲则犯
禁忌。

初九：壮于前趾，往不胜，为咎①。

【注释】

①壮：强盛。

【译文】

初九：（只是）脚前趾强壮，前往不胜，为有灾咎。

《象》曰："不胜"而"往"，"咎"也①。

【注释】

①"初九"虽阳居阳位，但其只是下卦《乾》卦刚健的最下一部分，所以心有余而力不足，并不能胜任决断小人的使命，前往必有灾。

【译文】

《象》说："无胜理"而"前往"，必有"灾咎"。

九二：惕号①，莫夜有戎②，勿恤③。

【注释】

①惕：恐惧。

②莫：通"暮"，深夜。戎：兵戎。

③恤：忧虑。

【译文】

九二：惊惧大呼，黑夜有敌情，（但）不必忧愁。

《象》曰："有戎勿恤"，得中道也①。

【注释】

①得中道："九二"居中，刚而不暴，故"得中道"。

【译文】

《象》说："有兵戎（来犯）勿忧虑"，（是因）得到了中道。

九三：壮于頄①，有凶。君子夬夬②，独行③，遇雨若濡④，有愠⑤，无咎。

【注释】

①頄：kuí，颧骨，脸面。

②夬夬：决然而去之状。行疾之貌。

③独行：五阳中只有"九三""独"往应"上六"。

④若：而。濡：沾湿。

⑤愠：yùn，怒，恨。"九三"独应"上六"，被其他四阳恼恨。

【译文】

九三：强壮显于脸上，有凶。君子决然而去，独行，遇雨而被淋湿，被人恼恨，却无咎害。

《象》曰："君子夬夬"，终"无咎"也①。

【注释】

①终无咎：在众阳决阴之时，"九三"与"上六"应，助阴为凶，当有咎。但因"九三"以阳居阳，刚决不疑，最终能决去阴，故"终无咎"。

【译文】

《象》说："君子刚强不疑"，最终"无咎"。

九四：臀无肤①，其行次且②。牵羊悔亡③，闻言不信。

【注释】

①臀：臀部。
②次且：趑趄，行动不便状。
③亡：消亡。

【译文】

九四：臀部无皮，行动趑趄困难，牵羊而行则悔事消亡，听者不信。

《象》曰："其行次且"，位不当也①。"闻言不信"，聪不明也②。

【注释】

①位不当："九四"失位而不中，故曰"位不当"。
②聪不明："九四"位不正当，故听到却不能审明事理。聪：听。

【译文】

《象》说："行动趑趄"，位不正当。"听说而不相信"，（是因为）听到却不能审明事理。

九五：苋陆夬夬，中行无咎①。

【注释】

①苋陆：为草名，是种柔脆多汁不容易干的草。

【译文】

九五：像斩除柔脆的苋陆草一样，刚毅果断地决除小人，行中道而无咎害。

《象》曰："中行无咎"，中未光也①。

【注释】

①中未光："九五"居中得正，但因近比"上六"之阴，而为阴所掩，故"中未光"。

【译文】

《象》说："行中道而无咎"，中正之道尚未光大。

上六：无号，终有凶。

【译文】

上九：无呼号，最终有凶。

《象》曰："无号"之"凶"，终不可长也①。

【注释】

①终不可长："上六"阴柔居卦之末，为众阳所决，阴道已尽，故"终不可长"。

【译文】

《象》说："无呼号"而有"凶"，最终不可长久。

姤卦第四十四

 巽下　乾上

姤①：女壮②，勿用取女③。

【注释】

①姤（gòu）：相遇，邂逅，遇合。亦作"遘"，同"逅"。但"逅"是在道路上相遇，而"姤"则是男女相遇。《姤》卦一阴承五阳，一女遇五男。也是"消息卦"，代表五月。

②壮：过于强盛。此指一阴之气开始生发。

③取：娶。

【译文】

姤：（此）女强盛，不宜娶（该）女（为妻）。

《象》曰：姤，遇也①。柔遇刚也②。"勿用取女"，不可与长也③。天地相遇，品物咸章也④。刚遇中正⑤，天下大行也⑥。姤之时义大矣哉！

【注释】

①遇：不期而合。

②柔遇刚：《姤》一阴五阳，一阴在下而与五阳相遇。

③长：长久。

④品物咸章：众物显明。品：众。章：显著，显明。

⑤刚遇中正："九五"阳刚居中得正。

⑥天下大行：《姤》卦下巽上乾，乾为天，巽为风，风行天下，故曰"天下大行"。

【译文】

《象》说：姤，（是）相遇（的意思）。阴柔遇阳刚。"不要娶此女"，（因为）不能与（她）长久相处。天地相遇，众物皆光明。（九五）阳刚居中得正，大行于天下。《姤》卦的时势意义太伟大了！

《象》曰：天下有风①，姤。后以施命诰四方②。

【注释】

　　①天下有风：《姤》下巽上乾，巽为风在下，乾为天在上，故"天下有风"。风行天下，无物不遇，故为《姤》象。

　　②后：君。命：命令。诰：告知。

【译文】

　　《象》说：天下有风，《姤》卦之象。君王（效此）施行命令，告知四方。

初六：系于金柅①，贞吉。有攸往，见凶，羸豕孚蹢躅②。

【注释】

　　①系于金柅："初六"专一系应于"九二"。系：系应。柅：车闸。凡用来固定绑缚的器具皆可称之为"柅"。《周易集解》引《九家易》曰："丝系于柅，犹女系男，故以喻初宜系二也。若能专心顺二，则吉，故曰'贞吉'。今既为二所据，不可往应四，往则有凶，故曰'有攸往，见凶'也。"

　　②羸豕：瘦弱的猪，属阴物。孚：诚信。《姤》卦为五月，阴气遵循天道随"时"而来，像履行诺言一样。这里用"孚"字，传神地表达了大自然的精准微妙。蹢躅：不安静而徘徊之状。

【译文】

　　初六：系于金车闸（刹车），循正则吉。有所往，则会见凶，瘦猪在徘徊中（等待机会）。

《象》曰："系于金柅"，柔道牵也①。

【注释】

　　①柔道牵："初六"一阴初生，与上阳爻相遇，阴柔牵引，阳刚而止。

【译文】

　　《象》说："系于金车闸"，是阴柔之道开始牵制。

九二：包有鱼①，无咎②，不利宾③。

【注释】

①包：包容。鱼：阴物，此通"遇"，指"九二"与"初六""相遇"。此用"鱼"字甚妙，大有文章。

②无咎：因为"九二"宽容，阴阳相遇而有鱼水之欢，故"无咎"。

③不利宾：不利于以宾客之礼相待。因为"九二"虽暂时为主，可是按道理（自然规律），阳要退，阴要当家作主。

【译文】

九二：包容（从而阴阳）有遇，无灾咎，但不宜以宾客（之礼相待）。

《象》曰："包有鱼"，义不及"宾"也①。

【注释】

①义：道义，规则，法则。

【译文】

《象》说："包容（从而阴阳）有遇"，按道义不涉及到宾（主之分的）。

九三：臀无肤，其行次且，厉，无大咎。

【译文】

九三：臀部无皮，行动困难，有危厉，无大灾。

《象》曰："其行次且"，行未牵也①。

【注释】

①未牵："九三"得正位，隔二未与"初六"之阴牵，但因初牵二不及三，故"未牵"。

【译文】

《象》说："其行动趑趄"，行动未受牵制。

九四：包无鱼，起，凶。

【译文】

九四：包容（但阴阳）无相遇，兴起守执，凶。

《象》曰："无鱼"之"凶"，远民也①。

【注释】

①远民："九四"阳刚失位，与"初六"相应，但因"初六"近承"九二"，故"九四"远离"初六"之民，"初六"之阴为民。

【译文】

《象》说："包容（但阴阳）无相遇"的"凶险"，（是因为九四）远离（初六）之民。

九五：以杞包瓜①，含章②，有陨自天③。

【注释】

①以杞包瓜：种瓜者在瓜田旁栽种高大的杞树，瓜藤攀缘于杞树，则因沐浴阳光、生长有序而产量可期。"九五"阳刚居尊，就像杞树，由于杞树（明君）的围护，阴柔的瓜藤（小人）不再往外蔓延，此养小人之道也。杞：qǐ，杞树。

②章：文彩，章美，光明。

③有陨自天：瓜熟蒂落，是遵从天道法则。

【译文】

九五：用杞树扶持瓜藤生长，含藏章美，瓜熟时就从藤架上落下。

《象》曰："九五含章"，中正也①。"有陨自天"，志不舍命也②。

【注释】

①中正："九五"阳刚居中得正。

②舍：违。

【译文】

《象》说："九五包含章美"，因其中正。"自天而陨落"，心志不违背天命。

上九：姤其角①，吝，无咎。

【注释】

①姤其角：乾为首，"上九"阳刚居上为角，与"初六"不遇故吝。

【译文】

上九：姤卦处于头角，有可惜，无咎害。

《象》曰："姤其角"，上穷"吝"也①。

【注释】

①上穷吝：上九阳刚居高而遇，故必困穷而致难。

【译文】

《象》说："姤卦处于头角"，上九居穷尽之位，致有无遇之憾。

萃卦第四十五

坤下　兑上

萃①：亨，王假有庙②，利见大人，亨，利贞。用大牲，吉。利有攸往。

【注释】

①萃：聚集、会聚。
②假：格、至。

【译文】

萃：亨通，君王到宗庙里（祭祀）。利于出现德高望重的大人物，亨通，宜于守正。用大的牲畜祭祀，吉。利于有所往。

《彖》曰：萃，聚也①。顺以说②，刚中而应③，故聚也。"王假有庙"，致孝亨也④。"利见大人，亨"，聚以正也⑤。"用大牲吉，利有攸往"，顺天命也。观其所聚，而天地万物之情可见矣。

【注释】

①聚：集。

②顺以说：《萃》下坤上兑，坤为顺，兑为说。

③刚中而应："九五"阳刚居中而得正，下应"六二"。

④致：推致。亨：祭祀。

⑤聚以正：《萃》"九五"居中得正，故聚用正道。

【译文】

《彖》说：萃，（是）聚集（的意思）。顺从而喜悦，（九五）阳刚居中而（与六二阴柔）相应，故为聚。"君王到宗庙里"，进行孝祖之祭。"利于出现德高望重的大人物，亨通"，聚集用以正道。"用大的牲畜（祭祀）吉利，利有所往"，顺从天命。观察所聚（的道理），而天地万物的情状可以看见了。

《象》曰：泽上于地①，萃。君子以除戎器②，戒不虞③。

【注释】

①泽上于地：《萃》卦下坤上兑，兑为泽在上，坤为地在下，故"泽上于地"。

②除：去旧取新，即修整。戎：兵。

③不虞：不测，意想不到的事。

【译文】

《象》说：泽水居地上，《萃》卦之象。君子（效此）以修治兵器，戒备意外之患。

初六：有孚不终，乃乱乃萃①。若号②，一握为笑③。勿恤，往无咎。

【注释】

①萃：妄聚。

②若：假使。号：号哭。

③一握为笑："初六"与"九四"阴阳相应，但中间有两阴爻阻隔，形成障碍。但如果"初六"呼号救援，不被二阴诱惑，"九四"听到，就会伸出援手，两人就可握手言欢，破涕为笑。

【译文】

初六：虽有诚意也难有结果，（因而）既混乱又妄聚。假如号哭，（就能）一握手而破啼为笑，不要忧虑，前往无咎。

《象》曰："乃乱乃萃"，其志乱也①。

【注释】

①其志乱："初六"正应"九四"，但与上二阴同类相聚，故心志惑乱。

【译文】

《象》说："既乱而又聚会"，其志错乱。

六二：引吉①，无咎。孚乃利用禴②。

【注释】

①引：牵引（九五）。
②禴：yuè，殷代的春祭与周代夏祭都称"禴"。

【译文】

六二：牵引（九五）则吉，无过失，诚心有利于用夏祭（求福）。

《象》曰："引吉无咎"，中未变也①。

【注释】

①中未变："六二"居中得正，不因与阴近比而有所改变。

【译文】

《象》说："牵引（九五）则吉，无咎"，居中守正未有改变。

六三：萃如，嗟如①。无攸利。往无咎，小吝。

【注释】

①嗟：叹息。内卦三爻，独"六三"上无所应，故"嗟"叹。

【译文】

六三：聚集叹息，无利，前往无咎，稍有吝难。

《象》曰："往无咎"，上巽也①。

【注释】

①上巽："六三"之阴向上而巽顺。"六三"与"九四"、"九五"互体为巽。故曰"上巽"。

【译文】

《象》说："前往无咎"，向上顺从。

九四：大吉，无咎。

【译文】

九四：大吉，无过失。

《象》曰："大吉无咎"，位不当也①。

【注释】

①位不当：九四以阳居阴，故"位不当"。

【译文】

《象》说："大吉无咎"，其位不正当。

九五：萃有位，无咎。匪孚①，元永贞，悔亡。

【注释】

①匪：非。

【译文】

九五：聚而有其位，无咎害。（虽）不诚，（但是）开始即恒守正道，悔事消亡。

《象》曰："萃有位"，志未光也①。

【注释】

①志未光："九五"虽居中得正，但被上六阴柔所掩，故其志未能光大。

【译文】

《象》说："聚而有其位"，其位尚未光大。

上六：赍咨涕洟①，无咎。

【注释】

①赍咨：悲伤的怨声。涕：流眼泪。洟：流鼻涕。

【译文】

上六：悲伤叹息而泪流满面，无过失。

《象》曰："赍咨涕洟"，未安上也①。

【注释】

①未安上："上六"阴柔居上，乘刚而无应，未能安居其上。

【译文】

《象》说："悲伤叹息而泪流满面"，未能安居其上。

升卦第四十六

☷ 巽下　坤上

升①：元亨，用见大人②，勿恤。南征吉。

【注释】

①升：上升、登高。

②用见大人：其他卦都是"利见大人"，此处"用"字又是精妙之笔。当深思之！

【译文】

升：开始即亨通。宜见德高望重的大人物，不用忧虑。往南出征，则吉。

《彖》曰：柔以时升①，巽而顺②，刚中而应③，是以大亨。"用见大人，勿恤"，有庆也④。"南征吉"，志行也⑤。

【注释】

①柔以时升：《升》与《萃》卦画相倒置。《萃》时坤在下，坤升上为《升》，坤为柔，故"柔以时升"。《序卦》："萃者，聚也。聚而上者谓之升，故受之以升。"《杂卦》："萃聚而升不来也。"即是此意。

②巽而顺：《升》卦下巽上坤，坤为顺。

③刚中而应：《升》"九二"居中而应"六五"。

④有庆："九二"居中，故"有庆"。

⑤志行：二、五上下应之，故"志行"。

【译文】

《彖》说：阴柔因时而升，巽逊而顺从，（九二）阳刚居中而应（阴柔六五），所以得大亨通。"宜见德高望重的大人物，不用忧虑"，有吉庆。"向南出征则吉"，其志得以施行。

《象》曰：地中生木①，升。君子以顺德②，积小以高大③。

【注释】

①地中生木：《升》卦下巽上坤，坤为地，巽为木，木在地下，故曰"地中生木。"

②顺德：《升》卦下巽上坤都有"顺"之义。

③积小以高大：取象木在地中生长壮大。可见，"升"的关键在"积"，绝非一蹴而就。

【译文】

《象》说：地中生长树木，《升》卦之象。君子（效此）当顺（从天地生物之）德，积小（善）以成高大。

初六：允升①，大吉。

【注释】

①允：允诺，诚信。

【译文】

初六：（因）诚信而上升，大吉。

《象》曰："允升大吉"，上合志也①。

【注释】

①上合志："初六"是内卦《巽》的主爻，巽为逊顺，外卦《坤》也为顺，"初六"阴柔向上顺从《坤》卦，故曰"上合志"。

【译文】

《象》说："信诚而上升，大吉"，（初六）上合（坤之）志。

九二：孚，乃利用禴，无咎。

【译文】

九二：诚心，有利于用夏祭（求福），无咎害。

《象》曰："九二"之"孚"，有喜也①。

【注释】

①有喜："九二"居中，上应"六五"，上升有应，为上所信，故有喜事。

【译文】

《象》说："九二"的"诚信"，有喜事。

九三：升虚邑①。

【注释】

①虚：空。上卦《坤》三个阴爻，都为虚，指上升空间大。

【译文】

九三：上升到空虚的城邑。

《象》曰："升虚邑"，无所疑也①。

【注释】

①无所疑："九三"以阳居阳，上三阴为坤顺，故上升"无所疑"。

【译文】

《象》说："上升到空虚的城邑"，没有什么可疑虑的。

六四：王用亨于岐山①，吉，无咎。

【注释】

①亨：祭祀。岐山：地名。位置在陕西岐山县东北方向。

【译文】

六四：大王祭礼于岐山，吉，无咎害。

《象》曰："王用亨于岐山"，顺事也①。

【注释】

①顺事：此处为何不用"顺天"呢？顺事是讲大事小事都顾及到了，都处理得非常好。比直截了当地讲"顺天"更富人文精神，也是天地人万物一体思维的一种妙用。

【译文】

《象》说："大王祭亨于岐山"，是顺从人事。

六五：贞吉，升阶①。

【注释】

①阶：台阶。

【译文】

六五：守正则吉，登阶而上。

《象》曰："贞吉升阶"，大得志也①。

【注释】

①大得志："六五"处尊，下有"九二"之刚相应，升而有吉，故"大得志"。

【译文】

《象》说："守正则吉，登阶而上"，大得其志。

上六：冥升①，利于不息之贞。

【注释】

①冥：昏冥。

【译文】

上六：冥中上升，宜于不停地坚守正道。

《象》曰："冥升"在上①，消不富也②。

【注释】

①冥升在上："冥升"在卦之最上爻。

②消不富："上六"阴柔居上，升极则消退，而不富有。阴为"不富"。

【译文】

《象》说："昏冥而升"在上，（阴）消而不富有。

困卦第四十七

 **坎下　兑上**

困①：亨，贞，大人吉，咎。有言不信。

【注释】

①困：穷困，窘迫，困扰，困惑。

【译文】

困：亨通，正固，大人吉祥，无过失。（困境中）虽有言说而人皆不信。

《象》曰：困，刚掩也①。险以说②，困而不失其所③，"亨"，其唯君子乎④？"贞大人吉"，以刚中也⑤。"有言不信"，尚口乃穷也⑥。

【注释】

①刚掩：《困》卦下坎上兑，坎为刚，兑为柔，坎刚被兑柔所掩。

②险以说：《困》下坎为险，上兑为说。

③困而不失其所：《困》阳被阴所掩，故曰"困"，但《困》上兑为悦，下坎为通，故不失其所，即"亨"。如《系辞》所言："困，穷而通。"

④其：大概。唯：是。

⑤刚中：《困》"九二"、"九五"阳刚居中。

⑥尚口乃穷：《困》上兑为口，但兑一阴居上，故曰穷。事尽理曲为穷。

【译文】

　　《象》说：困，阳刚被（阴柔）掩蔽。虽处危险之中而乐观喜悦，穷困而不失其道，故"亨通"。这恐怕只有君子（才能做到）吧？"正固，大人吉祥"，因（二、五）阳刚居中。"虽有言说而人皆不信"，崇尚言辞不但无益，反而更遭穷困。

《象》曰：泽无水①，困。君子以致命遂志②。

【注释】

　　①泽无水：《困》卦下坎上兑，坎为水在下，兑为泽在上，水在泽下而泽上枯，故"泽无水"。

　　②致命遂志：舍弃生命实现其志向。

【译文】

　　《象》说：（水在泽下而）泽上无水，《困》卦之象。君子（效此）当舍弃生命以实现志向。

初六：臀困于株木①，入于幽谷，三岁不觌②。

【注释】

　　①株木：树砍掉后留下的树桩。

　　②岁：年。觌：dí，见。

【译文】

　　初六：困坐在树桩上，在幽暗的山谷中，三年不能与人见面。

《象》曰："入于幽谷"，幽不明也①。

【注释】

　　①幽不明："初六"为阴柔而居最下，故曰"幽"，幽即"不明"。象征穷困到了极点，也兼有智慧不明，昏庸的意思。

【译文】

　　《象》说："进入幽暗峡谷"，幽暗不明。

九二：困于酒食①，朱绂方来②，利用享祀，征凶，无咎。

【注释】

① 困于酒食：困扰于酒菜过于丰盛。

②朱绂：一曰宗庙祭服；一曰君王之服，古时天子三公九卿"朱绂"，诸侯"赤绂"。

【译文】

九二：困扰于酒菜过于丰盛，红色祭服刚被送来。正好用以祭祀，出征则有凶，但无过失。

《象》曰："困于酒食"，中有庆也①。

【注释】

①中有庆："九二"居中而有中德，故"中有庆"。

【译文】

《象》说："困于酒食"，守中道而有福庆。

六三：困于石①，据于蒺藜②，入于其宫③，不见其妻，凶。

【注释】

①困于石：指乱石挡道。

②据：占据。

③宫：宫室。

【译文】

六三：乱石挡道，又有蒺藜据于其上，入于宫室而看不到妻子，凶。

《象》曰："据于蒺藜"，乘刚也①。"入于其宫，不见其妻"，不祥也②。

【注释】

①乘刚："六三"乘凌"九二"之刚之上。

②不祥："六三"以阴居阳，上无所应，故"不祥"。

【译文】

　　《象》说："蒺藜据其上"，（阴柔）乘凌（九二）阳刚之上，"进入宫室而见不到其妻"，乃不祥之兆。

九四：来徐徐①，困于金车②，吝，有终。

【注释】

　　①徐徐：缓缓安行之状。

　　②困于金车：指金车遇险出了麻烦。

【译文】

　　九四：缓缓安行而来，困窘于金车（遇险），虽有吝难，却有好的结果。

《象》曰："来徐徐"，志在下也①；虽不当位，有与也②。

【注释】

　　①志在下："九四"之阳与"初六"之阴相应，故"九四"之志在于应下之"初六"。

　　②不当位，有与也："九四"以阳居阴为"不当位"，但"九四"与初六相应，故曰"有与"。有与：即有援助。

【译文】

　　《象》说："缓缓而来"，其志在于应下（之初六）；虽不当位，却有援助。

九五：劓刖①，困于赤绂②，乃徐有说③，利用祭祀。

【注释】

　　①劓刖（yuè）：古代割鼻断足之刑。割鼻称"劓"，断足称"刖"。"劓刖"亦可为不安貌。

　　②赤绂：解见上"朱绂"。

　　③乃：于是。徐：缓慢。说：脱。

【译文】

　　九五：割鼻断足之刑，困窘因示绂而起，于是徐徐脱下（赤绂），（宜于）祭祀。

《象》曰："劓刖"，志未得也①。"乃徐有说"，以中直也②。"利用祭祀"，受福也③。

【注释】

①志未得："九五"与"九二"无应，又被"上六"之阴所掩，故其志未得行。

②以中直："九五"以阳居中得正，故曰"中直"。直：犹正。

③受福：因祭祀得到福。

【译文】

《象》说："受割鼻断足之刑"，其志愿未得（实现）。"于是慢慢脱下"，因有中正之德。"宜于祭祀"，得到福庆。

上六：困于葛藟①，于臲卼②，曰动悔③，有悔，征吉。

【注释】

①葛藟（lěi）：葛藤缠绕之草。

②臲卼（niè wù）：慌惑不安之貌。

③曰：思谋之辞。

【译文】

上六：困于草莽，慌惑不安，思谋动则悔。（虽然）有悔，出征则吉。

《象》曰："困于葛藟"，未当也①。"动悔，有悔"②，"吉"行也③。

【注释】

①未当："上六"处卦之上穷极而乘刚，故其时"未当"。

②动悔有悔：动迟则有悔。悔：通晦，迟的意思。

③吉行："上六"为困之终，知悔而能去之，而有吉。

【译文】

《象》说："被草莽所困"，（其时）未当；"动迟而有悔"，行则吉。

井卦第四十八

☵ 巽下　坎上

井①：改邑不改井②，无丧无得。往来井井③，汔至④，亦未繘井⑤，羸其瓶⑥，凶。

【注释】

①井：水井。井又是社会组织单位，古时八家为一井。四井为一邑。

②改：变动。

③井井：第一个"井"字作动词用，即从井中取水。

④汔：qì，几乎，接近。

⑤繘：取水的绳索。此指"出"。

⑥羸（léi）：帛《易》作"纍"，毁缺。瓶：古代汲水的器具。

【译文】

井：村邑搬迁，井不会变动。因而（对于井来说）无得无失。（人们）来来往往从井中取水。（取水时）几乎提上来了，但还没出井，（结果）毁坏了（取水的）瓶，有凶。

《象》曰：巽乎水而上水①，井。井养而不穷也。"改邑不改井"，乃以刚中也②。"汔至亦未繘井"，未有功也。"羸其瓶"，是以凶也。

【注释】

①巽乎水而上水：《井》卦下巽上坎，巽为木，为入，坎为水，故以木（桔槔）引瓶下水吸水而上。

②刚中：《井》"九二"、"九五"阳刚居中。

【译文】

《象》说：以木引水而上，有井之象；井水供养人而不穷尽。"搬迁村邑，井不会变动"，这是因（二、五）以刚得中。"提水却没有提出井口"，没有功劳。"毁坏了水瓶"，所以有凶。

《象》曰：木上有水①，井。君子以劳民劝相②。

【注释】

①木上有水：《井》卦下巽上坎，坎为水在上，巽为木在下，故"木上有水"。根据考古：古井井底安置有四方型木框，"木上有水"可能因此而来。

②相：助。

【译文】

《象》说：木上有水，《井》卦之象。君子（效此）当为庶民操劳，劝勉百姓互相资助。

初六：井泥不食，旧井无禽①。

【注释】

①旧井无禽：旧井废弃，飞鸟不至。

【译文】

初六：井中只有淤泥，无水（可供）食用，这旧井连飞鸟也不来。

《象》曰："井泥不食"，下也①。"旧井无禽"，时舍也②。

【注释】

①下："初六"之阴居《井》之下，井底有泥之象。"初六"与"六四"无应，是水不能食用之象。

②时舍：被时代舍弃。

【译文】

《象》说："井只有泥而不能食用"，（初六）居井最下。"旧井无禽鸟"，过时而舍弃。

九二：井谷射鲋①，瓮敝漏②。

【注释】

①谷：底。王引之云："谷即窬，井中容水处也。"鲋：fù，小鱼。

②瓮：古代汲水的罐子。

【译文】

　　九二：井底射鱼，（取水的）瓷罐破漏。

《象》曰："井谷射鲋"，无与也①。

【注释】

　　①无与："九二"阳刚与下"初六"相比，与"九五"无应。"无与"即无所应援。

【译文】

　　《象》说："井底射小鱼"，无所应援。

九三：井渫不食①，为我心恻②；可用汲，王明③，并受其福。

【注释】

　　①渫：xiè，治，治污秽称"渫"。掏去污泥使水洁净。
　　②恻：悲，忧伤。
　　③明：英明、贤明。

【译文】

　　九三：井已修治好，却不被食用，使我心悲切。可用此井汲水，乃大王英明，（人人）均受其福泽。

《象》曰："井渫不食"，行"恻"也①。求"王明"②，"受福"也③。

【注释】

　　①行：动。
　　②求王明：希望大王英明。
　　③受福：享受其福。

【译文】

　　《象》说："井修好而不食用"，（人人都会）动"恻"隐之心。祈求"大王英明"，以"受福禄"。

六四：井甃①，无咎。

【注释】

①甃：zhòu，修治，以砖修井。

【译文】

六四：修治井，无咎害。

《象》曰："井甃无咎"，修井也①。

【注释】

①修井："六四"阴柔得正，故有修井之象。

【译文】

《象》说："修井无灾害"，（因）修治井（的缘故）。

九五：井洌①，寒泉食②。

【注释】

①洌：清沏，冰冷。
②寒泉：冰冷的井水。古人以为井水乃泉水下出。

【译文】

九五：井水清洌，冰冷的井水可以食用。

《象》曰："寒泉"之"食"，中正也①。

【注释】

①中正："九五"居中得正。

【译文】

《象》说："甘洌井水"被"食用"，乃有中正之德。

上六：井收勿幕①，有孚元吉②。

【注释】

①收：谓以辘提取井水。幕：盖。

②孚：诚信。元吉：至为吉祥。

【译文】

上六：井水收取上来，不必在井口加盖。始终诚心诚意（为民服务），才是最大的吉祥。

《象》曰："元吉"在"上"①，大成也②。

【注释】

①元吉在上："元吉"之辞在上爻。

②大成："上六"井养之大功已告成。

【译文】

《象》说："大吉"在"上"位，大功已告成。

革卦第四十九

☲☲ 离下　兑上

革①：巳日乃孚②。元亨利贞，悔亡。

【注释】

①革：改革，变革，去故更新，改革变化。

②巳：是十二地支中的第六支，因"巳日"在地支十二日中刚好过半，正是转变的时刻。

【译文】

革：至巳日才有（变革）的诚心，开始亨通，宜于守正，悔事消亡。

《象》曰：革，水火相息①，二女同居②，其志不相得③，曰革。"巳日乃孚"，革而信之。文明以说④，大"亨"以正。革而当，其"悔"乃"亡"。天地革而四时成，汤武革命⑤，顺乎天而应乎人，革之时大矣哉！

【注释】

①水火相息：《革》下离上兑，离为火，兑为泽，离火炎上，泽水润下，故泽火相息。息：交互更革之象。

②二女同居：《革》下离为中女，上兑为少女。

③不相得：离兑皆为女，而无男，故"不相得"。

④文明以说：《革》下离为文明，上兑为说。

⑤汤武革命：指商汤、武王领导的革命。

【译文】

《象》说：革，水火互相更革，二女住在一起，其心志不同，故称革。"巳日才有（变革的）诚心"，变革而使人相信。文明而喜悦，"亨通"而得正。变革得当，悔事消亡。天地之气变化而四时形成，商汤、武王领导的革命，上顺天时，下应人心。《革》卦的时势作用太伟大了！

《象》曰：泽中有火①，革，君子以治历明时②。

【注释】

①泽中有火：《革》下离上兑，兑为泽在上，离为火在下，故曰"泽中有火"。《说文》曰："革，兽皮去其毛，革更之。"制革的过程：先把皮革放到泽水中浸泡，泡软了，再放到火上烤，烤到一定程度，革就制好了。

②历：历法，如二十四节气等。

【译文】

《象》说：泽中有火，《革》卦之象。君子（效此）当修治历法明辨天时。

初九：巩用黄牛之革①。

【注释】

①巩：巩固，牢固。革：皮革。

【译文】

初九：用黄牛皮革牢固地捆缚。

《象》曰："巩用黄牛"，不可以有为也①。

【注释】

①不可以有为："初九"阳刚得位，但因居下位，而上无应，时机未到，故"不可以有为"。

【译文】

《象》说："以黄牛之革巩固"，不可有所作为。

六二：巳日乃革之，征吉，无咎。

【译文】

六二：到巳日才变革，出征吉，无咎灾。

《象》曰："巳日革之"，行有嘉也①。

【注释】

①行有嘉："六二"得位居中，上应"九五"，故行动必有利。"利者，嘉之会也。"

【译文】

《象》说："到巳日才变革"，行动必有利。

九三：征凶，贞厉。革言三就，有孚①。

【注释】

①言：言论、讨论。就：成就。

【译文】

九三：出征凶，守正以防危厉。改革经过三次讨论成功了，取得（民众）信任。

《象》曰："革言三就"，又何之矣①。

【注释】

①又何之矣：又往哪里去？

【译文】

《象》说："改革经过三次讨论成功了"，又往哪里去？

九四：悔亡。有孚，改命①，吉。

【注释】

①改命：改革旧命。

【译文】

九四：悔事消亡，有诚信，改革旧命，吉。

《象》曰："改命"之"吉"，信志也①。

【注释】

①信志：施展抱负。信：通"伸"。

【译文】

《象》说："改革旧命"有"吉祥"，（九四）是在施展改革抱负。

九五：大人虎变，未占有孚①。

【注释】

①变：指野兽夏季脱毛，色彩浅；冬季毛又变厚，光泽艳丽。虎变：像老虎换毛一样。

【译文】

九五：大人像老虎一样变革，不用质疑其诚信。

《象》曰："大人虎变"，其文炳也①。

【注释】

①其文炳："九五"居中处尊，大人革命如虎纹彪炳。炳：明亮、显著。

【译文】

《象》说："大人像老虎一样变革"，其威望炳著。

上六：君子豹变①，小人革面，征凶。居贞吉。

【注释】

①豹变：如豹之变化。此"君子"比"大人"次一等。故大人被喻为虎，君子被喻为豹。豹比老虎次一等。

【译文】

上六：君子像豹子般变革，小人革心洗面。出征有凶，居而不动，守正则吉。

《象》曰："君子豹变"，其文蔚也①。"小人革面"，顺以从君也②。

【注释】

①其文蔚："上六"处《革》卦之上，象征君子变革如豹纹之蔚然成彩。蔚：草多貌，此指豹纹茂密成斑。
②顺以从君："上六"为阴为"顺"，顺从"九五"之君。

【译文】

《象》说："君子像豹子般变革"，其威望蔚然。"小人革心洗面"，是为了顺从君王。

鼎卦第五十

 巽下　离上

鼎^①：元吉，亨。

【注释】

①鼎：革新。鼎，三足两耳，青铜制成，古代烹饪器具，多用于宗庙祭祀。盛行于商周时代，象征王权。《鼎》卦卦画像"鼎"：初爻象鼎之足，二、三、四阳爻为鼎腹，五爻象鼎之耳，上爻象鼎之铉。下卦巽为木，上卦离为火，像燃木煮物的"鼎"。

【译文】

鼎：大吉，亨通顺利。

《象》曰：鼎，象也^①。以木巽火^②，亨饪也。圣人亨以享上帝^③，而大亨以养圣贤^④。巽而耳目聪明^⑤，柔进而上行^⑥，得中而应乎刚^⑦，是以"元亨"。

【注释】

①象：《鼎》卦取鼎器之象。

②以木巽火：《鼎》下巽上离，巽为木，为入，离为火。

③亨：烹饪。享：祭献。

④大亨：王夫之曰："郊用特牛，享宾之礼，牛羊豕具焉，故曰大。"大：犹广、多。

⑤耳目聪明：《鼎》上为离，离为目，为明。《鼎》"六五"又有耳象，故"耳目聪明"。

⑥柔进而上行：《鼎》卦"六五"之柔进而行在上位。

⑦得中而应乎刚："六五"居中而应"九二"之刚。

【译文】

《象》说：鼎，（以鼎器）象物。用木生火，用以烹饪。圣人烹饪来祭亨上帝，而大烹（牛羊等）以奉养圣贤。巽顺而耳目聪明，（六五）阴柔进升行在上位，居中而应于（九二）阳刚，所以开始"亨通"。

《象》曰：木上有火①，鼎。君子以正位凝命②。

【注释】

①木上有火：《鼎》卦下巽上离，离为火在上，巽为木在下，木上有火燃烧，鼎烹饪之象。故为《鼎》。

②正位凝命：此取象鼎形端正，故曰"正位"；鼎体稳重，故"凝命"。

【译文】

《象》说：木上有火（燃烧），《鼎》卦之象。君子（效此）当正其所居之位，巩固所受之命。

初六：鼎颠趾，利出否①，得妾，以其子②，无咎。

【注释】

①出：倒出。否：臧否之否，废物、恶、过失。

②以：及，此指"生"。

【译文】

初六：鼎颠倒其足，宜倒出废物，得妾，并生了儿子，无咎灾。

《象》曰："鼎颠趾"，未悖也①。"利出否"，以从贵也②。

【注释】

①末悖："初六"失位而"颠趾"，故"不悖"。悖：逆乱。

②以从贵："初六"以阴顺从"九四"之阳贵。

【译文】

《象》说："鼎足颠倒"，不为悖理。"宜倒出废物"，顺从贵人。

九二：鼎有实①，我仇有疾②，不我能即③，吉。

【注释】

①实：充实。

②仇：匹、配、妻子。古代称理想的妻子为妃，不称心的妻子为仇。

③即：接近。

【译文】

　　九二：鼎中有食，我妻有病，不能接近我，吉利。

　　《象》曰："鼎有实"，慎所之也①。"我仇有疾"，终无尤也②。

【注释】

　　①慎所之：所之，所往。此指移动。
　　②终无尤：因"九二"居中而有中德，故最终无怨尤。

【译文】

　　《象》说："鼎中有食物"，当慎于搬动。"我妻有病"，最终无怨尤。

　　九三：鼎耳革①，其行塞②，雉膏不食③，方雨亏悔④，终吉。

【注释】

　　①革：去。
　　②塞：闭塞，此指移动困难。
　　③雉膏：用雉肉做的美味食品。
　　④方：一会儿、刚刚。亏：毁，少。悔：晦、阴云。亏悔：指阴云散去。

【译文】

　　九三：鼎耳丢失，移动困难，美味的雉膏不能食用，天刚下雨，阴云又散去，终将得吉。

　　《象》曰："鼎耳革"，失其义也①。

【注释】

　　①失其义："九三"处巽木之极，与上离火相遇，木火太过，则失去烹饪之宜。义：宜。

【译文】

　　《象》说："鼎耳变形"，（使鼎）失去（烹饪）之义。

九四：鼎折足，覆公饻竦①，其形渥②，凶。

【注释】

①竦：sù，八珍之膳，美味佳肴。

②形：指鼎身。渥（wò）：沾濡之貌。

【译文】

九四：鼎足折断，八珍之膳倾倒出来，沾濡了鼎身，凶。

《象》曰："覆公竦"，信如何也①？

【注释】

①信如何："九四"与"初六"相应，一鼎"折足"，一鼎"颠趾"不光是信誉的问题，还涉及能力的大小。信：信用，信誉。

【译文】

《象》说："八珍之膳倾倒出来"，信用又怎么样呢？

六五：鼎黄耳①，金铉②，利贞。

【注释】

①黄耳：黄铜制成的鼎耳。

②金铉：用青铜制成的鼎耳上吊环。

【译文】

六五：鼎有黄耳，金铉，利于守正。

《象》曰："鼎黄耳"，中以为实也①。

【注释】

①中以为实："六五"居中谓"中"，鼎铉为"实"。此指鼎耳中虚而能受铉。

【译文】

《象》说："鼎有黄色的耳"，（鼎）中虚可以受（铉之）实。

上九：鼎玉铉^①，大吉，无不利。

【注释】

①玉铉：用玉石作成的弦。

【译文】

上九：鼎有玉铉，大吉，无不利。

《象》曰："玉铉"在"上"^①，刚柔节也^②。

【注释】

①玉铉在上：玉"铉"在上爻。

②刚柔节："上九"以阳居阴，下与"六五"之阴相比，刚而能柔，刚柔节制而适宜。

【译文】

《象》说："（鼎的）玉铉"在上，刚柔相互节制。

震卦第五十一

 震下　震上

震^①：亨，震来虩虩^②，笑言哑哑^③，震惊百里，不丧匕鬯^④。

【注释】

①震：霹雳雷电，引申为震动，振奋。

②虩虩（xì）：恐惧惊顾貌。因恐惧而四下张望的样子。

③哑哑：言笑自如的声音。

④丧：丢失。匕：匙。以棘木为柄，祭礼时主祭人用它从鼎中将烹好的牛羊肉倒入俎中，以供大典之用。鬯：chàng，一种用黑黍酒和郁金草合成的香酒，专供宗庙祭礼之用。匕鬯：指盛在棘匙中的香酒。

【译文】

震：亨通，雷电袭来令人惊惧，（主祭者）却谈笑自如。雷声惊动百里，（主祭人却）没有丢落匙中的香酒。

《象》曰：震，"亨，震来虩虩"，恐致福也①。"笑言哑哑"，后有则也②。"震惊百里"，惊远而惧迩也③。出，可以守宗庙社稷④，以为祭主也⑤。

【注释】

①恐致福：恐惧可以招致福祥。雷声让人惊恐之后明白这是一种自然法则，从而开窍开悟而招致福祥。

②后有则："初九"阳居阳位得正，故曰"后有则"。则：法度。

③迩：近。

④社稷：古语称土神为社，祭土神之坛也为社。谷神为稷，祭谷神之坛也为稷。此指社稷坛。

⑤祭主：祭礼之主人，即主祭。震为长子，长子为祭主。

【译文】

《象》说：震，"亨通，雷电袭来令人惊恐"，恐惧可以招致福祥。"谈笑自如"，（恐惧）后而不失法度。"雷惊百里"，震惊远方而恐惧近旁。外出，可以守卫宗庙社稷，成为祭祀的主祭。

《象》曰：洊雷①，震。君子以恐惧修省②。

【注释】

①洊雷：《震》上下皆为震，震为雷，故曰"洊雷"。洊：重，再。

②修省：修身省察。

【译文】

《象》说：二雷相重，《震》卦之象。君子（效此）当惊恐畏惧、修身省察。

初九：震来虩虩（xī），后笑言哑哑，吉。

【译文】

初九：雷电袭来令人惊惧，过后却谈笑自如，吉。

《象》曰："震来虩虩"，恐致福也。"笑言哑哑"，"后"有则也。

【译文】

《象》说："雷电袭来令人惊恐"，恐惧可以招致福祥。"谈笑自如"，(恐惧)后而不失法度。

六二：震来厉①，亿丧贝②。跻于九陵③，勿逐，七日得。

【注释】

①厉：危险，危厉。
②亿：意，即想到、估计。贝：古代货币。
③跻：登上。九陵：九重山陵。

【译文】

六二：战雷来势猛厉，怕是要丧失财帛，登上九陵高山，勿追索(失去钱财)，七天自会复得。

《象》曰："震来厉"，乘刚也①。

【注释】

①乘刚："六二"以阴柔乘凌"初九"之阳刚。

【译文】

《象》说："战雷来势猛厉"，(六二阴柔)乘凌(初九)阳刚之上。

六三：震苏苏①，震行无眚②。

【注释】

①苏苏：恐惧不安貌。
②眚(shěng)：病、过失。

【译文】

六三：震雷令人恐惧，雷电(这种)行为没有过失。

《象》曰："震苏苏"，位不当也①。

【注释】

①位不当："六三"失位不中，且处内卦上爻。

【译文】

《象》说："震雷令人恐惧"，（六三）位不正当。

九四：震遂泥①。

【注释】

①遂：坠。

【译文】

九四：雷电坠入泥中。

《象》曰："震遂泥"，未光也①。

【注释】

①未光："九四"之阳处二阴之间，故"未光"。说明"六四""修省"工夫还不够。

【译文】

《象》说："震雷堕入泥中"，（"六四"修省工夫）还未光大。

六五：震往来厉①，亿无丧，有事②。

【注释】

①震往来厉："六五"与"九四"逆比，故离四上往；上往遇上六敌，阴遇阴、阳遇阳，同性相敌。因此只好返回再与四比，比即再离，如此反复，上不可下也不可，皆不得意，故曰"往来厉"。

②事：谓祭祀之事。

【译文】

六五：雷电来来往往十分危险，恐怕无大的损失，将要祭祀。

《象》曰："震往来厉"，危行也①。其事在中②，大"无丧"也。

【注释】

①危行："六五"以柔居尊，来比乘阳危厉，去往遇敌也危厉，故"危行"。

②其事在中："六五"居中，故"其事在中"。事：谓祭祀之事。

【译文】

《象》说："震雷往来不停、十分危厉"，是危难之行动。（祭祀之）事居（外卦）中，大"无所丧失"。

上六：震索索①，视矍矍②，征凶。震不于其躬③，于其邻④，无咎。婚媾有言⑤。

【注释】

①索索：惊恐的样子。

②矍矍（jué）：惊慌的眼光。

③躬：身体。

④邻：邻近之人。

⑤言：斥责的话，闲言碎语。

【译文】

上六：雷声令人恐惧不安，（电光）使人不敢正视，出征有凶。震雷不击其身，而击邻人，无灾害。（但）在婚姻上有闲言。

《象》曰："震索索"，中未得也①。虽"凶""无咎"，畏邻戒也②。

【注释】

①中未得："上六"阴柔居震动之极而未居中，故"中未得"，即未得中道。

②畏邻戒："上六"与"六五"比邻，雷及邻而知畏，故得以戒备。

【译文】

《象》说："雷声令人恐惧不安"，中道未得。虽有"凶险"而"无灾害"，（震先及于）邻知畏而有戒备。

艮卦第五十二

☶ 艮下　艮上

艮①：艮其背②，不获其身，行其庭③，不见其人。无咎。

【注释】

①艮：止，停止，抑制。经卦《艮》一阳，在象征地的坤卦最上方，是山的形象，山有止的含义。

②其：代词。

③庭：庭院。经卦《艮》卦象像一个门，两个《艮》卦在一起，就像一个庭院。

【译文】

艮，止其背，整个身体则不能动。在庭院中行走，却见不到人，无咎害。

《象》曰：艮，止也。时止则止，时行则行，动静不失其时，其道光明。艮其止①，止其所也②。上下敌应③，不相与也④。是以"不获其身，行其庭，不见其人，无咎"。

【注释】

①艮其止：艮就是止。

②止其所：指《艮》内外两艮各止其所。

③上下敌应：《艮》初四、二五、三上皆不相应。不相应即"敌应"。

④不相与：不相亲与。《艮》两艮各止其所，故不相与。与：亲。

【译文】

《象》说：艮，止。应该止的时候停止，应该行动的时候行动，行动与停止不失时机，（这样）才能光明通畅。艮就是止，就是止于其位。（《艮》卦六爻）上下相互敌对，相互都不亲与。所以"整个身体不动，虽行于庭院，却看不到人，无咎灾"。

《象》曰：兼山①，艮。君子以思不出其位②。

【注释】

①兼山：《艮》上下皆艮，艮为山，两山相立而为"兼山"。兼：两，重。

②思不出其位：思虑不出其所处之位。

【译文】

《象》说：两山相重，《艮》卦之象。君子（效此）思考问题当不出其所处地位。

初六：艮其趾①，无咎，利永贞。

【注释】

①趾：脚趾。

【译文】

初六：脚趾止而不动，无咎灾，利于永远守正。

《象》曰："艮其趾"，未失正也①。

【注释】

①未失正："初六"居下失位，但因初六为阴，处艮止而能止，故未失止之正理。

【译文】

《象》说："脚趾止而不动"，未失止之正理。

六二：艮其腓①，不拯其随②，其心不快。

【注释】

①腓：小腿肚子。

②拯：举。随：腿。

【译文】

六二：小腿肚子止而不动，无法抬腿，心里不痛快。

411

《象》曰："不拯其随"，未退听也①。

【注释】

①未违听："六二"居中得正，处艮之时，未退让听从"九三"。

【译文】

《象》说："不能随之抬腿"，未能退而听从。

九三：艮其限①，列其夤②，厉薰心③。

【注释】

①限：腰部，人体上下的界限。惠士奇曰："限为身半，《内经》谓之天枢。"

②列：裂。夤：yín，脊背的肉。

③厉：危急。薰：烧灼。

【译文】

九三：腰止而不能动，脊肉被撕裂，情况危厉，心急如焚。

《象》曰："艮其限"，危"薰心"也①。

【注释】

①危薰心："九三"处上下两阴之间，故"危薰心"。

【译文】

《象》说："腰止不动"，情况危厉，"心急如焚"。

六四：艮其身，无咎。

【译文】

六四：止其身（不妄动），无咎。

《象》曰："艮其身"，止诸躬也①。

【注释】

①诸躬：诸身，指身上的各个部位，如眼耳鼻舌等。

【译文】

《象》说："止其身（不动）"，是指身体各部都不动。

六五：艮其辅①，言有序②，悔亡。

【注释】

①艮其辅：此指慎言，时止则止，时言则言。辅：面颊两旁，此指口。
②序：有序。

【译文】

六五：面颊两旁不动，说话井然有序，悔事消亡。

《象》曰："艮其辅"，以中正也①。

【注释】

①以中正："六五"以阴居中，慎言有序不失中而为正，故曰"以中正"。

【译文】

《象》说："面颊两旁不动"，用中正之道。

上九：敦艮①，吉。

【注释】

①敦：敦厚。

【译文】

上九：敦厚知止，则有吉。

《象》曰："敦艮"之"吉"，以厚终也①。

【注释】

①以厚终：以敦厚而终结。上爻为终。

【译文】

《象》说："敦厚知止"而有"吉祥"，以敦厚而终结。

渐卦第五十三

艮下　巽上

渐①：女归②，吉，利贞。

【注释】

①渐：渐进，循序渐进。《咸》为娶女之占，《渐》乃嫁女之卦。

②归：嫁。

【译文】

渐：女子出嫁，吉，利于守正。

《象》曰：渐之进也，"女归吉"也，进得位①，往有功也②。进以正③，可以正邦也。其位、刚得中也④。止而巽⑤，动不穷也。

【注释】

①进得位：《渐》卦"初六"上进到二、三、四、五，各爻都得位。

②往有功：因五位多功，"初六"前往进位，必有功。

③进以正：同"进得位"。

④刚得中："九五"阳刚居中。

⑤止而巽：《渐》下艮上巽，艮为止。

【译文】

《象》说：渐为渐进，"少女出嫁吉利"，（初六）进而得位，前往有功。进用正道，可以定邦国。(九五)其位,为阳刚得中。(内卦艮)止而(外卦)巽顺,(渐进之)动就不会穷尽。

《象》曰:山上有木①,渐。君子以居贤德善俗②。

【注释】

①山上有木:《渐》下艮上巽,艮为山在下,巽为木在上,渐渐长高长大,故曰"山上有木"。

②善俗:移风易俗。

【译文】

《象》说:山上有木,《渐》卦之象。君子(效此)当以居积贤德、改善风俗。

初六:鸿渐于干①,小子厉②,有言③,无咎。

【注释】

①鸿:鸿雁,大雁。干:河岸。

②厉:危厉。

③言:怨言,口舌非难。

【译文】

初六:鸿雁进息于河岸,(遭到)小子(施加的)危厉,有怨言,无灾害。

《象》曰:"小子"之"厉",义"无咎"也①。

【注释】

①义无咎:"初六"失位有危厉,但因居卦下阳位,故辞义为"无咎"。

【译文】

《象》说:"小子"的"危厉",其义在"无咎"。

六二:鸿渐于磐①,饮食衎衎②,吉。

【注释】

①磐：大石。

②衎衎（kàn）：和乐、高兴状。

【译文】

六二：鸿雁进息于磐石，饮食而喜乐，吉。

《象》曰："饮食衎衎"，不素饱也①。

【注释】

① 不素饱："六二"上应"九五"，不会白吃白喝，故曰"不素饱"。素饱：不劳而食，尸位素餐。素：空。《诗·魏风》"不素餐兮"。毛传："素，空也。"

【译文】

《象》说："饮食喜乐"，不只为吃饱饭。

九三：鸿渐于陆①，夫征不复，妇孕不育，凶。利御寇②。

【注释】

①陆：高平之地叫陆。

②御：防御。

【译文】

九三：鸿雁进息于高地，丈夫出征没有返回，妻子怀孕没有生育，凶。利于防御盗寇。

《象》曰："夫征不复"，离群丑也①。"妇孕不育"，失其道也②。"利用御寇"，顺相保也③。

【注释】

①离群丑："九三"阳居阳位，秉持渐进之道，离开"初六"、"六二"二阴，并将跨越"六四"之阴，进位到"九五"，故曰"不复"。丑：此指三阴。

②失其道："九三"为阳位，于"妇"而言不宜，故曰"失其道"。

③顺相保："九三"上进于《巽》，巽为顺，故曰"顺相保"。

416

【译文】

　　《象》说："丈夫出征不返回"，离开群丑。"妇女怀孕而不生育"，失其正道。"利于防御盗寇"，顺从其道而相保护。

六四：鸿渐于木，或得其桷①，无咎。

【注释】

　　①或：通"惑"。四多惧，故"惑"。桷：jué，指平直如桷的树枝。

【译文】

　　六四：鸿雁进息于树木，迷惑之时得以在平直的树枝上歇息，无灾害。

《象》曰："或得其桷"，顺以巽也①。

【注释】

　　①顺以巽："六四"以阴得正，又居上《巽》体之下，故"顺以巽"。巽：逊顺。

【译文】

　　《象》说："迷惑之时得以在平直的树枝上歇息"，柔顺而谦逊。

九五：鸿渐于陵①，妇三岁不孕，终莫之胜②，吉。

【注释】

　　①陵：高陵。
　　②莫之胜：没有人能代替。

【译文】

　　九五：鸿雁进息于高陵，妻子（虽）三年没有怀孕，但最终（没有人）能取代她，吉。

《象》曰："终莫之胜吉"，得所愿也①。

【注释】

①得所愿："九五"阳刚居中得正，下应"六二"，阴阳相得，故"得所愿"。

【译文】

《象》说："最终（没有人）能取代她而有吉利"，得到（渐进相合之）愿望。

上九：鸿渐于陆，其羽可用为仪①，吉。

【注释】

①仪：装饰。

【译文】

上九：大雁栖息于高地，它的羽毛可用于装饰，吉。

《象》曰："其羽可用为仪吉"，不可乱也①。

【注释】

①不可乱："上九"穷高而失位不正，故"不可乱"。

【译文】

《象》说："它的羽毛可用于装饰吉利"，不可乱其心志。

归妹卦第五十四

≣ 兑下　震上

归妹①：征凶②，无攸利。

【注释】

①归妹：古人称女子出嫁曰"归"，少女谓"妹"，亦即嫁妹。《归妹》为婚姻卦，意为

女人回到应当回去的地方。归：归宿。

②凶：嫁妹为什么会凶？因为《归妹》卦下卦《兑》为少女为喜悦，上卦《震》为长男为动。少女当配少男，与长男不配；而且，少女喜悦地主动向男方行动，与夫唱妇随的原则违背，所以前进凶险，没有好处。

【译文】

归妹：出征凶，无所利。

《象》曰：归妹，天地之大义也。天地不交，而万物不兴。归妹，人之终始也①。说以动②，所归妹也。"征凶"，位不当也③。"无攸利"，柔乘刚也④。

【注释】

①人之终始：归者，为女之终；女归男而生育，又为人之始。

②说以动：《归妹》下兑为说，上震为动。

③位不当：指《归妹》中间四爻皆失位，二、四两爻以阳居阴，三、五两爻以阴居阳。

④柔乘刚：《归妹》"六三"阴爻居"九二"阳爻之上，"六五"阴爻居"九四"阳爻之上。

【译文】

《象》说：归妹，是天地间的大道义。天地（阴阳）不交，则万物就不会兴起。归妹，是人生的终结与开始。喜悦而有行动，所以叫归妹。"出征有凶"，（中间四爻）位置不正当。"无所利"，（三、五两爻）阴柔乘凌于阳刚之上。

《象》曰：泽上有雷①，归妹。君子以永终知敝②。

【注释】

①泽上有雷：《归妹》下兑上震，兑为泽在下，震为雷在上，故"泽上有雷"。泽上雷鸣，雷鸣水动，用以喻男女心动相爱而成眷属。

②永终知敝：此言夫妇长久之道。敝：弊病。

【译文】

《象》说：泽上有雷，《归妹》之象。君子（效此）当永久至终而知其弊端。

初九：归妹以娣①，跛能履，征吉。

【注释】

①以娣（dì）：妹妹陪姐姐同嫁一夫。其中的妹妹称为"娣"。

【译文】

初九：少女出嫁，妹妹从嫁，跛脚能走，出征则吉。

《象》曰："归妹以娣"，以恒也①。"跛能履吉"，相承也②。

【注释】

①恒：恒久。
②相承："初九"处兑之下，故有顺从相承之义。

【译文】

《象》说："少女出嫁，其妹从嫁"，是为了恒久。"跛脚而能行路吉"，相承助其正室。

九二：眇能视，利幽人之贞①。

【注释】

①幽人：幽静安恬者。可参看《履》卦"九二……幽人贞吉。"贞：守正。

【译文】

九二：偏盲能看，利于幽静安恬者守正。

《象》曰："利幽人之贞"，未变常也①。

【注释】

①未变常："九二"以阳居阴处中，阴阳相济中和，没有改变夫妇常道。

【译文】

《象》说："利于幽静安恬者守正"，未改变常道。

六三：归妹以须①，反归以娣②。

【注释】

①以须：姐姐为妹妹陪嫁。须：妾。通"媭"，楚人谓姐曰"媭"。
②反：自夫家回娘家曰"反"，又叫"来归"。

【译文】

六三：少女出嫁，姐姐从嫁，回娘家时，变成妹妹从嫁。

《象》曰："归妹以须"，未当也①。

【注释】

①未当："六三"不中不正，其位不正当。

【译文】

《象》说："少女出嫁，姐姐从嫁"，其位不当。

九四：归妹愆期①，迟归有时②。

【注释】

①愆：延误。
②时：通"伺"。

【译文】

九四：少女出嫁延期，迟嫁因有所待。

《象》曰："愆期"之志，有待而行也。

【译文】

《象》说："（出嫁）延期"的志向，有待佳配而出嫁。

六五：帝乙归妹，其君之袂不如其娣之袂良①。月几望②，吉。

421

【注释】

①君：指姐姐，主嫁者。袂：mèi，衣袖。此说指衣饰。良：好。

②望：圆。

【译文】

六五：帝乙嫁女，主嫁者的衣饰不如随嫁妹妹衣饰好看。月亮几乎圆满，吉。

《象》曰："帝乙归妹"，"不如其娣之袂良"也；其位在中，以贵行也①。

【注释】

①其位在中，以贵行："六五"柔中居尊，故"其位在中"；五位为尊，下应九二，尚德而不贵饰，故"贵行"。为帝女下嫁而服不盛，然女德之盛，无以加此，故为"月几望"之象。

【译文】

《象》说："帝乙嫁女"，"主嫁者的衣饰不如陪嫁妹妹衣饰好看"；其位居中，其行高贵。

上六：女承筐无实①，士刲羊无血②。无攸利。

【注释】

①女：未婚少女。筐：是新娘盛陪嫁奁具的提篮。

②士刲羊无血：男子在婚礼仪式中，刺羊而未出血。此句有深意，不可轻忽放过。士：青年男子。刲：kuí，割、刺。

【译文】

上六：少女盛奁具的筐里没有东西，新郎刺羊也没出血。无所利。

《象》曰："上六无实"①，"承"虚"筐"也②。

【注释】

①上六无实："上六"筐中无实物。无实是指爻辞"女承筐无实"。

②承虚筐："上六"为阴，阴虚无实，故"承虚筐"。

【译文】

《象》说："上六（筐中）无实物"，"承奉"的空虚之"筐"。

丰卦第五十五

≡≡ 离下　震上

丰①：亨②，王假之③，勿忧，宜日中④。

【注释】

①丰：盛大，丰盛，丰富，丰厚光大，丰功伟绩。

②亨：亨通。

③假：至。

④日中：日在中空。

【译文】

丰：亨通，君王能使天下盛大丰满，勿忧虑，宜日在中空。

《象》曰：丰，大也。明以动①，故丰。"王假之"，尚大也②。"勿忧，宜日中"，宜照天下也③。日中则昃④，月盈则食⑤，天地盈虚⑥，与时消息，而况于人乎，况于鬼神乎？

【注释】

①明以动：《丰》下离上震，离为明，震为动。

②尚：崇尚。

③宜照天下：日中之光明普照天下。《丰》内卦为离，离为日，为明，故曰"宜照天下"。

④昃：倾斜。

⑤食：又作"蚀"，此指月亏蚀。

⑥天地盈虚：天之盈虚，指日月变化；而地之盈虚，或指百果草木随天时之变而荣枯。

【译文】

《象》说：丰，（是）大（的意思）。光明而动，故曰丰。"君王能使天下盛大丰满"，（是说君王）崇尚盛大。"勿忧虑，宜日在中空"，（是说）适宜（像日中的太阳一样）普照天下。日中则（太阳）西斜，月满则亏蚀。天地之间的盈满亏虚，都随着时间或消或息地变化，更何况人呢？何况鬼神呢？

《象》曰：雷电皆至①，丰。君子以折狱致刑②。

【注释】

①雷电皆至：《丰》卦下离上震，震为雷，离为电，故曰"雷电皆至"。

②折狱致刑：决断狱讼动用刑罚。雷，有威严之象，法之而威严致刑。电，有明照之象，法之而明察折狱。

【译文】

《象》说：雷电交加而至，《丰》卦之象。君子（效此）当以决断狱讼，动用刑罚。

初九：遇其配主①。虽旬无咎②，往有尚③。

【注释】

①配主：有多解。有说为佳偶者，有说为匹配者。皆误。案帛《易》作"肥"，九四爻有"夷主"，"配主"正与"夷主"对文。肥，春秋时属白狄族一支，分布今山西、河北一带，亦少数民族首领之称。

②虽：帛《易》作"唯"，古"虽"、"唯"互假。即只有一"旬"。十日为旬。

③尚：赏。

【译文】

初九：遇到肥族首领，唯于十天内无灾，前往有奖赏。

《象》曰："虽旬无咎"，过旬灾也①。

【注释】

①过旬灾："初九"居初，未过旬而无咎，但若过了一旬则会有灾。

【译文】

《象》说："唯在十天内无灾害"，过十天即有灾害。

六二：丰其蔀①，日中见斗②。往得疑疾，有孚发若③，吉。

【注释】

①蔀：遮光物，遮日用的簾。

②斗：星斗。

③若：助词。

【译文】

六二：（光明）大片被遮住，（以至于）日中就能看见（天上的）星斗。前往必定会被猜疑，有诚信感发，吉利。

《象》曰："有孚发若"，信以发志也①。

【注释】

①信以发志："六二"居中得正，可以感发丰大之志。信，释"孚"。

【译文】

《象》说："有诚信感发"，（是说）诚信可以感发（丰大的）志向。

九三：丰其沛①，日中见沫②，折其右肱③，无咎。

【注释】

①沛：通"旆"，遮蔽之物。

②沫：通"昧"，昏暗。

③肱：臂。

【译文】

九三：大片光明被遮住，日中看见昏暗；（黑暗中）折断了右臂，（但）无咎灾。

《象》曰："丰其沛"，不可大事也①。"折其右肱"，终不可用也②。

【注释】

①不可大事："九三"虽得正，但不中又为四所敝，而不能应上，故"九三"不可与"上六"共济大事。

②终不可用：右臂既折，故"终不可用"。

【译文】

《象》说："大片光明被遮住"，不可以做大事。"折断了右臂"，最终不可用。

九四：丰其蔀，日中见斗；遇其夷主，吉①。

【注释】

①夷：少数民族。

【译文】

九四：大片（光明）被遮住,（以致于）日中就能看见（天上的）星斗；遇见了夷族首领，吉利。

《象》曰："丰其蔀"，位不当也①。"日中见斗"，幽不明也②。"遇其夷主"，"吉"行也③。

【注释】

①位不当："九四"以阳居阴，故曰"不当"。

②幽不明："九四"阳刚当光大，但因居阴位，且处二阴之下，故"幽不明"。

③吉行："九四"之阳向上遇见"六五"，故有吉行。

【译文】

《象》说："大片（光明）被遮住"，其位不正当。"（以致于）日中就能看见（天上的）星斗"，幽暗不明。"遇见了夷族首领"，有"吉利"之行。

六五：来章，有庆誉，吉①。

【注释】

①章：光明。

【译文】

九五：重现光明，人们欢庆赞美。吉利。

《象》曰："六五"之"吉"，"有庆"也①。

【注释】

①有庆："六五"居中处尊，故"有庆"。

【译文】

《象》说："六五"之"吉"，有福庆。

上六：丰其屋，蔀其家，窥其户①，阒其无人②，三岁不觌③，凶。

【注释】

①窥：窥视，小视。

②阒：qù，寂静。

③觌：见。

【译文】

上六：扩大其房屋，阴影遮蔽了家，窥视其门户，静悄悄空无人迹，三年什么也没有见到，凶。

《象》曰："丰其屋"，天际翔也①。"窥其户，阒其无人"，自藏也②。

【注释】

①天际翔：屋子宽大，小人得志，就像飞翔在天际般得意。

②自藏："上六"居丰大之极，但因"上六"以阴居阴，终日昏庸，终于无人前来，是自己将自己封闭了，故曰"自藏"。

【译文】

《象》说:"扩大其房屋",(就像)飞翔在天际(般得意)。"窥视其门户,静悄悄空无一人",(这是丰大)自藏。

旅卦第五十六

艮下　离上

旅[①]:小亨,旅贞吉。

【注释】

①旅:旅行,羁旅,行旅,不安定。注:《旅》卦主要凸显"不安定",与现代"旅游观光"的概念大相径庭。

【译文】

旅,小事亨通,羁旅中应守正则吉。

《象》曰:旅,"小亨",柔得中乎外,而顺乎刚[①],止而丽乎明[②],是以"小亨,旅贞吉"也。旅之时义大矣哉!

【注释】

①柔得中乎外:《旅》卦"六五"之柔居中而在外卦。顺乎刚:"六五"居"九四"与"上九"两阳之间,故有顺从阳刚之义。

②止而丽乎明:《旅》卦下艮为止,上离为丽、为明。

【译文】

《象》说:旅,"小事亨通",(六五)阴柔居中于外卦,而顺从(九四、上九)阳刚,(内卦艮)静止而依附(外卦离之)光明,所以"小有亨通,旅途守正则吉"。《旅》卦的时势意义太伟大了!

《象》曰：山上有火^①，旅。君子以明慎用刑，而不留狱^②。

【注释】

①山上有火：《旅》下艮上离，艮山在下，离火在上，火在山上燃，其势不久留，故为《旅》象。

②明慎用刑，而不留狱：明察谨慎用刑而不稽留狱讼。离有明象，故法此当明察。艮为止，故法此为慎用。旅有行义，故法此当"不留狱"。

【译文】

《象》说：山上有火（燃烧），《旅》卦之象。君子（效此）当明察（是非）慎重地使用刑罚，而又不滞留狱讼。

初六：旅琐琐^①，斯其所取灾^②。

【注释】

①琐琐：猥琐卑贱。

②斯：此。

【译文】

初六：羁旅途中，猥琐卑贱，此其所以自取灾。

《象》曰："旅琐琐"，志穷"灾"也^①。

【注释】

①志穷灾："初六"之阴处卦最下而失正，故身在羁旅时，若心志穷困狭隘而有灾。

【译文】

《象》说："旅途中猥琐卑贱"，志向穷困招致"灾难"。

六二：旅即次^①，怀其资^②，得童仆^③贞。

【注释】

①即：就，住下。次：旅舍。

②怀：指身上。资：钱财。

③童仆：奴仆。

【译文】

六二：旅人住进旅馆，身上带有钱财，得到童仆的忠贞（侍候）。

《象》曰："得童仆贞"，终无尤也①。

【注释】

①终无尤："六二"居中得正，终无过失。

【译文】

《象》说："得到忠贞的童仆"，终无过失。

九三：旅焚其次①，丧其童仆贞，厉。

【注释】

①焚：焚烧。"九三"以阳居阳接近外卦离火，故有"焚"象。

【译文】

九三：旅途中所住旅馆被焚烧，丧失忠贞的奴仆，十分危厉。

《象》曰："旅焚其次"，亦以伤矣①。以旅与下，其义"丧"也②。

【注释】

①亦以伤："九三"以阳刚过中，失其所安，故亦可悲伤。

②以旅与下，其义丧："九三"居下卦之上，下据"六二"，旅时以阳自高待下，把旅途的责任全部交与童仆，其道义必丧童仆（六二）之忠贞。与：交与，付与。

【译文】

《象》说："旅途中所住旅馆被焚烧"，亦可悲伤。（九三）把旅途（的责任完全）交与属下（六二童仆），其道义"丧失"。

九四：旅于处^①，得其资斧^②，我心不快。

【注释】

①处：野处，野外。

②资斧：古时的一种钱币，铸为斧形。

【译文】

九四：旅于野外，得到资斧，我心中不快。

《象》曰："旅于处"，未得位也^①。"得其资斧"，"心"未"快"也^②。

【注释】

①未得位："九四"阳居阴位失正，又居艮山之上，故"未得位"。

②心未快："九四"虽得资斧，但因不得其位心中不愉快。

【译文】

《象》说："旅于野外"，未得正位。"得到资斧"，"心中"还是不"快"。

六五：射雉^①，一矢亡^②，终以誉命^③。

【注释】

①雉：野鸡。

②亡：失。

③命：爵命。

【译文】

六五：射野鸡，丢了一只箭，最终得荣誉而受爵命。

《象》曰："终以誉命"，上逮也^①。

【注释】

①上逮："六五"柔顺上承"上九"。上：指"上九"。逮：及。

《象》说："最终得到荣誉而受爵命"，能（顺承）及上。

上九：鸟焚其巢①，旅人先笑后号咷②，丧牛于易③，凶。

【注释】

①鸟焚其巢：焚其鸟巢。羁旅之人像离林之鸟。此指旅人处卦极上，且以阳居阴失正，故"凶"。

②号咷：呼号哭泣。

③易：通"异"，指异地，异国他乡。

【译文】

上九：鸟巢被焚，旅人先笑后哭号，丧牛于异地，凶。

《象》曰：以"旅"在"上"①，其义"焚"也②。"丧牛于易"，终莫之闻也③。

【注释】

①以旅在上："上九"处《旅》卦极上之上爻而失正，表象以旅人的身份处在上位，且又居外卦离火之上。

②其义焚：其道义当"焚"。

③终莫之闻：因羁旅在外，信息不通，故"终莫之闻"。

【译文】

《象》说：以"旅人"（的身份却处）在"上位"，其道义当"焚"。"丧牛于异地"，最终无人闻知。

巽卦第五十七

巽下　巽上

巽①：小亨，利有攸往，利见大人。

【注释】

①巽：逊顺，伏顺，入。活动能力大，适应性强。

【译文】

巽：小事亨通，利于有所往，宜于见大人。

《彖》曰：重巽以申命①。刚巽乎中正而志行②。柔皆顺乎刚③，是以"小亨，利用攸往，利见大人"。

【注释】

①重巽：《巽》卦上下皆巽。申：重复。命：王命。

②刚巽乎中正："九五"阳刚居中得正。巽：入，此指居。

③柔皆顺乎刚：《巽》"初六"、"六四"之柔皆顺从"九二"、"九三"、"九五"、"上九"之刚。柔：指"初六"、"六四"。刚：指二、三、五、上各爻。

【译文】

《彖》说：两巽相重以申王命。（九五）阳刚居中正之位而行其志。（初六、六四）阴柔皆顺从阳刚。所以"小亨通，宜有所往，宜见有权势的人"。

《象》曰：随风①，巽。君子以申命行事。

【注释】

①随风：《巽》上下皆巽，巽为风，故有两风相随之义。随：从。巽为顺、为从。

【译文】

《象》说：两风相随，《巽》卦之象。君子（效此）当申复命令，履行其事。

初六：进退，利武人之贞①。

【注释】

①武人：勇猛的军人。

【译文】

初六：进退不决，宜于武人守正。

《象》曰："进退"，志疑也①。"利武人之贞"，志治也②。

【注释】

①志疑："初六"之阴处巽下，其心志疑惑不决，巽为进退，故其志必疑。
②志治：初位若为阳刚则得正，即用武人之刚正，其心志修治而不乱。

【译文】

《象》说："进退不定"，心志疑惑。"宜武人守正"，其心志在修治。

九二：巽在床下①，用史巫纷若②，吉，无咎。

【注释】

①巽：谦逊。
②史：祝史，专门从事祭祀活动。巫：巫觋，从事降神驱灾活动。纷若：盛多之貌。

【译文】

九二：谦逊地在床下（祷告），又用很多祝史，巫觋为之祈福，结果为吉，且无过失。

《象》曰："纷若"之"吉"，得中也①。

【注释】

①得中："九二"以阳刚居中。

【译文】

《象》说："纷纷（史巫祈福而得到）"的"吉祥"，因得中道。

九三：频巽，吝①。

【注释】

①频：频繁。

【译文】

九三：频繁地（表示）谦逊，则有难。

《象》曰："频巽"之"吝"，志穷也①。

【注释】

①志穷："九三"居下卦之极上无应，又为"六四"所乘，故其志穷屈不得伸。

【译文】

《象》说："频繁地（表示）谦逊"（而得到）的"灾吝"，（在于）心志穷困。

六四：悔亡，田获三品①。

【注释】

①田：田猎。三品：有多解：（一）"三品"指三种野兽：1.以狼、豕、雉为三品；2.以鸡、羊、雉为三品；3.以羊、牛、豕为三品。（二）"三品"为"上杀"、"中杀"、"下杀"。古代天子诸侯打猎，猎取的野兽分三等：1.射中心脏的是"上杀"，晒干后作为祭品；2.射中腿的是"中杀"，可供宾客享用；3.射中腹的为"下杀"，供自己食用。以此表示尊神敬宾。

【译文】

六四：后悔消失，田猎时获兽三品。

《象》曰：“田获三品”，有功也①。

【注释】

①有功："六四"以阴得正，上承"九五"，故必"有功"。

【译文】

《象》说："田猎获得三品之兽"，必有功劳。

九五：贞吉，悔亡，无不利，无初有终①。先庚三日，后庚三日②，吉。

【注释】

①初：指"悔"，"九五"以刚健而居《巽》逊顺之体，故有"悔"。终：指"亡"，因"贞"而"吉"故"无不利"。

②先庚三日，后庚三日：依天干顺序，"庚"前三日为"丁"日，丁是表示叮咛在先；"庚"后三日为"癸"日，癸是表示揆度在后。"庚"音同"更"，有变更之义。

【译文】

九五：守正则吉，悔事消亡，没有不利的，即使最初考虑不周，最终结果还是吉利的。叮咛于变更之前，揆度于变更之后，吉。

《象》曰："九五"之"吉"，位正中也①。

【注释】

①位正中："九五"以阳居中得正。

【译文】

《象》说："九五"有"吉祥"，（在于）其位得正居中。

上九：巽在床下，丧其资斧，贞凶。

【注释】

①巽在床下："上九"处巽道之极，谦逊过度，必然走向反面。

【译文】

上九：在床下谦卑，丧失了资斧，虽正犹凶。

《象》曰："巽在床下"，上穷也①。"丧其资斧"，正乎"凶"也②。

【注释】

①上穷："上九"处卦之穷上，巽道穷极。

②正乎凶："上九"以阳居阴失正，故有"凶"。

【译文】

《象》说："在床下谦卑"，(是说)"上九"穷途末路。"丧失了资斧"，不正说明"凶"吗？

兑卦第五十八

 兑下　兑上

兑①：亨，利贞。

【注释】

①兑：说，悦，喜悦。

【译文】

兑：亨通，利于守正。

《象》曰：兑，说也。刚中而柔外①，说以"利贞"，是以顺乎天而应乎人。说以先民②，民忘其劳。说以犯难③，民忘其死。说之大，民劝矣哉！

【注释】

①刚中而柔外：《兑》卦二、五阳爻居中，故曰"刚中"。三、上两阴爻分居内外两卦之

上，故曰"柔外"。

　　②先：引导，引领。

　　③犯：赴，奔赴。

【译文】

　　《象》说：兑，说。（九二、九五）阳刚居中而（六三、上六）阴柔在外，喜悦才"宜于守正"，故能顺从天道而应和人心。用喜悦引导民众，民众就会忘记劳苦。因喜悦而冒险，民众便会忘记死亡。喜悦的力量如此之大，民众是应该被劝勉的！

《象》曰：丽泽①，兑。君子以朋友讲习②。

【注释】

　　①丽泽：《兑》上下皆兑。兑为泽，有两泽相依，两水交流，相互润泽之象。丽：依附，并连。

　　②朋友讲习：朋友居聚讲其所知，习其所行。"朋友"法象两泽相互滋润。同门曰朋，同志曰友。习，从羽，本指鸟飞，借鸟以明学。兑为口，故为讲习。

【译文】

　　《象》说：两泽相依附，《兑》卦之象。君子（效此）当以朋友相聚而讲习（学业）。

初九：和兑①，吉。

【注释】

　　①和兑：和颜悦色。和：平和、和气。

【译文】

　　初九：和颜悦色，吉。

《象》曰："和兑"之"吉"，行未疑也①。

【注释】

　　①行未疑："初九"阳处阳位是正，故行动未有疑惑。

【译文】

《象》说："和颜悦色"带来的"吉祥"，行动没有疑惑。

九二：孚兑①，吉。悔亡。

【注释】

①孚兑：心悦诚服。孚：诚。

【译文】

九二：心悦诚服则吉，悔事消亡。

《象》曰："孚兑"之"吉"，信志也①。

【注释】

①信志："九二"阳刚之实居中，诚实出于刚中，故有诚信之志。

【译文】

《象》说："心悦诚服"带来的"吉祥"，有诚信之志。

六三：来兑①，凶。

【注释】

①来兑：（谄媚）前来谋求和悦。

【译文】

六三：（谄媚）而来求悦，凶。

《象》曰："来兑"之"凶"，位不当也①。

【注释】

①位不当："六三"失位而不中，故"位不当"。

【译文】

《象》说:"(谄媚)求悦"带来的"凶",其位不正当。

九四：商兑未宁①,介疾有喜②。

【注释】

①商:商量。宁:安。

②介疾:"九四"与"六三"本来阴阳相比而和悦,但"六三"不中不正而阴柔谄媚,故"九四"毅然隔断"六三"柔邪之"疾"。介:间隔,隔断。疾:病。

【译文】

九四:商量和悦(之事),(心中)不安宁,(于是毅然)隔断柔邪,有喜。

《象》曰:"九四"之"喜",有庆也。

【译文】

《象》说:"九四"之"喜",有福庆。

九五：孚于剥①,有厉。

【注释】

①剥:剥落、剥离。

【译文】

九五:诚信被剥落,有危厉。

《象》曰:"孚于剥",位正当也①。

【注释】

①位正当:正是"九五"阳刚居中得正,过于自信,才会被小人"剥"。

【译文】

《象》说："诚信被剥落"，（正是因为"九五"）处位正当。

上六：引兑^①。

【注释】

①引兑：引导而喜悦。本句未言吉凶之词，其意深刻。圣人之心以畜天下，由此可见一斑。

【译文】

上六：引导而喜悦。

《象》曰："上六引兑"，未光也^①。

【注释】

①未光："上六"阴柔居上，又乘阳，故其未能广大。

【译文】

《象》说："上六引致喜悦"，（其道）未能广大。

涣卦第五十九

坎下　巽上

涣^①：亨，王假有庙^②，利涉大川，利贞。

【注释】

①涣：涣散，离散。《涣卦》上卦巽为风，下卦坎为水为难，风吹水上，水纹涣漫，象征喜悦使郁闷涣散。

②假：至。

【译文】

涣：亨通。大王至庙中（祭祀），利于涉越大河，宜于守正。

《彖》曰：涣，"亨"，刚来而不穷[1]，柔得位乎外而上同[2]。"王假有庙"，王乃在中也[3]。"利涉大川"，乘木有功也[4]。

【注释】

[1]刚来而不穷：《涣》卦"九二"阳刚自外卦而来，居内卦而不困穷于下。

[2]柔得位乎外：《涣》卦"六四"阴爻居阴位而处外卦。上同："六四"与"九五"同处异体。上：指九五。

[3]王乃在中："九五"居中行中道。

[4]乘木有功：《涣》下坎为水，上巽为木。水上有木，舟楫之象，用木船涉大川必有功效。

【译文】

《彖》说：涣，"亨通"，（九二）阳刚来而不会穷困于下，（六四）阴柔得位于外卦，与上面（九五爻）同德。"大王至庙中"，大王行中道。"宜于涉越大河"，（因为）乘木船涉河而有功。

《象》曰：风行水上[1]，涣。先王以享于帝，立庙[2]。

【注释】

[1]风行水上：《涣》下坎上巽，坎为水在下，巽为风在上，故"风行水上"。

[2]享于帝，立庙：上祭享上帝，下立宗庙，以此来聚合民众之散心。享：祭祀。

【译文】

《象》说：风行水上，《涣》卦之象。先王（效此）当祭享上帝，设立宗庙。

初六：用拯马壮[1]，吉。

【注释】

[1]拯：拯救。

【译文】

初六：用壮马拯救，吉。

《象》曰："初六"之"吉"，顺也①。

【注释】

①顺："初六"为阴爻上承"九二"，故曰"顺"。

【译文】

《象》说："初六"的"吉祥"，在于柔顺。

九二：涣奔其机，悔亡①。

【注释】

①悔："九二"以阳居阴处下卦坎险之中，故"悔"。

【译文】

九二：涣散之时，奔向其时机，悔事消亡。

《象》曰："涣奔其机"，得愿也①。

【注释】

①得愿："九二"抓住时机，险难中得遂所愿。

【译文】

《象》说："涣散之时，奔向其时机"，得其（济涣）之心愿。

【讲解】

对于本爻的解释，自古以来就百花齐放，不能轻下断语说谁对谁错，因为《周易》本就一字千理、横看成岭侧成峰。

所以，在此，笔者只是提出自己的一孔之见，以飨读者，以慰先祖。

此爻重点有三处：

第一，悔亡。

既然用一"亡"字，说明本来就有"悔"。

那么"悔"从何来呢？

"九二"以阳居阴，不当位也！

那该怎么办？

第二，奔机。

既然有"悔"，"机"已经来了，"九二"是什么样的心情呢？

"奔"！快速行动！迅速抓住机会！大展宏图！

怎么知道"九二"是这样想的呢？

第三，得愿。

"得"以了却心"愿"！正所谓"富贵险中求"！

《周易》字字珠玑，奥妙无穷，非心思慎密之人，实难窥天机！

经天纬地，必作于细……

六三：涣其躬①，无悔。

【注释】

①躬：自身。

【译文】

六三：涣散自身（私欲），无悔。

《象》曰："涣其躬"，志在外也①。

【注释】

①志在外："六三"居坎险之终，与"上九"相应，故济涣之志在于外卦"上九"之应援。
外：外卦。

【译文】

《象》说："涣散自身（私欲）"，志在于外（卦上九）。

六四：涣其群①，元吉。涣有丘②，匪夷所思③。

【注释】

①群：小群体，小团体。

②丘：山丘。

③匪：非。夷：常。

【译文】

六四：涣散小群体，至为吉祥；（能使）涣散（的小群体）聚集成山丘（一样的大群体），（这）不是常人所能想象的。

《象》曰："涣其群，元吉"，光大也①。

【注释】

①光大："六四"得位上承"九五"，故能"光大"其道。

【译文】

《象》说："涣散小群体，至为吉祥"，（是为了）光大其道。

九五：涣汗其大号①，涣王居。无咎。

【注释】

①涣汗其大号：发布的号令像出汗而不返。汗：出汗。号：号令。

【译文】

九五：像挥发身上的汗水一样发布重大的命令，疏散君王的积蓄（用以聚拢民心），无过失。

《象》曰："王居无咎"，正位也①。

【注释】

①正位："九五"阳刚居中得正处尊，故曰"正位"。

【译文】

《象》说："（疏散）君王的积蓄（用以聚拢民心），无过失"，（九五处）正位。

上九：涣其血①，去逖出②，无咎。

【注释】

①血：通"恤"，忧虑，伤害。

②逖：tì，即惕，警惕。

【译文】

上九：摆脱伤害，使警惕之心远离，没有过失。

《象》曰："涣其血"，远害也①。

【注释】

①远害："上九"居卦之极，远离下坎险，故"远害"。

【译文】

《象》说："摆脱伤害"，（是说）远离就不会有伤害。

节卦第六十

兑下　坎上

节①：亨。苦节不可贞②。

【注释】

①节：节制，节约。

②苦节不可贞：有两解：一、过于辛苦地节省，不可以为正道；苦节不可用以占筮。二、苦：帛《易》作"枯"。周人结草折竹以卜。"苦节"乃指竹枚或蓍草的节枯朽了，故"不可贞"。

【译文】

节：亨通，过于辛苦的节省不可以为正道。

《象》曰：节，"亨"，刚柔分而刚得中①。"苦节不可贞"，其道穷也。说以行险②，当位以节③，中正以通④。天地节，而四时成。节以制度⑤，不伤财，不害民。

【注释】

①刚柔分：《节》卦阳爻和阴爻各半，阳爻为刚，阴爻为柔。刚得中：《节》二、五阳爻居中。

②说以行险：《节》下兑上坎，兑为说，坎为险。

③当位以节：《节》"九五"以阳居阳当位以行节道。

④中正以通：《节》"九五"居中得正以通节道。

⑤制：限制。

【译文】

《象》说：节，"亨通"，阳刚阴柔均分而（九二、九五）阳刚得中。"过于辛苦的节省不可以为正道"，节制之道穷尽。喜悦以行险阻，（九五阳刚）当位而施行节制，中正通达。天地（阴阳之气互相）节制，而四时的变化才形成。（圣人）以制度节制，不损伤财物，不妨害民众。

《象》曰：泽上有水①，节。君子以制数度，议德行②。

【注释】

①泽上有水：《节》下兑上坎，兑为泽在下，坎为水在上，故"泽上有水"。

②制数度，议德行：制定数度，审议德行。取其休节之义。数：十、百、千、万。度：寸、分、尺、丈。

【译文】

《象》说：泽上有水，《节》卦之象。君子（效此）当制定数度，审议德行。

初九：不出户庭①，无咎。

【注释】

①户庭：内院。

【译文】

初九：不出内院，无过失。

《象》曰："不出户庭"，知通塞也①。

【注释】

①知通塞："初九"上应"六四"，"六四"处上坎中，坎为"通"。又三、四、五互为艮，"六四"又处艮之中，艮为止，故"塞"。

【译文】

《象》说："不出门院"，知通知塞。

九二：不出门庭①，凶。

【注释】

①门庭：大门内的院庭，即外院。

【译文】

九二：不出外院，则凶。

《象》曰："不出门庭，凶"，失时极也①。

【注释】

①失时极："九二"居中而失位，故"失时极"。

【译文】

《象》说："不出外院有凶"，失时机。

六三：不节若①，则嗟若②，无咎。

【注释】

①若：样子。
②嗟：叹息。

【译文】

六三：不节俭，则会忧愁叹息，没有过失。

《象》曰："不节"之"嗟"，又谁"咎"也①？

【注释】

①又谁咎："六三"以阴居阳，以柔凌刚，违背节道，又怨咎谁呢？

【译文】

《象》说："不节俭"而带来的"叹息"，又怨咎谁？

六四：安节，亨。

【译文】

六四：安于节俭，亨通。

《象》曰："安节"之"亨"，承上道也①。

【注释】

①承上道："六四"得位上承"九五"中正之道。道：中正之道。

【译文】

《象》说："安于节俭"带来的"亨通"，（是因为能）顺承上面（九五）中正之道。

九五：甘节①，吉，往有尚②。

【注释】

①甘：甘美，快乐。
②尚：赏。

【译文】

六五：以节俭为美，这是吉利的，前往必有赏。

《象》曰："甘节"之"吉"，居位中也①。

【注释】

①居位中："九五"居正位而得中。

【译文】

《象》说："以节俭为美"而有"吉祥"，（是因为九五）居正位而得中。

上六：苦节，贞凶，悔亡。

【译文】

上六：过于苦的节省，虽正犹凶，但悔事消亡。

《象》曰："苦节，贞凶"，其道穷也①**。**

【注释】

①其道穷："上六"居卦之终，乘凌阳无应，其节道穷困。

【译文】

《象》说："过于辛苦的节省，虽正犹凶"，节道穷困。

中孚卦第六十一

☲ **兑下　巽上**

中孚：豚鱼吉。利涉大川。利贞①**。**

【注释】

①中孚：信发于中谓中孚，心中诚信。中孚所发，上行之则顺，下信之则悦。孚：通"孵"，孵卵不能延误日期，故有信之义。

【译文】

中孚：（诚信能感化）豚鱼则吉，利于涉越大河，利于守正。

《象》曰：中孚，柔在内而刚得中^①，说而巽^②，孚，乃化邦也^③。"豚鱼吉"，信及豚鱼也^④。"利涉大川"，乘木舟虚也^⑤。中孚以"利贞"，乃应乎天也。

【注释】

①柔在内而刚得中：《中孚》"六三"、"六四"二阴爻在全卦之内部，故曰"柔在内"。"九二"、"九五"阳爻分居内外卦之中，故曰"刚得中"。

②说而巽：《中孚》下兑上巽，兑为说。

③孚，乃化邦：诚孚发于内，邦国化于外。

④信及豚鱼：诚信及于豚鱼。

⑤乘木舟虚：《中孚》上巽为木，下兑为泽，木在泽水之上，乘木舟之象。从六爻看，《中孚》上下为阳爻，故实，中间为阴爻，故虚，外实中虚，故有舟虚之象。

【译文】

《象》说：中孚，（六三、六四）阴柔在内而（九二、九五）阳刚居中，喜悦而逊顺，诚心，能感化邦国。"（诚信能感化）豚鱼则吉"，是说诚信能推及于豚鱼。"宜于涉越大河"，乘驾的木舟中虚。心中诚信而"利于守正"，这是顺应天道。

《象》曰：泽上有风^①，中孚。君子以议狱，缓死。

【注释】

①泽上有风：《中孚》下兑上巽，巽为风在上，兑为泽在下，故"泽上有风"。风施泽受，以虚受实，上下感应，《中孚》之象。

【译文】

《象》说：水泽之上有风，《中孚》之象。君子（效此）当审议狱讼，延缓死刑。

初九：虞吉^①，有他不燕^②。

【注释】

①虞：安。

②燕：安。

【译文】

初九：心安则吉，别有他求则不安。

《象》曰："初九虞吉"，志未变也①。

【注释】

①志未变："初九"阳刚得正，上应"六四"，其中孚之志未改变。

【译文】

《象》说："初九安乐则吉"，志向未改变。

九二：鸣鹤在阴①，其子和之②，我有好爵③，吾与尔靡之④。

【注释】

①阴：通"荫"。

②和：应和。

③爵：古代饮酒器，此指酒。

④靡：分享。

【译文】

九二：母鹤在树荫下鸣叫，其子应声而和。我有美酒，我愿与你共同分享。

《象》曰："其子和之"，中心愿也①。

【注释】

①中心愿："九二"以阳居中，表示以诚信应和出自内心愿望。

【译文】

《象》说："其子应声而和"，发自内心愿望。

六三：得敌①，或鼓或罢②，或泣或歌③。

【注释】

①得：得遇，面临。

②或：有的。鼓：击鼓。罢：通"疲"，疲惫。

③泣：哭泣。

【译文】

六三：面临敌人，有的击鼓有的疲惫，有的哭泣有的歌唱。

《象》曰："或鼓或罢"，位不当也①。

【注释】

①位不当："六三"失位不中。

【译文】

《象》说："有的击鼓有的疲惫"，（六三）居位不正当。

六四：月几望，马匹亡，无咎。

【译文】

六四：月亮几乎圆满，好马没有了匹配，但无过失。

《象》曰："马匹亡"，绝类上也①。

【注释】

①绝类上："六四"之阴绝"六三"之阴类，而上孚于"九五"。

【译文】

《象》说："好马没有了匹配"，（六四）断绝（六三）同类而顺上。

九五：有孚挛如，无咎。

【注释】

①挛如：系恋，互相牵连的样子。

【译文】

九五：有诚信系恋，无过失。

《象》曰："有孚挛如"，位正当也①。

【注释】

①位正当："九五"阳刚居中得正。

【译文】

《象》说："有诚信系恋"，（九五）位正当。

上九：翰音登于天①，贞凶。

【注释】

①翰音：鸡。

【译文】

上九：鸡登上了天，虽正亦凶。

《象》曰："翰音登于天"，何可长也①？

【注释】

①何可长："上九"以阳居《中孚》之上，且又失位，故"何可长"。

【译文】

《象》说："鸡登上了天"，怎么会长久？

小过卦第六十二

艮下　震上

小过^①：亨，利贞。可小事，不可大事^②。飞鸟遗之音^③，不宜上，宜下。大吉。

【注释】

①小过："过"有经过，超过之意。引申为过度、过失、罪过。小过，指小的过失，即差错。

②小事，大事：古人以出征、祭祀为"大事"，普通事为"小事"。

③飞鸟遗之音：听见鸟鸣之音，抬头望去，鸟刚飞过，但还有遗音，且飞过的距离不是太过，以此来比喻《小过》，甚妙！

【译文】

小过：亨通，宜于守正，可以做小事，不可以做大事。飞鸟过后，遗音犹在，不宜上，而宜于下，大吉。

《彖》曰：小过，小者过而亨也^①。过以"利贞"，与时行也，柔得中^②，是以"小事吉"也。刚失位而不中^③，是以"不可大事"也。有"飞鸟"之象焉^④，"飞鸟遗之音，不宜上，宜下，大吉"，上逆而下顺也^⑤。

【注释】

①小者过而"亨"：阳大阴小，《小过》阴多阳少，故阴小过多。又《小过》上下皆阴爻，有阴经过阳之义。即《序卦传》所谓"有其诚者必行之，故受之以小过"。《杂卦》所谓："小过，过也。"因小过有经过之义，故为"亨"。

②柔得中：《小过》二、五阴爻柔居中位。

③刚失位而不中：《小过》"九四"以阳居阴而失位，又不居中位。

④有飞鸟之象：《小过》中阳刚，中间两个阳爻像鸟身；外阴柔，上下四个阴爻像翅膀，整个卦形有飞鸟舒羽之象。许鲤跃曰："凡物之走者，皆下动而上止，惟鸟之飞者，则下止而上动。故震动象鸟翼之搏风，艮止象鸟足之企踵。"（《周易费氏学》）

⑤上逆而下顺：《小过》上二阴乘二阳爻故逆，下二阴爻承二阳爻，故顺。

【译文】

《象》说：小过，(是说阴) 小盛过而能"亨通"。过而"宜于守正"，是与时同行。(六二、六五) 阴柔居中，所以"小事吉利"。(九三、九四) 阳刚失位而不居中，所以"不可做大事"。(《小过》) 有"飞鸟"之象。"飞鸟过后遗音犹在，不宜上而宜下，大吉"，往上逆而向下顺！

《象》曰：山上有雷①，小过。君子以行过乎恭②，丧过乎哀，用过于俭。

【注释】

①山上有雷：《小过》下艮上震，艮为山在下，震为雷在上，故"山上有雷"，山上有雷，是雷过于山，故为《小过》卦象。

②恭：恭敬。

【译文】

《象》说：山上有雷，《小过》之象。君子 (效此) 当行动过于恭敬，居丧过于悲哀，费用过于节俭。

初六：飞鸟以凶①。

【注释】

①以：而，带来。

【译文】

初六：飞鸟带来了凶险。

《象》曰："飞鸟以凶"，不可如何也①。

【注释】

①不可如何："初六"失位，在艮之下，正是"不宜上，宜下"，故自取凶而无可奈何。

【译文】

《象》说："飞鸟带来凶险"，无可奈何。

六二：过其祖①，遇其妣②，不及其君③，遇其臣④，无咎。

【注释】

①祖：祖父。此指"九四"。

②妣：bǐ，祖母。此指"六五"。

③不及：没达到。君：指"六五"。

④臣：指"九四"。

【译文】

六二：越过祖父，遇见祖母；没见到君王，遇到了臣，无害。

《象》曰："不及其君"，"臣"不可过也①。

【注释】

①"臣"不可过：为什么"不及君"呢，因为不可越过臣。

【译文】

《象》说："没见到君王"，（因为）不可越过"臣"。

九三：弗过防之①，从或戕之②，凶。

【注释】

①弗：不。

②或：有。戕：qiāng，杀害。被内部人杀害为弑，被外部人杀害为戕。

【译文】

九三：没有过于防范，从而有被杀的危险，凶。

《象》曰："从或戕之"，"凶"如何也①？

【注释】

①凶如何："九三"自恃阳刚居正而有凶，故曰"凶如何"。

【译文】

《象》说："从而有被杀的危险"，"凶"又怎么样呢？

九四：无咎，弗过遇之①，往厉，必戒，勿用，永贞。

【注释】

①过：过于，刻意。

【译文】

九四：无过失，不要刻意去相遇，前往有危险，必定要警戒，不要总是用守正之道。

《象》曰："弗过遇之"，位不当也①。"往厉必戒"，终不可长也②。

【注释】

①位不当："九四"以阳居阴失位。

②不可长："九四"被上二阴乘凌，故不会长久。

【译文】

《象》说："不要刻意去遇"，位不正当。"前往有危险，必定要警戒"，最终不可长久。

六五：密云不雨，自我西郊，公弋取彼在穴①。

【注释】

①弋：yì，带绳子的箭，此箭射出后可以拉回。彼：指射中的鸟。

【译文】

六五：乌云密布从我西郊而来，但不下雨。王公射取在穴中的鸟。

《象》曰："密云不雨"，已上也①。

【注释】

①已上："六五"之阴过"九三"、"九四"之阳而上，阴阳不交，不能形成雨而降下。

【译文】

《象》说："阴云密布而不下雨"，（六五阴柔）已在（二阳）之上。

上六：弗遇过之，飞鸟离之^①，凶，是谓灾眚^②。

【注释】

①离：罹。

②灾：天灾。眚：人祸。

【译文】

上六：不能相遇（阳刚）却超越了阳刚，飞鸟罹难，凶，这就叫天灾人祸。

《象》曰："弗遇过之"，已亢也^①。

【注释】

①已亢："上六"之阴居全卦之上，过而亢极。

【译文】

《象》说："不能相遇（阳刚）却超越了阳刚"，（上六）已亢极。

既济卦第六十三

离下　坎上

既济^①：亨小^②，利贞^③。初吉，终乱。

【注释】

①既济：既成，完成。

②亨小：连小事都亨通。小亨：只有小事亨通。

③贞：正。

【译文】

既济：连小事都享通，宜于守正。最初吉利，最终混乱。

《彖》曰：既济，"亨"，小者亨也①。"利贞"，刚柔正而位当也②。"初吉"，柔得中也③。"终"止则"乱"④，其道穷也。

【注释】

①小者亨也：阴为小，《既济》卦三阴爻得正皆在阳爻之上，以示阴气上升，故曰"小者亨也"。

②刚柔正而位当：《既济》六爻三阴三阳相交而得正，故曰"刚柔正"，初、三、五之阳爻居阳位，二、四、上之阴爻居阴位，故"位当"。

③柔得中：《既济》"六二"居内卦之中。

④"终"止则"乱"：《既济》上卦为坎，坎为乱。

【译文】

《彖》说：既济，"亨通"，小事都能亨通。"利于守正"，（六爻）阳刚阴柔之位皆正当。"起初吉利"，（六二）阴柔居中，最"终"停止则必"乱"，其道当穷尽。

《象》曰：水在火上①，既济。君子以思患而豫防之②。

【注释】

①水在火上：《既济》下离上坎，坎为水在上，离为火在下，水火相济以成，故为《既济》象。

②豫：预。

【译文】

《象》说：水在火上，《既济》之象。君子（效此）当思虑后患而提前预防。

初九：曳其轮①，濡其尾②，无咎。

【注释】

①曳：牵引、拖拉。轮：指车轮。

②濡：沾湿。

【译文】

初九：（渡水时）拖拉车轮（使其缓行），沾湿了车尾，无咎害。

《象》曰："曳其轮"，义"无咎"也①。

【注释】

①义无咎："初九"阳刚得正，又处卦初，应该"慎始"，所以速度放慢，"义无咎"。

【译文】

《象》说："拖拉车轮"，其道义"无咎"。

六二：妇丧其茀①，勿逐，七日得。

【注释】

①茀：fú，指车幔，车前面的遮帘。

【译文】

六二：妇人丢失了乘车的车幔，不要追寻，七天即可复得。

《象》曰："七日得"，以中道也①。

【注释】

①中道："六二"居中得正，故曰"中道"。

【译文】

《象》说："七日可以复得（其茀）"，用中道。

九三：高宗伐鬼方①，三年克之，小人勿用。

【注释】

①高宗：殷代中兴帝王，名武丁。鬼方：是殷时西北边疆上的国家。

【译文】

九三：殷高宗讨伐鬼方，经过了三年才取胜，不可任用（急躁冒进的）小人。

《象》曰："三年克之"，惫也①。

【注释】

①惫："九三"居下卦《离》火之上，接近《坎》险，故曰"惫"。

【译文】

《象》说："三年攻克（鬼方）"，（已）疲惫不堪。

六四：繻有衣袽①，终日戒。

【注释】

①繻：rū，指华丽的衣服。袽：rú，破烂衣服。

【译文】

六四：再华丽的衣服也会变成破烂衣服，终日戒备。

《象》曰："终日戒"，有所疑也①。

【注释】

①有所疑："六四"处多惧之地，故"有所疑"。

【译文】

《象》说："终日戒备"，有所疑惑。

九五：东邻杀牛①，不如西邻之禴祭②，实受其福。

【注释】

①东邻：东边的邻居，此指"九五"。
②西邻：西边的邻居，此指"六二"。禴祭：此指非常简单、简陋的祭祀。

【译文】

九五：东邻杀牛（举行盛大祭祀），不如西邻进行简单的祭祀，而实际上受到上天的赐福。

《象》曰："东邻杀牛"，"不如西邻"之时也①。"实受其福"，吉大来也。

【注释】

①"东邻杀牛"，"不如西邻"之时："九五"居上中得正，但陷入坎险之中；"六二"虽居下，但处离明之中，有上升之势，故"九五"虽有中正之德，但已过，不如"六二"所处之时。时：指爻时，象征天时。

【译文】

《象》说："东邻杀牛举行大的祭祀"，"倒不如西邻（六二）"得时。"实际受到上天的赐福"，大大的吉祥已来到。

上六：濡其首，厉。

【译文】

上六：弄湿了头，有危厉。

《象》曰："濡其首厉"，何可久也①？

【注释】

①何可久："上六"之阴居上处《坎》险之极，怎么会长久？

【译文】

《象》说："沾湿了头"，怎么会长久呢？

未济卦第六十四

坎下　离上

未济①：亨，小狐汔济②，濡其尾，无攸利。

【注释】

①未济："济"为渡水，引申为成功，未济之义与"既济"相反，指事未成、未完。

②汔：通"迄"，几，几乎。

【译文】

未济：亨通顺利，小狐狸几乎渡过河时，沾湿了尾巴，无利。

《彖》曰：未济，"亨"，柔得中也①。"小狐汔济"，未出中也②。"濡其尾，无攸利"，不续终也③。虽不当位④，刚柔应也⑤。

【注释】

①柔得中："六五"阴柔居外卦之中。

②未出中：未出险中。《未济》"九二"居坎中，坎为水，为险。

③不续终：不能延续到终结。

④不当位：《未济》六爻阴阳皆失位。

⑤刚柔应：《未济》三阴三阳皆相应，且都是阴承阳，柔承刚，刚柔相顺应。

【译文】

《彖》说：未济，"亨通"，（六五）阴柔居中。"小狐狸将要渡过河"，（九二）未出坎水之中。"沾湿了尾巴，没有什么不利的"，不能延续至终。《未济》六爻虽然不当位，但（六爻）阳刚阴柔皆互相应合。

《象》曰：火在水上①，未济。君子以慎辨物居方②。

【注释】

①火在水上：《未济》下坎上离，坎为水在下，离为火在上。火性炎上，水性润下，二者不交通，故为《未济》之象。

②居：处。方：场所。

【译文】

《象》说：火在水上，《未济》之象。君子（效此）当谨慎辨别物类，使其各得其所，各得其位。

初六：濡其尾，吝①。

【注释】

①吝：狐狸的尾巴很粗，一旦沾湿，渡河就很慢，故"吝"。

【译文】

初六：（小狐狸渡河）沾湿了尾巴，有吝羞。

《象》曰："濡其尾"，亦不知极也①。

【注释】

①亦不知极："初六"阴柔失位，居坎险之下，而不知自己力量的极限。极：极限。

【译文】

《象》说："（小狐狸）沾湿了尾巴"，亦不知自己力量的极限。

九二：曳其轮，贞吉①。

【注释】

①贞：守正。

【译文】

九二：拖拉车轮，守正则吉。

《象》曰："九二贞吉"，中以行正也①。

【注释】

①中以行正："九二"以阳居中，其行正直，故曰"中以行正"。

【译文】

《象》说："九二守正则吉"，居中而行正。

六三：未济，征凶，利涉大川。

【译文】

六三：未渡过河，出征有凶，利于涉越大河。

《象》曰："未济征凶"，位不当也①。

【注释】

①位不当："六三"以阴居阳，不中不正。

【译文】

《象》说："未渡过河，出征有凶"，位不正当。

九四：贞吉，悔亡。震用伐鬼方①，三年有赏于大国②。

【注释】

①震：通"振"，振奋。
②赏：奖赏。

【译文】

九四：守正则吉，悔事消亡。振奋以威武讨伐鬼方，经过三年（取胜），得到了大国的奖赏。

《象》曰："贞吉，悔亡"，志行也①。

【注释】

①志行："九四"阳刚居坎险之上，以示渡过险难，其志得以行施。

【译文】

《象》说："守正则吉，悔事消亡"，其志得以行施。

六五：贞吉，无悔，君子之光①，有孚②，吉。

【注释】

①光：光辉。
②孚：诚信。

【译文】

六五：守正则吉，无后悔之事。君子的光辉，在于有诚信，这是吉利的。

《象》曰："君子之光"，其晖"吉"也①。

【注释】

①其晖吉："六五"处上离之中，离为明，故曰"晖"。晖：通"辉"。

【译文】

《象》说："君子的光辉"，光彩焕发而"吉祥"。

上九：有孚于饮酒，无咎。濡其首，有孚失是①。

【注释】

①失是：失正。

【译文】

上九：寓诚信于饮酒之中，无咎害；（若醉后）以酒濡头，虽有诚而失正。

《象》曰："饮酒濡首"，亦不知节也①。

【注释】

①亦不知节："上九"居卦之上，言饮酒而至于濡其首，乃不知节制自己。节：节制。

【译文】

《象》说："饮酒沾湿头"，也是不知节制（自己）。

附录
《周易》概念速查表

一、太极

1.无极（易、道）

宇宙的本体，亦即静态的宇宙为"无极"，《周易》表述为"易"，老子在《道德经》中称其为"道"。

2.太极（一）

宇宙的功用，亦即动态的宇宙为"太极"，即"易有太极"的"太极"，亦即"道生一"的"一"，意为混沌。天地混沌，阴阳未分，宇宙万物开创之初称为"太极"。

二、两仪（阴阳）

1.太极生两仪

"两仪"即"阴阳"，亦即《道德经》中的"有无"、"一生二"的"二"，这是宇宙根本力量创生万物的第一变。

2.阳

"阳"用"—"（阳爻）代表，表示阳性和阳性的事物；其性质为明亮炎热，其基础性的形象物质体现为火。在卦爻中用"九"来称呼，"九"为阳之极。

3.阴

"阴"用"– –"（阴爻）代表，表示阴性和阴性的事物；其性质为黑暗寒冷，其基础性的形象物质体现为水。在卦爻中用"六"来称呼，"六"为阴之极。

4.阴阳相应

卦中阳爻遇阴爻则通，反之阳爻遇阳爻则阻。如《大畜》 初、二两个阳爻都不宜前进，因前临阳爻受阻；而独"九三""利攸往"，是因其前行遇阴路通。尚秉和先生《周易尚氏学》特为揭明此例，指出这是"全《易》之精髓"。

三、四象（太阳、太阴、少阳、少阴）

1.两仪生四象

两仪阴阳生成之后，宇宙力量继续演变，"阴""阳"交互作用，"阴"就产生了"阴中之阴"——太阴和"阴中之阳"——少阳；"阳"就产生了"阳中之阴"——少阴和"阳中之阳"——太阳。太阴、少阳、少阴、太阳是阴阳交合的产物，统称为"四象"。

2.九六七八

A."太阳"（亦称"老阳"）用"九"来代表，"太阴"（亦称"老阴"）用"六"来代表，"少阳"用"七"来代表，"少阴"用"八"代表。

B.根据《周易·系辞上传》第八章的筮法，"三变"成一爻，"十八变"成一卦，三十六策为"老阳"、三十二策为"少阴"、二十八策为"少阳"、二十四策为"老阴"。把四象之策数分别除以四，就得出"九"、"八"、"七"、"六"四数。

3.用九、用六

A.本卦、之卦

"十八变"所成的卦为"本卦"，占断时，凡是遇"老阳"、"老阴"的，无论它是几爻，都要把阳变阴、阴变阳。阴阳互变之后所得的卦形称为"之卦"。

B.《乾》用九、《坤》用六

如果变卦时，六爻都当变之"老阳"、"老阴"，则取《乾》《坤》的"用九"、"用六"为占；如果六爻都不变，则以本卦的卦辞为占。

四、八卦（亦称"经卦"）

1.四象生八卦

四象之后，宇宙阴阳力量继续交互作用，又生成了新的阴阳组合。太阳分解为太阳之阳——"乾"和太阳之阴——"兑"；少阴分解为少阴之阳——"离"和少阴之阴——"震"；少阳分解为少阳之阳——"巽"和少阳之阴——"坎"；太阴分解为太阴之阳——"艮"和太阴之阴——"坤"。《乾》《兑》《离》《震》、

《巽》、《坎》、《艮》、《坤》称为"八卦"（亦称"经卦"）。

2.《八卦取象歌》

八卦各有一定的卦形、卦名、象征物。朱熹《周易本义》上的《八卦取象歌》应熟记：

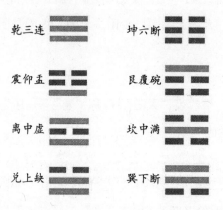

乾三连　　　　坤六断

震仰盂　　　　艮覆碗

离中虚　　　　坎中满

兑上缺　　　　巽下断

五、六十四卦（亦称"别卦"）

1.将八（经）卦上下两两相重，就组合成六十四种各不相同的六爻卦形。

2.其中，位置在上的经卦为"上卦"（又称为"外卦"，《左传》称为"悔"卦），位置在下的经卦为"下卦"（又称为"内卦"，《左传》称为"贞"卦）。

3.一阴一阳定乾坤

乾八卦，坤八卦，八八六十四卦，卦卦定乾坤！易有太极，是生两仪，两仪生四象，四象生八卦，八卦定乾坤。乾坤者，天地也。天地不过一阴一阳而已！明末藕益大师《周易禅解》说："夫天下之物虽至赜，总不过阴阳所成。夫天下之事虽至动，总不出阴阳动静所为。"阴阳学说是《周易》的核心所在！阴阳根本律是宇宙第一规律！

六、卦爻辞

1.卦辞、爻辞

在每卦每爻符号系统后面相应的文辞，分别用来表明各卦各爻的象征意义。

2.卦辞

每卦一则，是一卦的总纲领，从总体上解释一卦的含义，帮助人们领悟易理。

3.爻辞

每爻一则，是对此爻在该卦中的位置以及与他爻之间的关系来阐明吉凶的用语，揭示该爻含义。

4.重要占断辞

A.吉

《论语·述而》："子曰：'加我数年，五十以学易，可以无大过矣。'"《大学》："大学之道……在止于至善……古之欲明明德于天下者……先致其知，致知在格物。物格而后……天下平。自天子以至于庶人，壹是皆以修身为本。"真正的"吉"是"元亨"、"元吉"、"吉无不利"，真正的"善"是"至善"，而"至善"在"格物"，格物就要穷究天下万物之理。是故要做到"元吉"、"至善"乃至"治国平天下"，则非《周易》莫能为也！

B.悔

"悔"在《周易》书中出现33次，可见其重要，但"悔"的结果，却是"无咎"、"无大咎"、"吉"、"元吉"，这是何意呢？孔夫子说："过而不改，是谓过矣。"人非圣贤，孰能无过；过而能改，善莫大焉！是故《周易》的精髓不在结果，而在过程！

C.吝

"吝"共出现20次，有艰难、遗憾、羞辱之意。

D.厉

"厉"共出现27次，有危厉、危险之意。常与"贞"连用，表明"守正"可以防"厉"。

E.咎

"咎"出现最多，共98次，有灾害、祸害之意。

F.凶

"凶"共出现56次，有凶险之意，是最不好的断语。《周易》是忧患之书，是趋吉避凶之书。

七、上下经

《周易》的"经"部分包括六十四卦卦形、卦名及卦爻辞，分上下两篇：自《乾》至《离》三十卦，为"上经"；自《咸》至《未济》三十四卦，为"下经"。

八、十翼（亦称《易传》）

是用来解"经"的，包括《文言传》(只有《乾》《坤》两卦有)、《彖传》上下、《象传》上下、《系辞传》上下、《说卦传》、《序卦传》、《杂卦传》，凡七种十篇，故称"十翼"。"翼"就是羽翼，是用来辅助理解"经"的。

九、卦时

《周易》非常重视"时"这个概念。卦者时也，爻者，适时之变也！"时"是某卦在特定条件下运行、发展、变化的规律，六十四卦就是六十四种特定的情况，就是六十四种特定的规律。《序卦传》就是按照时间的顺序详细揭示了这六十四种"特定条件"。

"时"对我们的启示：识时之义：察觉时机的来临，重视来到身边的机会。知时之行：知道时机来临，抓住机会快速行动。用时之机：掌握利用降临身边的机会，不要错过。待时而动：时机未来，不可妄动。观时之变：能够看到时机的变化，并随着它的变化对自己的行为做出调整。时行时止：在恰当的时机开始，恰当的时机停止。与时偕行：君子务时，时至而动，时尽而止，动静不失其时。

十、爻位

六十四卦每卦各有六爻，每爻各有其位，所以就有六个爻位。六爻自下而上依次递进，分别为：初、二、三、四、五、上。其中阳爻称"九"，阴爻称"六"。

上六
九五
六四
六三
六二
初九

如上图水雷屯卦，初爻是阳爻，所以称为"初九"；上爻是阴爻，所以称为"上六"。爻位自下而上排列，象征万物的生长变化是从低级向高级依次递进的。爻位对我们的启示：初爻——发端萌芽（潜藏待机）；二爻——崭露头角（适当进取）；三爻——功业小成（慎行防凶）；四爻——新进高层（警惧审时）；五爻——功成业就（处盛戒盈）；上爻——发展终尽（盛极必反）。

十一、三才

1. 三爻卦中，初爻代表"地"道，中爻代表"人"道，上爻代表"天"道。

2. 六爻卦中，初、二两爻代表"地"道，三、四两爻代表"人"道，五、上两爻代表"天"道。

3. "天、地、人"并称"三才"。

十二、卦内爻位的七种关系

1. 中

A. 《周易》尚中正，这一思想对中华文化影响巨大。

B. 六爻卦中，二爻处下卦中位，五爻居上卦中位，称此为"得中"。

2. 正（当位、不当位）

A. 六爻位中，初、三、五爻为阳位；二、四、上爻为阴位。

B. 凡是阳爻居阳位，阴爻居阴位，均称"得正"（亦称"当位"、"得位"）。否则，均为"失正"（亦称"不当位"、"失位"）。

C. 若是阴爻居二位，阳爻处五位，则是既"中"又"正"，称为"中正"。

D. "中"爻和"正"爻相比较，"中"又优于"正"。所以六十四卦中，二、五两爻，得吉者独多。

3.承

A."承"是承上、烘托、帮助、帮忙的意思，也是支撑的意思。

B.卦中相邻两爻，如果阴爻在下，阳爻在上，则此阴爻对上面的阳爻就称为"承"。象征卑微、柔弱者顺承尊高、刚强者。

C.阴爻当位相承为吉，不当位相承多凶。承又详细分为三种情况：① 一个阴爻在一个阳爻下面，下面这个阴爻对上面的阳爻称"承"。

比如《蒙》卦的初、二两爻，就可以表述为"初六承九二"。

② 一个阴爻在连续数个阳爻下面，下面的这个阴爻对上面的这数个阳爻都可称"承"。

比如《同人》卦，"六二"阴爻上面连续四个阳爻，就可以表述为"六二承九三、六二承九四、六二承九五、六二承上九"。

③连续数个阴爻，在上面一个阳爻之下，下面的数个阴爻对上面的这一个阳爻都可称"承"。

比如《蒙》卦的"上九"为阳爻，下面连续三个阴爻，就可以表述为"六三承上九、六四承上九、六五承上九"。

4.乘

A."乘"是乘凌、乘虚而入的意思。乘你不备，倒霉、不行的时候，占据到你的头上去。B.卦中相邻两爻，如果阴爻在上，阳爻在下，则此阴爻对下面的阳爻就称为"乘"。象征弱者乘凌强者、"小人"乘凌"君子"，爻意多不吉祥。"乘"又详细分为两种情况：① 一个阴爻在上，一个阳爻在下，则此阴爻对于下面的阳爻来说，称作"乘"。

比如《同人》卦，"六二"阴爻在"初九"阳爻上面，就可以表述为"六二乘初九"。

②一个阳爻的上面，连续几个都是阴爻，则这几个阴爻对下面这一个阳爻都可称"乘"。

比如《蒙》卦的"九二"为阳爻，上面连续三个阴爻，就可以表述为"六三乘九二、六四乘九二、六五乘九二"。

5.比

卦中相邻的两爻为"比"，即比邻、比肩、亲比之意，其中初与二比、二与三比、三与四比、四与五比、五与上比。代表近处的贵人或敌人。

B.相邻的两个爻，若是一个阴爻，一个阳爻，它们之间就可以称之为"比"。

C.相邻的两个爻，若是两个同为阳爻或两个同为阴爻，则称它们为"逆比"或"失比"。

6.应

A."应"为内卦和外卦之间存在相互呼应、相互对应、相互支援的关系。"应"代表远处的贵人或敌人。

B.初爻与四爻应、二爻与五爻应、三爻与上爻应。

C.如果对应二爻为一阴一阳，则称为"有应"；如果对应二爻都为阴爻或都为阳爻，则称为"无应"或"敌应"。

7.据

A."据"有占据、居高临下、爱护等意思。

B."据"与"承"、"乘"不同。"据"【是阳爻相对阴爻来说的】。"承"与

"乘"【是阴爻相对阳爻来说的】。"据"又详细分为两种情况：①相邻两爻，上面是阳爻下面是阴爻，则此阳爻对于其下面的这个阴爻来说，称作"据"。"据"与"承"比较，同样都是阳爻位于阴爻之上。"承"是阴爻对于阳爻来说，而"据"则是阳爻对于阴爻来说的。

比如《蒙》卦的初、二两爻，就可以表述为"九二据初六"，也可以说"初六承九二"。

②六爻卦中，若只有一个阳爻，其余五个都是阴爻，而此阳爻的位置在卦体中又比较靠上，则此阳爻对其余的所有阴爻皆可称"据"。

比如《豫》卦六爻中，只有第四个爻"九四"是唯一的一个阳爻，其余的五个爻全部都是阴爻，而且"九四"阳爻又处在《豫》卦卦体中比较偏上的第四个爻的位置上。所以，解释"九四"爻辞就可以说："据有五阴，坤以众顺。"

十三、卦变的四种情况（错综复杂）

1.错卦（亦称"正对卦"、"旁通"、"变卦"、"伏象"、"伏卦"，是横向的变化）就是把一卦六爻阴阳互变（位置并排之爻，阴阳互变）而所得到的另外一个卦。如《天风姤》卦▤之错《地雷复》卦▤。

2.综卦（亦称"反对卦"、"覆卦"，是纵向的变化）

就是把一卦上下颠倒过来而所得到的另外一个卦，如《天风姤》卦▤之综卦为《泽天夬》卦▤。

六十四卦中除《乾》、《坤》、《颐》、《大过》、《坎》、《离》、《中孚》、《小过》这八个卦，其卦体颠倒而其卦形不变外，其余五十六卦其卦象都可以颠倒而成反对卦。

3.复卦（亦称"交互卦"，是内部的变化）

A.六爻卦中除初、上两爻外，中间四爻有相连之卦包含其间，称"交互卦"。

B.其中二、三、四爻合成下卦，称为"互卦"（亦称"下互"）；三、四、五爻合成上卦，称为"交卦"（亦称"上互"）。

如本卦《火雷噬嗑》之交互卦为《水山蹇》卦，其中山卦为互卦，水卦为交卦。

4.杂卦

A.即复卦之后又产生的错卦和综卦，提示人们不要孤立地、片面地、僵化地看问题。

B.一件事情，看了正面看反面，看了上面看下面，看了左面看右面，看了外面看内面，看了前面看后面，看了这边看那边。

C.那边也要正看反看、上看下看、左看右看、外看内看、前看后看、这看那看，也要面面俱到。

D.虽然面面俱到、八面玲珑，但还远远不够，还要有前瞻性，更要有发展的眼光，因为复卦之后又有错卦和综卦，错综复杂卦之后还有更新的错综复杂卦，新卦之后还有更新的卦，如此循环不已、生生不息，这才是《周易》六十四卦偏以《未济》卦为"终"的本意！

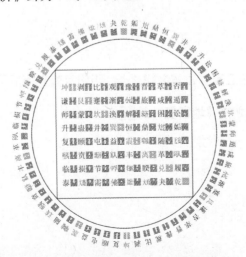

六十四卦方圆图

不废江河万古流

《周易我读》这本书，最初是我给书院学生讲课时的备课教案。这是五年前的事了……

当时听课的学生，最小的五周岁，最大的十一岁，偶尔也会有家长插进来听听……

看到这儿，你或许会心存疑惑：

这么小的孩子，能听懂吗？

呵呵，你问得好！这也是绝大多数人会怀疑的！

可是，事实是，这帮孩子（多数是小学一、二年级的学生）不光听得懂，而且学得津津有味，甚至还有你更难相信的……

在讲怎么做到这点之前，还是先看中华文化的"眼睛"在哪里！《周易》《道德经》和《论语》是中华文化的圣典，是中华文化的命脉所系！《周易》以"乾"、"自强不息"为始，以"君子道长，小人道忧也"结束……《道德经》以"道可道，非常道"为始，以"天之道，利而不害；圣人之道，为而不争"结束……《论语》以"学而时习之"为始，以"子曰：不知命，无以为君子；不知礼，无以立也；不知言，无以知人也"结束……

读经如参禅！这三部圣典为什么会这样安排？这是每个读书人都不应忽视的关键所在！我们试着解读一下：

"乾""自强不息"……"学而时习之"……"君子道长，小人道忧也"……"道可道，非常道"……"子曰：不知命，无以为君子；不知礼，无以立也；不知言，无以知人也"……"天之道，利而不害；圣人之道，为而不争"……

通过这个简单的脉络，我们大致可以得出这样一个结论：根据《周易》比拟类象、天地人万物合一的框架思维模式，我们人类应该效法天行健而自强不息。自强不息干什么呢？学而时习之！学而时习之的内容是什么呢？道！道又包括哪些呢？知命；知礼；知言！为什么要学习这些呢？利而不害；为而不争！宗旨：学问之道——知道而已！

我经常说："《易经》是认识自己、了解他人最好的工具……"如此而已……

说到这儿，你可能已经明白了，连一、二年级的小学生都能听懂，说明《易经》真的是容易之经的真正原因了……

那我们具体怎么做的呢？其实很简单：用《周易》义理训练其左脑强大的逻辑思维能力；用《周易》象数训练其右脑强大的形象思维能力。不是数学难，是我们的思维高度不够。你现在再看小学一年级的数学，还觉得难吗？不是孩子感统失调，而是形象思维被无知扼杀了。具体怎么训练形象思维呢？

这里有个秘诀：我们把《易经》的六十四卦，按比拟类象、天地人万物合一的思维模式，配合《易脑开发教程》，创编了一套拳法——天龙地虎功……改善思维架构，提升生命层次！

《易经》的用途主要有三：卜筮——预测学；义理——哲学；功法——天人合一。至此，本书就告完毕了。在本书成书过程中，笔者参阅了大量古今易学大家的著作，深受涵养和滋润，在此一并致以深情感激。古人惜墨如金，遣词造句非常讲究，尤其《周易》，字字珠玑，一字千理，所以对同一个字、同一句话，都可能有很多不同的注解。所以，《易传》："子曰：'书不尽言，言不尽意。'"

无论我们出多少书去注解《周易》，无论我们说多少话去论述《周易》，都不可能尽《易》之意。《周易》之所以能上下五千年而盛行不衰，正在于其神秘莫测，永葆魅力！什么是魅力？秘密！一旦没有了秘密，也就失去了魅力。故而，笔者在注释、翻译的过程中，始终本着一个原则——语境还原——天地人万物合一的框架思维模式，不求能"成一家之言"，但愿能对中华先祖的智慧有所阐扬，能对读者抛砖引玉……

《易》为天书！天书者，多解多用，取之不尽，用之不竭……

如是而已。

是为后记。

马江龙　常卫红

书于杭州西子湖畔

2013.3.10